Bleib bei dir – dann findest du dich selbst

Danielle LAPORTE

BLEIB BEI DIR

dann findest du dich selbst

Der ehrliche Wegweiser für deine spirituelle Reise

Aus dem Amerikanischen übertragen
von Karin Weingart

Ansata

Die Originalausgabe erschien 2017 unter dem Titel *WHITE HOT TRUTH.*
Clarity for keeping it real on your spiritual path – from one seeker to another
bei VIRTUONICA Publishing, an imprint of Danielle LaPorte, Inc,
Vancouver BC, Canada.

MIX
Papier aus verantwor-
tungsvollen Quellen
FSC
www.fsc.org   FSC® C014496

Verlagsgruppe Random House FSC® N001967

Erste Auflage 2018
Copyright © 2017 by VIRTUONICA
Copyright © der deutschsprachigen Ausgabe 2018 by Ansata Verlag,
München, in der Verlagsgruppe Random House GmbH,
Neumarkter Straße 28, 81673 München
Alle Rechte sind vorbehalten. Printed in Germany.
Redaktion: Sabine Zürn
Umschlaggestaltung: Guter Punkt, München,
nach einer Vorlage von LaurieMillotte.com
Umschlagfoto: © Catherine Just
Satz: Satzwerk Huber, Germering
Druck und Bindung: GGP Media GmbH, Pößneck
ISBN 978-3-7787-7535-6

www.Integral-Lotos-Ansata.de
www.facebook.com/Integral.Lotos.Ansata

Für meine Freundinnen
von früher, heute, morgen, immer und ewig;
ohne euch wäre ich längst übergeschnappt –
auf die unangenehme Art. Und die Therapie-
rechnungen hätten mich in den Ruin
getrieben.

Ihr sorgt dafür, dass ich den Kontakt zu
den wichtigsten Dingen des Lebens
nicht verliere.

Ich war ein Suchender und bin es noch,
jetzt aber befrage ich keine Bücher mehr und nicht die Sterne.
Jetzt höre ich auf die Lehren meiner Seele.
RUMI

INHALT

Du glaubst,
du brauchst einen
Architekten?
Dabei bist
du doch
schon längst
ein Tempel.

1

DIE KIRCHE DER SELBSTVERBESSERUNG

Wenn spirituelles Engagement Schwerstarbeit ist

Dearly beloved,
We are gathered here today 2 get through
this thing called life.
PRINCE

»Betreten drei Seelenklempner eine Bar: ein Buddhist, ein Agnostiker und ein Katholik ...«

Nein, das ist kein Witz, sondern die Geschichte meiner Gesprächstherapien. Ich hatte schon Coaches fürs gesamte Leben, für Kreativität, für öffentliches Reden und intuitive Geschäftsführung. Außerdem war ich bei AstrologInnen, nicht nur bei westlich orientierten, sondern auch bei einer Vertreterin der asiatischen Kunst der Horoskopdeutung (die man dann »vedisch« nennt). Weil ... na ja, weil ein Hintertürchen ja nie schaden kann – für den Fall, dass einem die erste Auskunft, die man erhält, nicht gefällt. Ich habe mit der hawaiianischen Göttin Pele kommuniziert, mit meinen Geistführern und Erzengel Metatron geplaudert. Tête-à-têtes hatte ich mit meinem inneren Kind, meinem künftigen Selbst und den Devas meiner Website. Ich habe mich in Dutzende vergangener Leben rückführen lassen, das eine oder andere Gelübde aufgekündigt, das ich während einer meiner früheren Reinkarnationen abgelegt hatte, und mir das Kleingedruckte in meinen Seelenverträgen durchgelesen.

In der Hypnotherapie habe ich versucht, mein Karma aufzulösen; dabei stellte sich allerdings heraus, dass dieses In-Trance-Versetzen bei mir nicht funktioniert, weshalb ich das Karma nun wohl auch weiterhin mit mir herumschleppen muss. Ich habe Wellness-Workshops über mich ergehen lassen, die von kettenrauchenden Megalomanen geleitet wurden, deren Umgang mit MitarbeiterInnen zum Himmel stank. Barfuß bin ich sechs Meter weit über glühende Kohlen gegangen – ohne mir die Fußsohlen zu verbrennen. Ich habe in der Infrarotsauna Sprechgesänge und Gebete ausgeschwitzt – und anschließend meine Mikrowelle entsorgt. Die Kunst, Synchronizitäten fest einzuplanen, habe ich mir im Selbststudium angeeignet.

Vor meinem ersten Besuch im Weißen Haus habe ich mir Schutzsteine in den BH gestopft. Von der Security blieben sie unentdeckt – was mal wieder zeigt, wie magisch Amethyste sein können. Pilze habe ich eingeworfen, Schmerzmittel aber abgelehnt. Um die Nacht durcharbeiten zu können, habe ich blaugrüne Afa-Algen genommen, und für meine Muschi war mir feinster Kombucha-Tee gerade gut genug. Während eines Kaffee-Einlaufs habe ich meditiert. (Und eines kann ich dir sagen: Wenn du in der Lage bist, mit einem Röhrchen im Allerwertesten zu meditieren, bist du schon so gut wie erleuchtet.) Um meinen Seelengefährten aufzuspüren, habe ich mir reichlich Transkriptionen von Channelings zu Gemüte geführt – die ich jetzt für mindestens zwei Trennungen und einige verpasste Ficks mit echt guten Typen verantwortlich mache. Hätte ich mich nämlich weniger darauf versteift, meine perfekte Zwillingsflamme zu finden, wäre ich wahrscheinlich ... na ja, lockerer gewesen. Auch war ich der New-Age-Bewegung sogar einmal kurz untreu wegen eines Techtelmechtels mit der Neuen Physik. *Nichts geschieht ohne Grund.*

Als »Motivationsrednerin« stand ich auf vielen Bühnen, um Selbstliebe und gesunde Grenzen als unsere höchste Verantwortung zu predigen. Der Großteil meines Publikums dachte bestimmt: *Die lässt sich garantiert nichts gefallen.* Doch hinter den Kulissen habe ich ganz schön was eingesteckt, ordentlich Mist von Lovern und MitarbeiterInnen, weil ich Toleranz für das spirituelle Nonplusultra hielt, als einzig zulässige *Vorgehensweise* (die mich allerdings eher zum *Stillhalten* verdammte). Ich versuchte, mich weniger auf meine Wünsche und mehr auf meine Bedürfnisse zu konzentrieren – konnte aber nur schwer einen Unterschied erkennen. Schließlich erkor ich Freddie Mercury zu meinem Krafttier. Das half. *Die Show musste ja weitergehen.*

Drei wahre Heil-Wunder habe ich erlebt, die mich demütig und zugleich voller Ehrfurcht zurückließen. Ein Medizinmann aus New Mexico befreite meine Psyche von einem tief sitzenden Schmerz, den ich seit Jahren empfunden, aber nicht hatte benennen können. Am Ende der Zeremonie wedelte er mit einer Adlerfeder über meinem Kopf und sprach dazu die Worte: »Von nun an nur noch vorwärts, nur noch vorwärts.« In Bali suchte ich nach einem Motorradunfall einen Heiler auf, der mir eine Druckpunktmassage verpasste, die so qualvoll war, dass ich laut aufschrie. Woraufhin er einen Sprechgesang anstimmte, auf meine Knie und Fußgelenke pustete und dieselben Punkte noch einmal drückte. Der Schmerz war weg. Nach meinen schlimmsten Verlusten legten mir begabte Freundinnen die Hände auf. Sie lösten bei mir körperliche Beschwerden – eine unglaubliche Befreiung – durch ihre Liebe und das segensreiche Lachen, das nur Frauen kennen, die auch schon solche Situationen durchgemacht haben. Aber das kennen ja die meisten von uns.

Von einem sogenannten Energie-Heiler wurde ich belästigt und übers Ohr gehauen, benutzt wegen meiner Muschi, wegen meines Geldes und meiner Beziehungen. Im Nachhinein sehe ich darin aber eine tief greifende, absolut notwendige Einweihung in mein volles Potenzial. Früher habe ich immer nur *geglaubt*, das Licht würde die Dunkelheit besiegen. Heute bin ich der strahlende Beweis dafür.

Als ich vor einem buddhistischen Lama aus Tibet kniete, habe ich ihn doch tatsächlich allen Ernstes gefragt:

»Erklärst du mir bitte, worum es im Leben wirklich geht?«

Im Lotussitz habe ich meinen Atem beobachtet: ein ... und ... aus ... Habe beim Einatmen sehr bewusst das Leiden von Tsunami-Überlebenden in mich aufgenommen und Trost und Genesung ausgeatmet. Aus dem Evangelium der Maria Magdalena habe ich einiges über Frauenunterdrückung und Radikalfeminismus gelernt. Meine Vorstellungen von einem Punkte vergebenden Gott begannen zu schwinden. Und beim Aufarbeiten meiner schwierigen Beziehung zur Meditation erschienen mir ganz besondere Bilder des Lichts, die ich später in wissenschaftlichen Texten und sakralen Kunstwerken wiederfand.

Ich kam meiner inneren Wahrheit immer näher.

Zuvor aber musste ich erst noch erkennen, dass irgendwo zwischen Yoga-Kursen, Telefonaten mit Schamanen und geführten Fantasiereisen mein spiritueller Weg zu einer neuen To-do-Liste geworden war und sich zu einer bereits ähnlich langen Liste von Anforderungen gesellte, die Beruf und Alltag an mich stellten: Zubereitung organischer Babynahrung, handgeschriebene Geburtstagskarten, sofortige Beantwortung aller Posts, die ich erhielt, die erste Million und – nicht zu vergessen: mein Beitrag zur Rettung des Planeten vor der globalen Erwärmung.

Als mir klar wurde, dass ich an einem höchst unangenehmen Punkt angelangt war – dem Konflikt zwischen **ernsthaften spirituellen Bemühungen** und dem **Zwang, mich immer noch zu steigern, immer besser zu werden** –, ging mir ein bisschen die Puste aus (und zwar nicht nur beim Ein-, sondern auch beim Ausatmen).

Ich war müde. Wollte mein Wissen zwar immer noch mit großer Hingabe erweitern. War aber vor allem k.o.

Die Suche hinterfragen

Eines Abends lag ich in der Badewanne und meditierte. Ich hatte den Tag schon mit dem Gefühl begonnen, im Rückstand zu sein, weil ich noch etwas länger im Bett geblieben war, statt zu meditieren, bevor ich meinen Sohn weckte, um ihn für die Schule fertig zu machen. Zu der Zeit hatte ich gerade angefangen, mit Mantras zu arbeiten, speziell zur Überwindung von Hindernissen. *Om Gam Ganapateyei Namaha.* Deshalb lief an jenem Morgen in der Küche meine Mantra-Playlist (oder gibt es etwa jemanden, der keine Mantra-Playlist für die Morgenstunden hat?) in voller Lautstärke, während ich für den Jungen ein paar Eier in die Pfanne haute. Für mich kein Frühstück, ich machte gerade eine Saftkur. *Mami, der Sound ist ja voll gruselig. Hast du keinen Bruno Mars?* Iss deine Eier.

Sobald mein Sohn auf dem Weg zur Schule war, hatte ich eine kurze Therapiesitzung per Smartphone. Anschließend ein Meeting mit dem Anwalt meiner Firma, gefolgt von einem Interview für eine Zeitschrift, deren Redakteurin fünf einfache Tipps für die sofortige Erleuchtung von mir wollte (»Also echte Quickies für jedermann«, sagte sie, ohne mit der Wimper zu zucken). Zwischendurch habe ich mit einer meiner besten Freundinnen über die krassen Ergebnisse meiner morgendlichen Therapiesitzung gesimst:

Ich: Super-Session! Ich zu ihm so: Ich habe immer die Brosamen und versucht, einen Kuchen daraus zu machen. Der Therapeut daraufhin: Brosamen machen dich aber nicht satt, Danielle. Davon kannst du nur verhungern. Bam, ich sag dir, das hat gesessen!

Chela: Scheiß-Brosamen.
Ich: VERHUNGERN.
Chela: Puh!
Ich: Jetzt krieg ich direkt schon richtig Hunger.
Chela: Ich auch.

Aber zurück in meine Badewanne.

Am Ende des Tages liege ich also in einer heißen Komposition aus ätherischem Lavendelöl (zwölf Tropfen), rosa Himalajasalz (drei Tassen, Bittersalz geht aber auch) und naturtrübem Apfelessig (eine Tasse). Ein Klassiker zur Vertreibung und Neutralisierung negativer Energien. Ich dachte über Vergebung nach, übte mich in Lichtatmung und bat nicht nur meine Engel, sondern auch alle Göttinnen, die gerade Dienst schoben, mir bei der Linderung meiner Schmerzen zu helfen, insbesondere derer, die mit meiner Scheidung zusammenhingen. *Bitte, befreit mich doch von diesen Qualen. Ich habe es so satt, dass die einfach immer, immer wiederkommen. Ich tue auch alles, was dafür nötig ist.*

Geheult, geschrien und mit den Zähnen geklappert habe ich. Ihr kennt das ja bestimmt auch: Wenn man sich schließlich so verausgabt, dass man quasi in der Tiefe der eigenen Seele ankommt. In einer Art heiliger Leere und ... Aber hey, schau doch nur! Was wartet dort auf dich? Deine Freude! Immer geduldig und voll verlässlich lächelt sie dich an und nickt dir zu. »Gut gemacht. Du hast es geschafft.« *So* ein Weinen war das.

Als ich, noch in Wasserdampf gehüllt, aus der Wanne stieg, überdachte ich alles, was ich an dem Tag, in jener Woche – ach was, alles, was ich in den letzten zwei Jahrzehnten – getan hatte, um seelisch in Form zu bleiben. Ich dachte an die Einträge in meinem Tagesplaner: *Proteinpulver besorgen. Hütte für Schreib-Klausur buchen.* Daneben weitere Termine für Energiearbeit und Yoga-Kurse. (Wann immer ich es da mal hinschaffte, malte ich ein Smiley neben den Eintrag.)

Und dann betrachtete ich mich im Badezimmerspiegel. Nackt, still, stumm beugte ich mich ein wenig vor, und in meinen Augen stand die Frage:

»Aber fühlst du dich auch frei?«

Denn nur darum ging – und geht – es doch: um Freiheit. Mystiker aller Zeiten stimmen darin überein, dass spirituelles Streben nur den einen Grund hat: Befreiung und nichts als Befreiung. Von Ängsten, restriktiven Ideologien, Selbsttäuschungen und Leiden. Befreiung von der Not, nicht dem eigenen wahren Selbst entsprechend leben zu können.

Die Freiheit.

Spürst du sie?

Führt denn all das, was du tust, um gesund und frei zu sein, auch tatsächlich dazu, dass du dich gesund und frei fühlst? Denn solange Befreiung eine lästige Pflicht ist, kannst du ja noch nicht wirklich frei sein, oder?

Auf dem Weg in die Eigenständigkeit musst du keine Zustimmung einholen.
Freiheit ist nichts, was du dir verdienen musst.
Freude kommt nicht von einer Checkliste.

Ich musste mir meine Lebensfreude hart erkämpfen. Zwar habe ich sie mir auch erliebt und erlacht und ganz eigene Wege gefunden, sie zu erlangen. Trotzdem beißt die Maus da keinen Faden ab: Dieses ganze Niederreißen von Hindernissen, das Abfackeln von Illusionen, das ewige Trauern – all das war übelst harte Arbeit. Extrem anstrengend.

Wenn ich nur daran denke, was ich alles angestellt habe, um mich mit der Dualität von Liebe und Berechnung, Licht und Dunkelheit, Verwirrung und Klarheit vertraut zu machen. Ich habe diese Portale auf die kampfbereite, menschliche Weise durchschritten, halt so, wie wir Sterblichen unsere Verbundenheit mit dem Kosmos nun einmal entdecken: in Lachflashs am Telefon mit Freundinnen und allein auf dem Küchenfußboden heulend. Durch eine Hausgeburt. Eine Scheidung. Dadurch, dass ich mir Wort für Wort eine Karriere erschrieben, auf der Bühne alles gegeben habe. Ich habe bei Hellsehern um Antworten gebettelt und Gurus bedrängt, mir praktische Tipps zu geben. Habe täglich gebetet: für Licht, zum Licht, mit dem Licht.

Und jetzt, in diesem Moment, bin ich die Lebensfreude, für die ich so hart gekämpft habe.

Jetzt, da ich so weit gekommen bin und unmittelbaren Kontakt mit meiner Seele habe, frage ich mich, ob dieses ganze harte »An-mir-Arbeiten« nicht vielleicht von vornherein ein völlig untauglicher Weg zur Erleuchtung war. Hätte ich mich womöglich viel früher akzeptieren und dabei auch noch eine Stange Geld für Therapien sparen können? Kann sein. Wahrscheinlich aber eher nicht. Die Wahrheit ist eine Reise.

Du musst dich selbst in Fülle lieben.

Im Tal der Fragen

Die Leute wollen sich für gut halten. Und ihr Leiden rührt allein daher, dass sie andere umso unterlegener finden, je »besser« sie sich selbst einschätzen. Wenn man sich aber für allzu gut hält, stagniert alles. Befreien wird euch nicht eure Güte ... sondern die Fröhlichkeit eures Wesens.

SADHGURU

Hinter all unserer Selbsthilfe kann sich ein enormer Selbsthass verbergen. Als Ersatz für alte Süchte schaffen wir uns neue Obsessionen. Natürlich ist ein grüner Smoothie bedeutend gesünder als eine Limo. Die Nebenwirkungen von Sport und Meditation sind bedeutend erfreulicher als die von Antidepressiva. Die Praxis der liebenden Güte ist wundervoll. Oft aber und allemal häufiger, als wir es uns eingestehen wollen, bleiben wir in einer Endlosschleife der Selbst- und Lebenshilfe hängen. »Momentan bin ich noch nicht gut genug. Aber das wird schon. Ich werde immer besser darin, mich zu verbessern. Findest du nicht?« Und wieder von vorn ...

Wir tun so viel Gutes, Ausgewogenes, um zu wachsen und uns weiterzuentwickeln – aber vielleicht sind die Gründe für unsere Versuche, immer besser zu werden, nicht die gesündesten.

Was steht eigentlich hinter diesem zwanghaften Drang zur Verbesserung? Selbstkritik. Glaub mir, ich weiß das. Denn für eine Autorin zum Thema Selbstverbesserung bin ich über alle Maßen selbstkritisch. Diese kritische Beurteilung der eigenen Person entsteht bereits in der Erziehung, so gut die Kommentare der Familie auch gemeint sein mögen. In ihr drückt sich das Trauma eines früheren Lebens aus, in dem wir als allzu naseweis auf dem Scheiterhaufen verbrannt wurden. Das alte Patriarchat spielt immer noch mit unserem Selbstwertgefühl. Es versickert mit jedem photogeshoppten Bild, das uns sagt, dass wir dünner, kurviger (allerdings nur an den richtigen Stellen), blasser, gebräunter, perfekt frisiert und immer total positiv sein sollten, während wir Sport treiben, die Karriere vorantreiben und unseren artigen Kinderchen garantiert kein genetisch verändertes Essen vorsetzen – und wenn wir das nicht alles unter einen Hut bringen, nun … dann haben wir es wahrscheinlich nicht entschieden genug gewollt. Und sollten dringend einen weiteren Workshop besuchen, um unsere Leidenschaft neu zu entfachen.

Viel dieser *angenommenen* Kritik zieht eine Menge an Bemühungen um Verbesserung nach sich. Unermüdliche Bemühungen. Gnadenlose Bemühungen. Rücksichtslose Bemühungen.

Was passiert, wenn alle Tipps für die Balance des Lebens nicht zu den gewünschten Ergebnissen führen? (Dass dieses ganze »Balance«-Gedöns ein totaler Mythos ist, weißt du aber schon, ja? Das ist der größte Selbsthilfe-Schwindel aller Zeiten.) Oder wenn wir unser Ziel zwar erreichen, anschließend aber nur so etwas wie Leere empfinden? Klar, dann fällt unsere Selbstkritik eben noch unerbittlicher aus.

Wenn spirituelle Leidenschaft nicht aus der Fülle unserer Seele kommt, sondern aus einem Mangelempfinden unserer Psyche, kann sie ausgesprochen strapaziös werden. Zwischen Streben und Fülle klafft ein Tal voller köstlicher Fragen. Und je mehr Fragen wir stellen, desto mehr geistige Nahrung führen wir uns – aber auch einander – zu.

Als *Samsara* bezeichnen die Buddhisten das »Durchwandern des Kreislaufs von Werden und Vergehen«. Wobei es auf das »Wandern« ankommt, im Sinne von: Wir schleppen uns von einem Leben ins nächste, regen uns über Kleinigkeiten auf und sind blind für das größere Ganze. Die ganze Evolution dreht sich darum aufzuwachen, vom Rad des Leidens – dem *Samsara* – abzuspringen, um in der prallen Gegenwart zu landen, die sich als innerer Frieden erweist. Nach der Lehre von Buddha verlassen wir diesen verrückten Trip, wenn wir uns nicht länger danach sehnen, dass die Dinge anders sind, als sie sind. Sobald wir die Vorstellung von Trennung und Unvollkommenheit beenden, können wir das Tal, in dem wir uns befinden, genießen.

Kannst du dir vorstellen, dich *nicht* danach zu sehnen, anders zu sein, als du es gerade bist?

Atme mal tief durch.

Nur ganz kurz ... kannst du mal einen Augenblick lang aufhören, anders sein zu wollen, als du gerade bist?

Denn hier ist es, das heilige Paradoxon: Jede Veränderung beginnt mit dem radikalen Annehmen dessen, was ist.

Nette Ablenkungen

> *Das eine Problem ist, dass der Wunsch nach Veränderung grundsätzlich eine Form der Aggression gegen sich selbst darstellt. Das andere Problem besteht darin, dass unsere Komplexe leider oder glücklicherweise auch unseren ganzen Reichtum, unsere Fülle enthalten. Unsere Neurose und unsere Weisheit bestehen aus demselben Material. Wenn du deine Neurose wegwirfst, wirfst du auch deine Weisheit weg.*
> PEMA CHÖDRÖN

Ich begann zu analysieren, was mir Liebe und spirituelle Hingabe wirklich bedeuteten, nahm meine Glaubenssätze auseinander und hinterfragte alles. Ich betrachtete jede Art von Beziehung, die ich hatte: in welchen Situationen ich großzügig war, in welchen ich mich zurückhielt, wann ich Dinge akzeptierte und wann ich anfing herumzuschreien. Bis ich zu der Erkenntnis gelangte, dass meine persönlichen Grenzen ziemlich durchlässig waren, dauerte es eine ganze Weile.

Auch fiel mir auf, dass sich viele der Frauen in meinem Umfeld, die dieselben Bücher lasen wie ich und sich Online-Seminare zu Gemüte führten über Themen wie »Unendliche Göttinnenkraft & bedingungslose harmonische Liebe zwecks Entfaltung des Universums in Zeiten des Wandels für die moderne Frau«, schier Kopfstände machten, um auch ja das spirituell »Richtige« zu tun – um liebevoller, flexibler, verantwortungsbewusster, versöhnlicher und freigiebiger zu werden. Ganz ordentliches Potenzial, was? Allerdings bestand ein deutlicher Unterschied zwischen der Toleranz und dem Spielraum, die sie anderen gewährten (viel zu viel), und der Vergebung und dem Mitgefühl sich selbst gegenüber (viel zu wenig). Sie ließen sich einfach viel zu viel gefallen.

»Wir versuchen es jetzt mal mit bewusstem Auseinandergehen, du weißt schon, eine friedliche Trennung. Ich hab uns schon das Hörbuch dazu runtergeladen«, verriet mir eine Freundin über sich und ihren zukünftigen Exmann. Ich widersprach nicht direkt, gab ihr jedoch zu bedenken: »Nur dass du ihn ja gerade verlässt, weil er so *unbewusst* ist. Deshalb brauchst du jetzt wenigstens eine bewusste *Anwältin*.«

Bei manchen Frauen auf dem »Weg« versteckten sich unter all den geleiteten Fantasiereisen und Schmerz-Plattitüden ernsthafter Zorn und bittere Trauer.

Die Spiritualität (in Anführungszeichen) diente nur dazu, die Landung auf dem Boden der Realität hinauszuzögern.

Der Psychologe John Welwood prägte den Ausdruck **spirituelle Vermeidung**. Und definierte sie als das »Einsetzen spiritueller Praktiken und Überzeugungen, um der Beschäftigung mit schmerzlichen Gefühlen, unverheilten Wunden und entwicklungsmäßigen Bedürfnissen auszuweichen«. Brillant, nicht wahr? Die Verhaltensweisen, die auf eine spirituelle Vermeidung hinweisen, fasst der ebenso brillante Psychologe Robert Augustus Masters (dessen Bücher du einfach alle lesen solltest) so zusammen:

»... übertriebene Distanziertheit, emotionale Erstarrung und Unterdrückung der Gefühle, exzessive Betonung des Positiven, beinahe schon krankhafte Angst vor Zorn, blindes beziehungsweise allzu nachsichtiges Mitgefühl, schwach entwickelte persönliche Grenzen, eine einseitige Entwicklung, sich hinderlich auswirkende Verurteilung der eigenen Schattenseiten, Geringschätzung des Persönlichen im Vergleich zum Spirituellen sowie die Illusion, eine höhere Daseinsebene erreicht zu haben.«

Klingelt's da bei irgendjemandem? Ja, hab ich mir schon gedacht. Bei mir auch.

Kurz gesagt: Der ganze Ego-Kram hält uns davon ab, uns mit unserem persönlichen Mist zu befassen.

Statt uns mit Marlboros und Martinis zu behandeln, könnten wir es mit Metaphysik und Makrobiotik versuchen. Und im Gegensatz zu Alkoholexzessen, um unseren Schmerz zu ertränken, sind die Nebenwirkungen von neurotischem Psychoanalysieren oder erzwungener Flexibilität nur sehr schwer zu erkennen. Zu viel Meditation und Therapie bringen uns nicht in eine Entzugsklinik – sondern höchstens in weitere Kurse, Seminare und Workshops. Oder denk an diese Freundin von dir, die eine alles andere als liebevolle Einstellung zu ihrem Körper hat, der aber trotzdem alle zujubeln, weil sie sich so »gesund« ernährt und positiv über ihren Körper spricht, weil sie stark sein will. Dabei ist ihre Motivation in Wirklichkeit selbstzerstörerisch, und die ganzheitliche Wohlfühl-Nummer, die sie vor sich herträgt, kaschiert eine leichte Form der Essstörung. An der Oberfläche präsentieren sich positives Denken und Wohlfühl-Aktivitäten als ein so hübsches Pärchen, dass es kaum auffällt, wenn gesunde Verhaltensweisen mit ungesundem Ehrgeiz einhergehen.

Wie eigentlich alles, mit dem wir es übertreiben, kann uns also auch der spirituelle Umweg blind und taub machen für unsere innere Wahrheit – die aber die heilenden Antworten für uns bereithält.

Wachstum

Natürlich ist nicht jede Suche eine Form der Ablenkung. Nicht jeder Mensch, der sich auf das Licht fokussiert, versucht, seiner dunklen Seite auszuweichen. Bei sehr vielen von uns entspringt die spirituelle Hingabe einem reinen Herzen und kommt aus voller Seele. Wir laufen vor nichts davon oder drücken uns vor irgendwas. Wir nutzen unsere Spiritualität, um uns direkt mit allen Aspekten unseres Lebens auseinanderzusetzen – mit dem Schmerzhaften, der glückseligen Güte und allem Geheimnisvollen dazwischen. Wir tanzen mit dem Göttlichen, weil es uns für das Leben begeistert. Das ist so heiß!

Ein paar Fehleinschätzungen und Anfälle von Naivität habe ich mir auf dem Parkett der Selbst- und Lebenshilfe schon geleistet. Trotzdem halte ich keine einzige Minute und keinen Dollar für verschwendet. (Abgesehen von meiner Ouija-Brett-Phase mit Anfang zwanzig. Die hätte ich mir echt sparen können. Genau wie das Aura-Spray, das negative Energien vertreiben sollte – der reine Nepp.) Doch falsche Entscheidungen schulen das Urteilsvermögen. Das heißt, wir experimentieren, nähern uns unserer Wahrheit an, *wachsen.* Wir schauen, inwiefern uns die Zehn Gebote oder Buddhas Edler Achtfacher Pfad weiterbringen. Kosten ein wenig vom Hinduismus, sehen uns auch bei den Ungläubigen um. Wir sind spirituell promiskuitiv oder total zugeknöpft, bis uns die genau richtige Sorte von Wahrheit über den Weg läuft, der wir dann unsere Liebe erklären und auf die wir uns festlegen.

Doch in der Zwischenzeit prüfen wir uns und beuten uns aus. Mordsmäßig. Und zwar nicht, weil wir etwa schwach oder unvollkommen wären, sondern weil es eben genau das ist, was die SchülerInnen des Leben tun: Sie lernen.

Wir geben unsere Kraft aus der Hand, um dann zu erleben, wie unglaublich stark wir sind, wenn wir sie zurückerobern. Das hat nichts damit zu tun, dass weniger weit entwickelte Menschen versagen. **Die Rückeroberung der eigenen Kraft ist eine Initiation für die besonders Tapferen.**

Würden wir noch in traditionellen Stammesverbänden leben, würden wir unsere innere Stärke durch mehrere Initiationsrituale aufbauen. Heutzutage sind die Initiationen für die meisten von uns aber weniger formell und rituell. So konfrontiert uns das Leben möglicherweise mit verschiedenen dominanten Chefs oder Chefinnen, die uns lehren, Täuschungen wahrzunehmen und abzuwehren – wodurch wir im Dunkeln sehen lernen. Oder wir erhalten eine Krebsdiagnose, die uns dazu anspornt, in mehrfache Dimensionen und Behandlungsformen vorzudringen, um die Krankheit zu heilen – wir werden zu AlchemistInnen. Vielleicht tritt auch ein Kind mit »besonderen Bedürfnissen« in unser Leben und weckt die in uns schlummernden telepathischen Fähigkeiten. Unsere heutigen Initiationen mögen uns zufälliger und sachlicher erscheinen, aber sie sind genauso göttlich inspiriert und wirksam wie die Rituale, die von Mönchen oder Medizinfrauen durchgeführt wurden.

Sinnlos oder nützlich?

Zum Erwachsensein (ein relativer Begriff) gehört auch, dass wir wissen, was gut für uns ist. Beim Experimentieren mit Ideen, Programmen und Substanzen schärfen wir unsere »Was-funktioniert?«-Sensoren. Ein paar Jahre lang war für dich vielleicht die Gestalttherapie das Größte, inzwischen aber magst du nicht mehr darüber reden. Bibelstudium, Hot Yoga, Blütenessenzen, Rasta, schamanische Trommelreisen: Einiges begleitet uns durch das ganze Leben, aus anderem wachsen wir ganz natürlich heraus. Und manchmal wachen wir auf und fragen uns – vor allem, wenn das Interesse nur gefakt war, um cool zu wirken –: *Was habe ich mir denn dabei nur gedacht?*

Es war in einem buddhistischen Wochenendseminar in einer theologischen Hochschule. Ein paar Yoga-Matten links von mir saß ein Typ in einer schlabbrigen lila Jogginghose, mit dem unvermeidlichen Batik-T-Shirt und Mokassins. Er lieferte sich eine wilde Redeschlacht mit dem Lama, der den Kurs leitete, über die Frage, warum der Himmel blau ist. Also jetzt nicht physikalisch, sondern warum wir Menschen kollektiv darin »übereinstimmen«, die Farbe des Himmels als Blau wahrzunehmen. Der Grundgedanke: In der Tiefe unseres Bewusstseins schwingen wir im Einklang mit den bewegten Molekülen der sinnlich erfassbaren Welt ... Ich bin nicht mal annähernd in der Lage, mich um so intellektuelle Abstraktionen zu kümmern. Die sind mir so was von Jacke wie Hose, aber so was von. Weeeeeil ...

Weil ich an dem Wochenende nämlich dachte: *Ich habe gerade eine echt mistige Zeit, und dabei helfen mir diese Infos nicht die Bohne. Könnten wir vielleicht bitte lieber darüber sprechen, wie ich meinem Sohn das mit der Pornografie erkläre – im Rahmen des buddhistischen rechten Handelns? Und wie ich jetzt, da mein Bekanntheitsgrad ständig wächst, mein Ego noch transzendieren kann? Und über das, was meinem verwundeten Herzen gerade am wichtigsten ist, nämlich über die karmischen Folgen einer Rachehandlung, die mir ange- bracht erscheint? Weil mir mein Ex nämlich gerade versehentlich eine sehr spezielle Textmessage geschickt hat, die eigentlich für seine neue Freundin war, und ich jetzt mit dem Gedanken spiele, heute Abend auf dem Heimweg die Frontscheinwerfer seines Wagens einzu- schmeißen. Aber hey, macht ruhig weiter und schwafelt über das Blau des Himmels. In der Welt der empfindenden Lebewesen gibt es bestimmt jemanden, der etwas damit anfangen kann, weil er sonst keine Sorgen oder Interessen hat ... vielleicht ja sogar jemanden in diesem Raum ... mit einer lila Jogginghose und Mokassins.*

Nicht nützlich. Gar nicht nützlich.

Ich brauche eine Wahrheit, mit der ich arbeiten kann. Wünsche mir eine Spiritualität, die ich auf meine alltägliche, ehrgeizige, sehr pri- vate, mitunter auch öffentliche, krasse, kleine, große, chaotische, wahnsinnige, begehrliche, bedeutsame, normale Existenz anwen- den kann. Ich brauche eine »Präsenz«, die mein gesamtes Leben berücksichtigt.

Lug und Trug

Etwa zur selben Zeit begann mir zu dämmern, dass nicht alle spi- rituellen LehrerInnen sich auch an das hielten, was sie predigten. Ich hatte mich mit einem Mönch zum Essen verabredet, um mit ihm eine globale Meditationskampagne zu besprechen, und er war so unhöflich zu der Kellnerin, dass ich mich zur Entschuldigung bemüßigt fühlte, ihr ein Trinkgeld von fünfzig Prozent des Rech- nungsbetrags zu geben. Ein andermal schleppte ich eine Freundin mit zu einem Vortrag über das »Transzendieren des Egos« eines sehr populären Beinahe-Gurus aus den Staaten. Es war wenige Wochen nach 9/11, dem Terroranschlag in den USA. Nachdem ein

Mann aus dem Publikum lange vor dem Saalmikrofon angestanden und gewartet hatte, fragte er den Experten, wie man denn mit dem Trauma jener Ereignisse umgehen solle. Von der Bühne maulte ihn Mr. Kein-Ego in seinen Designerschuhen an: »Ich bin hier, um über das Ego zu sprechen und nicht über irgendwelche Medienevents.« Ohhhkaaay. Das Unbehagen im Publikum war immens. Der Mann, der die Frage gestellt hatte, stammelte noch »Na ja, ich hielt das für wichtig« und schlich zu seinem Platz zurück. Fassungslos schauten meine Freundin und ich uns an. Ich zog mein bestes Scheiße-was-war-das-denn-Gesicht, und sie tuschelte mir »Was für ein Arschloch!« zu. Was natürlich einen so unfassbaren Lachflash bei uns beiden auslöste, dass wir den Walk-of-Shame antraten und kichernd den Saal verließen.

Als ehemalige PR-Frau in der Branche »Persönliches Wachstum« sind mir viele Geschichten über nichtsnutzige Chefs von Kommunen und durchgeknallte Kirtan-Sänger zu Ohren gekommen oder über Bestsellerautoren von Beziehungsratgebern, die in schmutzige Scheidungen verwickelt waren. Wenn Politiker bei einem Seitensprung erwischt werden, scheint das in unserer Kultur niemanden groß zu überraschen. Für mehr Aufruhr – und bessere Unterhaltung – sorgt es dann schon, wenn rauskommt, dass das zerbrechliche Engelsmedium wilde Orgien feiert. (New-Age-Klatsch ist einfach der beste.) Mit Nachsicht denke ich an meine Gutgläubigkeit von damals zurück. Kaum zu glauben: Ich dachte doch allen Ernstes, dass das Verhalten dieser »Experten« mit ihren Botschaften übereinstimmen würde – nur weil ihre Workshops immer ausgebucht waren oder sie in Indien studiert hatten. Aber wie sich herausstellte, kannst du alles verkaufen, solange du nur einen guten PR-Manager hast.

Dreckig, chaotisch, spirituell

Wir wünschen uns einen Pfad, der nicht im Gegensatz
zu unserem Leben steht, und ein Leben, das nicht
entgegen unseres Pfades ausgerichtet ist. Wir wollen
Fülle erlangen, ohne das herrliche Sprudeln des Lebens
zu verleugnen; wir wollen eine leichte und uns antreibende
Freude, die uns die Realität intensiver und umfassender
erfahren lässt.

DANIEL ODIER, *DÉSIRS, PASSIONS & SPIRITUALITÉ*

Vor ein paar Jahren habe ich mir zu Neujahr vorgenommen, ein böseres Mädchen zu werden. Also in der Danielle-Version: mehr rauchen. Mehr trinken. Mehr rotes Fleisch essen – und zwar beinahe roh. Auch wäre ich bereit gewesen, mehr herumzuschlafen, allerdings stellte sich heraus, dass ich dafür zu fokussiert bin. Was mich aber am allermeisten antörnte, war die Vorstellung, meinen gesamten Posteingang zu löschen. Böse Mädchen drücken LÖSCHEN! »Böse« ist eben auch ein relativer Begriff.

Mit der Zeit stieß ich auf eine Reihe spiritueller Persönlichkeiten, die sich in lebensbejahender Art und Weise auf verbotenes Terrain vorgewagt hatten. Der renommierte amerikanische Trappistenmönch Thomas Merton zum Beispiel verliebte sich in die Krankenschwester, die ihn pflegte. »Ich bin demütig und verwirrt durch meine Schwäche, meine Verletzlichkeit, meine Leidenschaft«, schrieb er über ihr Verhältnis. Nachdem er die Beziehung beendet hatte, befolgte er wieder seine Gelübde. Aus Büchern und Artikeln erfuhr ich mehr über Nonnen, die das Kloster aus Liebe verließen. Nachdem ich elf Jahre lang Vegetarierin gewesen war, las ich, dass der Dalai Lama, der sich sein ganzes Leben vegetarisch ernährt hatte, auf dringendes Anraten seines Arztes begonnen hatte, Rindfleisch zu essen. Was mir sofort Appetit auf einen Cheeseburger machte. Eine enge Freundin von mir besuchte ein Retreat unter der Leitung eines Roshis. Nachdem dieser einen brillanten Vortrag über die Reinheit des Geistes gehalten hatte, erwischte sie ihn in der Pause beim Rauchen hinter dem Tempel. Völlig unbeeindruckt zuckte er nur die Achseln, sagte »Das darf man alles nicht so ernst nehmen« und nahm noch einen Zug. Das nenne ich mal eine Erkenntnis – *der* Workshop hatte sich wirklich gelohnt.

Ich sehnte mich nach anderen Zielen, nach einer umfassender gelebten Spiritualität. Ich wollte das Leben von Grund auf auskosten, bewusst und ohne schlechtes Gewissen. Ich wollte mich ausdrücken, rücksichtsvoll, aber ungefiltert. Ich wünschte mir eine Reinheit der Seele, die jedoch nicht puritanisch sein durfte. Ich wünschte mir intensive Erfahrungen, wollte tief eintauchen und gleichzeitig an Leichtigkeit hinzugewinnen.

Unseren Weg finden

Ich bin in der Mach-dein-Leben-besser-Branche. Und das ist wirklich ein eigener Wirtschaftszweig. Meine Abonnenten und Follower sind der Motor meines Geschäfts. Meine Social-Media-Feeds bestehen hauptsächlich aus #Truthbombs und praktischen Tipps. Und gelegentlich kann ich es selbst kaum mehr ertragen, ständig aller Welt erklären zu wollen, was zu tun und zu lassen ist.

So viele Bücher und Blogs und Kommentare. So viele Ansichten darüber, wie du dein Charisma aufpolierst und deine Psyche reinigst. Ich frage mich, ob mich das ganze über WLAN eingeschleuste Motivations-Chichi nicht schon abgestumpft hat; gleichzeitig ziehen viele wahrhaft meisterliche spirituelle LehrerInnen unserer Zeit nicht einmal mehr einen Verlagsvertrag an Land, weil sie auf Facebook nicht genügend Likes bekommen. Die Selbst- und Lebenshilfeszene ist schon längst zu reinem Entertainment verkommen: Wer am lautesten schreit, hat das größte Publikum. Mit der Folge, dass viele KonsumentInnen Lautstärke mit Weisheit verwechseln.

Andererseits ... ist lautstarker Jubel auch nichts *nur* Schlechtes. Auch wenn er oberflächlich ist, wirkt er ermutigend und erhellt Wanderern den Weg. Es ist ein Schritt auf der Suche nach mehr Sinn.

Wir finden unseren Weg schon. Stoppeln ihn uns irgendwie zusammen. Weil wir mehr wollen für unser Leben, nutzen wir die Errungenschaften des Informationszeitalters. Und er ist mit Sicherheit schräg und inspirierend gleichzeitig. Aber zur Weisheit führt nun einmal kein gerader Weg. Wenn du glaubst, etwas Hilfreiches beitragen zu können, starte einen Blog oder lass dir bei der nächsten Teambesprechung fünf Minuten Redezeit geben und *leg los*. Denn deine Wahrheit könnte genau das Licht sein, das jemand anderem den Tag erhellt. Wir brauchen deine Stimme. Wir müssen die Ideen hören, die deinen Sehnsüchten und deiner Zuversicht entspringen.

Dir ist bewusst, dass sowohl die Menschheit als auch unser Ökosystem in großen Schwierigkeiten sind. Durch unseren gedankenlosen Konsum machen wir uns und der Erde den Garaus. Bald gibt es keine Seesterne mehr. Es wird gefährlich, Wasser zu trinken. Menschen betreiben Menschenhandel, vergewaltigen und werden vergewaltigt. Wir machen Kinder zu Killern. Viele von uns sind abgestumpft, unersättlich und gierig.

Wir leiden. Spüren den Schmerz unseres Hungerns nach Wahrheit, Licht und Vertrauen. Wir lernen, für das zu leben, was wirklich zählt – aus Notwendigkeit, aber auch durch den angeborenen Drang nach Weiterentwicklung. Wir erwachen zu tieferem Wissen und außergewöhnlicher Wissenschaft. Wir reinigen unsere Städte und öffnen mehr Grenzen, als neue zu errichten. Wir ändern Gesetze und Richtlinien, um sie liebevoller zu machen. Aus Müll erzeugen wir Treibstoff und arbeiten daran, soziale Lösungen rentabel zu machen – finanziell und spirituell. Wir kommunizieren massenhaft miteinander. Wir schaffen und konsumieren eine Menge inspirierender und wichtiger Nachrichten über unsere Potenzialentfaltung. Zunehmend hören wir mehr auf die Intelligenz unserer Herzen – und handeln entsprechend. Und das ist Spiritualität: ein Ausdruck der Liebe.

Nachdem ich nun schon fast mein gesamtes Leben lang auf der Suche nach Erleuchtung bin, spekuliere ich jetzt nicht mehr, ob sich dieses »Spiritualitäts-Ding« vielleicht irgendwann einmal auszahlen könnte. Ich bin fest davon überzeugt. Ich giere nach dem Licht. Bin auf der Welt, um von Nutzen zu sein, und werde zu diesem Zweck wahrscheinlich auch noch ein paarmal wiederkommen. Ich spreche immer noch jeden Tag mit den Engeln. Mein Kurkuma-Tonikum trinke ich gläserweise. Ich bete voller Inbrunst. Im Beirat meines Unternehmens sitzt eine Energiearbeiterin, und niemals würde ich ein Projekt bei rückläufigem Merkur starten. Nie!

Einige von uns werden sich künftig an ihren Geistführern orientieren, an der Kabbala oder an Poesie. Einige werden Spinning-Kurse besuchen, die heiligen Schriften studieren, grüne Smoothies trinken, Liebe oder ihre erste Million machen, werden Marathon laufen, Mutter sein, tanzen oder sich ihren Weg zur höheren Liebe mit der Feueratmung bahnen.

Unsere Erfüllung ergibt sich aus unseren individuellen Motiven. Denn letztlich geht es nicht um die Frage, *wie* wir uns spirituell weiterentwickeln möchten, sondern um das *Warum*.

Mögest auch du dich auf die Suche nach deinem Licht begeben.

Danke den
Lügen,
dass sie dir
die Wahrheit
zeigen.

2
DIE MEGA-LÜGEN

Irrtümer auf dem Weg zur Wahrheit

seeker of truth

follow no path
all paths lead where

truth is here
E. E. CUMMINGS

Dass ich im Zeitalter des New Age erwachsen wurde, verhalf mir zu *reichlich* Arbeitsmaterial für meine späteren Therapien. Nach jahrelangem chronischem An-mir-Arbeiten hatte ich Unmengen von Themen zu beackern – Probleme aus früheren Leben (als ob die aus dem jetzigen nicht schon gereicht hätten), multidimensionale, lokale und globale Fragen.

Mein erstes okkultes Buch las ich mit dreizehn. Für ein katholisches Schulmädchen war das ein ganz schöner Hammer, spannend und verboten. (Aber mal ehrlich: Was ist einem katholischen Schulmädchen eigentlich nicht verboten?) Die Mutter einer Schulfreundin hatte mir ein paar ausrangierte Bücher geschenkt. Sie hatte auftoupiertes Haar, aber bildschön und mit aschblonden Strähnchen. Der nudefarbene Lippenstift, den sie trug, passte perfekt zu ihrem beigen Hosenanzug, und alles in allem sah sie immer aus, als wäre sie gerade der Kulisse eines Spielfilms entsprungen.

In ihrem Schlafzimmer hatte sie eine spezielle »Heillampe« mit verschiedenfarbigen Glühbirnen, eine für jedes Chakra. Die Familie sprach ständig von »Geistführern« und »Aura-Readings«. Ihr ganzer Glamour und unsere esoterischen Küchengespräche verschlugen mir den Atem. Ich war total entzückt. Wie alle guten LehrerInnen richtete sie sich ganz nach mir und offenbarte mir nur die Dinge, nach denen ich fragte. Und wonach ich nicht alles fragte – nach Geistern und Gesprächen mit Verstorbenen und *Gibt es eigentlich so etwas wie Seelengefährten? Weil ... meinen* würde *ich nämlich total gern kennenlernen.*

Das Bücherregal in ihrem Wohnzimmer wurde zu meiner Selbsthilfe-Bibliothek. Wann immer ich bei meiner Freundin übernachtete, verließ ich das Haus mit Ramtha-Büchern, einem Exemplar von *Michael, Mensch sein* und verschiedenen Durchsagen der Großen Weißen Bruderschaft. An einem ganz besonderen Wochenende sind wir zu einem abgelegenen New-Age-Buchladen in Michigan gefahren. Dort reichte mir meine Freundin mit Zustimmung ihrer Mutter ein Buch, das in Größe und Aufmachung an die Hausbibel meiner Großmutter erinnerte, und sagte dazu: *Hier, ich glaube, du bist jetzt bereit dafür.* Es war *Ein Kurs in Wundern.* Ich habe einen meiner liebsten Einhorn-Aufkleber auf den Einband geklebt und das Buch für die Heimfahrt in mein T-Shirt von der *Journey*-Tournee gewickelt.

Gechannelte Botschaften waren meine Einstiegsdroge ins New Age. Und die perfekte Einführung. Einige der Materialien waren echt ausgeflippt und fantastisch; fesselnd und viel, viel besser als die Nancy-Drew-Bücher, die mich eh schon langsam langweilte. Einiges überforderte mich und mein Konzentrationsvermögen allerdings auch.

Als Teenager entdeckte ich dann Louise Hays Megaklassiker *Gesundheit für Körper und Seele.* Für die Beziehung von Body und

Mind eröffnete mir dieses Buch eine vollkommen neue Welt. Louise war Model in New York, als bei ihr Krebs diagnostiziert wurde. Mithilfe einer Gesprächstherapie, in der sie die Qualen aufarbeitete, die sie als kindliches Missbrauchsopfer erlitten hatte, und durch die Kraft des positiven Denkens – hauptsächlich Affirmationen – gelang es ihr, sich vollständig zu heilen. Aus diesem Buch lernte ich viel über die Auswirkungen von Emotionen auf den Körper, die Macht der Gedanken und des Mentaltrainings. Damals hat mich das unglaublich beeinflusst.

Es mobilisierte aber auch große Ängste in mir. Ich glaubte, ich müsse jeden Groll gegen meine Eltern klären, damit er sich nicht als Tumor manifestierte. *Wenn ich nicht aufhöre, meinen Vater dafür zu hassen, dass er mir verbietet, den heißen Typen zu daten, kriege ich bestimmt Krebs.* Na ja, was so ein Teenagerhirn eben aus Metaphysik macht. Beziehungsweise was jedes Anfängerhirn mit derart umwerfenden Infos anstellt: Es vereinfacht sie bis zum Gehtnichtmehr und sieht alles nur noch Schwarz oder Weiß. (Übrigens habe ich meinen Dad nicht wirklich gehasst. Ich habe den heißen Typen trotzdem gedatet. Und ein Tumor ist mir erspart geblieben.) Etwa zur selben Zeit wurde ich zusammen mit den anderen Lämmchen meiner katholischen Schule zur Beichte in die Kirche geführt. Ich fragte mich, ob ich wohl gesund bliebe, wenn ich vor Gott Buße tun würde? Oder waren es Affirmationen? Oder das Ave-Maria? Oder Kristallheilung?

Zwischen Esoterik und einer ausgesprochen straff organisierten Religion erstreckte sich ein ganzes Büfett aus Schuldgefühlen und Ängsten in reicher Auswahl – gegen die ich mich mithilfe positiver Affirmationen zu wehren versuchte.

Widersprüchlichen Dogmen ausgesetzt zu sein, ist mit das Beste, was dir geschehen kann. Oder mit Friedrich Nietzsche ausgedrückt: »Ich sage euch: Man muss noch Chaos in sich haben, um einen tanzenden Stern gebären zu können.« Verwirrung führt immer zu Klarheit, und dann kannst du der Welt deinen Stempel aufdrücken.

Auf manche Lügen fallen wir herein, um zur eigenen Wahrheit gelangen zu können.

All die Betrüger, von den Kreuzfahrern bis zu den Scharlatanen, leisteten über die Jahrhunderte hinweg einen wichtigen Beitrag zur Entfaltung der höheren Wahrheit. Um sich die Gunst ihrer Gottheiten zu verdienen, dachten einige wohl, sie hätten keine andere Wahl, als Lügenmärchen zu verbreiten. Denn sie wollten den Reichtum des Paradieses erlangen, den ihnen die Götter für das Leben nach dem Tod verheißen hatten. Dabei waren viele wahrhaft Suchende darunter, die sich mit den großen Fragen herumschlugen und ernsthaft versuchten, das Dunkle mit Licht und Liebe zu vertreiben. Andere dagegen versuchten es mit Täuschungen und Machtmissbrauch, um sich schließlich zu einer karmisch so zweifelhaften Idee aufzuschwingen wie: »*Hey, wisst ihr was? Lasst uns doch mal eine Inquisition anzetteln!*«

Was die Verteidigung und Verbreitung unserer Überzeugungen angeht, sind wir Menschen seither vielleicht eine Spur zivilisierter geworden. Aber wirklich nur eine Spur. Da stehen uns und unseren diversen Ministerien für die Verteidigung der Wahrheit noch ordentliche Bewusstseinssprünge bevor. Denn im Namen des Glaubens oder irgendwelcher anderer Überzeugungen werden auch heute noch ganze Bevölkerungsgruppen abgeschlachtet oder aus ihrer Heimat vertrieben. Nach wie vor hängen viele Leute Religionen an, die eine extreme Intoleranz predigen. Wir töten weiterhin für unsere Götter. Schikanieren Andersgläubige. Führen Kriege für das, was wir für die Wahrheit halten.

Viele von uns, die ein relativ (oder sehr) privilegiertes Leben führen, haben sich eine neue Religion erschaffen: den Materialismus. Und der ist so allgegenwärtig wie jede der großen Weltreligionen. Wir kämpfen, töten, stehlen, plündern und lügen für unser »Recht« auf Profit und Konsum. Genau dieselbe Scheiße, nur um anderer Götter willen, die Dollar, Yen oder Euro heißen. Der herrschende Massenkonsum ist zu einer Massenvernichtungswaffe geworden – geschmiedet aus den Lügen über sogenannten Erfolg und vermeintliches Lebensglück. Da sich diese Lügen verheerend auf unser Selbstwertgefühl auswirken, versuchen wir uns durch immer mehr Kram und Reize künstlich aufzuwerten. Angesichts dieses Materialismus-Kults ist die Ehrfurcht vor dem Einfachen und ein grundlegendes Umdenken ein mutiger Schritt.

Eine Lüge hat nur Macht, wenn sie auch jemand glaubt. Du brauchst Gläubige, um eine Kirche aufbauen zu können; ohne Soldaten gibt es keine Armee, ohne Wählerstimmen kein Mandat. Und wer seine Lügen unters Volk bringen will, braucht Leute, die sie ihm abkaufen. Das Verbreiten von Lügen erfordert eine breite Mitwirkung. Denn es ist ja nicht nur so, dass »die« – also Regierungen, die organisierten Religionen, Medien oder Bildungsinstitutionen – ihre Unwahrheiten einfach so raushauen. Dazu gehört auch, dass wir alle – vollkommen freiwillig – für Irreführungen jeglicher Art zahlen: mit Geld, Zeit und Aufmerksamkeit. Jeder von uns muss deshalb die persönliche Verantwortung für die Überzeugungen übernehmen, die unser Leben bestimmen. Und wir müssen die Ideale anerkennen, die unsere Entscheidungen beeinflussen.

Warum ziehen wir bestimmte Überzeugungen anderen vor, auch solche, die so viel Schaden anrichten können? Weil sie bequem sind. (Und weil bestimmte Wahrheiten ganz schön unbequem sind.)

Wir sehnen uns nach der Geborgenheit der Verbundenheit untereinander, nach der schwer definierbaren Freude und der Leichtigkeit des Zusammengehörigkeitsgefühls. Wir sind psychisch und physisch darauf ausgelegt, in Gemeinschaft zu leben. Und um uns verbunden, akzeptiert und wertgeschätzt zu fühlen, glauben und tun wir mitunter auch die absurdesten Dinge – insbesondere, wenn wir dadurch die Anerkennung einer größeren Menge Menschen erringen können. Grundsätzlich würden wir uns jeder Lüge verschreiben, solange sie uns nur hilft, bei einer vermeintlich höheren Instanz zu punkten. Und viel zu viele von uns halten auch die Meinungen anderer Leute für eine höhere Instanz. Wir machen uns klein und schrumpfen, um mehr Raum für den Input von außen zu schaffen. Wir sind zaghaft und passen uns an. Wir glauben, viel schwächer zu sein, als wir eigentlich sind, damit sich ein anderer Mensch wichtig fühlen kann, wenn er uns gut findet und uns »liebt«. Aber wenigstens bekommen wir so die Liebe, nach der wir uns sehnen. Eine »echte« Liebe ist das allerdings nicht. Na, wenn das mal kein Teufelskreis ist …

Solange du dich für fehlerhaft oder (was die größte Lüge überhaupt ist) »reparaturbedürftig« hältst, ziehst du mit größter Sicherheit PartnerInnen, LehrerInnen, PredigerInnen und PolitikerInnen an, die dich »lieben«, »in Ordnung bringen« und »anleiten« wollen. Es ist ein System der gebrochenen Herzen und ihrer Reparaturdienste. Zu viele Fragen oder zu viel Selbstständigkeit könnten dieses Rettungsbusiness aus dem Gleichgewicht bringen. Weil dann nämlich Emanzipation und Trennungen die Folge wären, Werbetreibende würden pleitegehen und Götter gestürzt werden. Die reine Anarchie der Eigenständigkeit!

Deshalb frage ich dich:

Sind deine persönlichen Stärken Teil deiner Überzeugungen?

Machen deine Überzeugungen dich freier?

Glaubst du an dich?

Wenn das Weltbild aus dem Ruder läuft

Wir durchlaufen Phasen der Gerechtigkeit, wenn wir auf Wahrheiten stoßen, mit denen wir in Resonanz gehen. Gerechtigkeit kann cool sein – dieses brennende Überzeugtsein von etwas, die Bereitschaft, dafür alles in den Ring zu werfen. Manchmal wird es deinen Freunden allerdings zu viel, und sie wollen nichts mehr über die gewaltigen Veränderungen hören, die das »Empowerment-Forum zur sofortigen Erleuchtung der Menschheit« in deinem Leben bewirkt hat, und dass sie es genauso weit bringen könnten, wenn sie auch besuchen würden.

Die neuen Erkenntnisse können uns ins Schwafeln bringen, uns aber auch aggressiv und grundlos patzig werden lassen. Als ich zum Beispiel herausfand, dass Kalbfleisch von Jungtieren stammt, die in winzigen Verschlägen gehalten werden, habe ich meinem Protest dadurch Ausdruck verliehen, dass ich auf den Grillfesten der Familie demonstrativ nur Salat aß und Vorträge über die Brutalität in der Tierhaltung hielt. Den Kälbchen hat das nicht wirklich was gebracht, dafür aber wäre ich bei der Arbeit fast ohnmächtig geworden vor Hunger. Angst und Fanatismus sind eng miteinander verwandt. Wenn wir mehr Sicherheit gewinnen wollen mit unseren neuen Überzeugungen und meinen, dafür die

Zustimmung anderer zu brauchen, ist eine kleine Kiste die richtige Bühne für den Anfang. Sie ist auch hervorragend dafür geeignet, die Angst zu verstecken, vielleicht doch nicht richtig zu liegen.

Auf dem Weg zu mehr Reife und größerer Effektivität kann Fanatismus eine gesunde Übergangsphase sein. Manche Überzeugungen treiben wir zunächst einmal auf die Spitze, um dann, wenn alles gut geht, mit etwas mehr Erfahrung und Übersicht das für uns richtige Maß zu finden. Dieser Wachstumsprozess – und mit ihm die Mäßigung – beginnt, sobald wir nicht mehr so verzweifelt um Zustimmung buhlen. Und bis es so weit ist, halten unsere Freundinnen und Freunde hoffentlich zu uns (und ertragen auch unsere selbst-gerechten Momente).

Wenn es um die Entdeckung unserer persönlichen Wahrheit geht, spielt das Timing eine große Rolle. Als Individuen dödeln wir nebeneinander her mit unseren jeweiligen Überzeugungen und Meinungen. Auch wenn Gott oder Krischna (oder die Wissenschaft) deine Seele kennt, muss das nicht bedeuten, dass deine Familie oder die Kultur, in die du hineingeboren wurdest, darauf Rücksicht nimmt. Alle schwarzen Schafe jetzt mal bitte die Hand heben. Es kann gut sein, dass die geistige Kost, mit der wir aufwachsen, aus lauter Lügen besteht, Ideen, von denen wir später herausfinden, dass wir allergisch gegen sie sind. Mit etwas Glück und/oder durch eine exzellente Inkarnationsauswahl ist es aber auch gut möglich, dass wir mit lauter lebensbejahenden Ideologien groß werden, die uns perfekt auf die Arbeit vorbereiten, für die wir auf diesem Planeten gelandet sind.

So oder so können uns auf Dauer aber weder die Erziehung noch unsere Kultur durchs Leben navigieren. Irgendwann müssen wir die Überzeugungen, die uns antreiben, genauer anschauen und anfangen, Fragen zu stellen – *viele* Fragen. Und dürfen nicht damit aufhören. NIE. Weil nämlich in dem Moment ein kolossales, ernstlich lebensbedrohliches Problem entsteht, in dem wir eine Lüge zu unserem Weltbild befördern. Und in jedes Gebäude aus Überzeugungen, egal wie alt, progressiv oder ganzheitlich es auch ist, schleichen sich mit der Zeit kleine, fiese Fantasien ein.

Das sind die »*absurden, falschen Glaubenssätze*«, die uns daran hindern, uns selbst zu achten und zu feiern, und die uns die Geborgenheit und wahre Verbundenheit verwehren, nach der wir uns so sehnen. Sie sind verwoben mit Manipulation, mit Marketingstrategien und politischer Propaganda in ihrer übelsten Form. Außerdem verstärken sie unsere Selbstzweifel und das zwanghafte Bedürfnis nach Vervollkommnung und Anerkennung.

Nun möchtest du vielleicht auf der Stelle eine Kerze anzünden und dich in etwas Weißes kleiden. Oder aber Heavy Metal hören und dich bereit machen zum Headbangen. Denn wir lassen jetzt eine Abrissparty für diese seelenfressenden Lügenmärchen steigen. Hast du dich erst einmal von ihnen abgewendet, ist deine Befreiung unausweichlich.

Die absurden, falschen Glaubenssätze

Die Lüge von der Unzulänglichkeit

> *Ich sage dir nicht:* »*Du bist gut genug.*« *Vielmehr sage ich dir:*
> »*Du bist vollkommen und makellos – und dies schon*
> *seit einer Zeit vor der Zeit.*«
> MOOJI, *GIVE ME ONE GOOD REASON WHY YOU ARE*
> *NOT THE SELF*

Die Lüge von der Unzulänglichkeit lautet: »Du bist bereits fehlerhaft auf die Welt gekommen, bist nicht gut genug, bist *voller Makel.*«

Da kann ich ja nur lachen. Was für ein Blödsinn!

Tragischerweise sieht diese Lüge in vielen Kulturen so aus: »Du bist als Mädchen auf die Welt gekommen ... also genügst du nicht.« In anderen bedeutet sie, in die falsche Kaste hineingeboren zu sein, nicht die richtige Hautfarbe zu haben, jemanden mit der »falschen« Geschlechtszugehörigkeit zu lieben oder eine x-beliebige Kombination dieser angeblichen Mängel. Die Lüge von der Unzulänglichkeit wird uns von der Gesellschaft eingetrichtert. Oder wir »erben« sie wie eine Genmutation, das heißt, sie hat sich über Generationen in unserer DNA eingenistet.

Das Christentum untermauert die Lüge von der Unzulänglichkeit mit der Idee von der Erbsünde. Sowohl die römisch-katholische Kirche als auch Anglikaner, Methodisten, Mormonen und die Zeugen Jehovas glauben in irgendeiner Form daran, dass wir bereits »sündenbefleckt« auf die Welt kommen. Was einen guten Start ins Leben nicht gerade erleichtert, oder?

In der zweiten Klasse der katholischen St. John's Schule informierte uns Father Flynn, über den mein Vater sagte, er sei »älter als Methusalem«, dass wir »mit der Erbsünde auf der Stirn« geboren worden wären. Der Geistliche hatte unserer Klasse einen Besuch abgestattet, um mit uns über die erste heilige Kommunion zu sprechen. Ich war ganz aufgeregt, weil ich wusste, dass wir in dieser Stunde das Empfangen der Hostie mit ungeweihten Oblaten üben würden. Da ich zu Hause schon mit Triscuit Crackern trainiert hatte, konnte ich die Generalprobe mit den halb heiligen Oblaten vor Freude kaum erwarten. Aber leider wurde die ganze Aufregung zunichtegemacht durch die düstere Nachricht dieses Tages, dass ich als Sünderin geboren worden war.

Wie bitte? *Aber ich hatte doch gerade erst das Licht der Welt erblickt. Wie konnte ich denn da schon so böse sein?* Es wollte mir einfach nicht in den Kopf. Mit meinem kleinen Händchen griff ich mir an die Stirn und versuchte unauffällig zu ermitteln, ob ich da einen Erbsündenhubbel hatte oder vielleicht irgendeine Delle. Also einen Beweis dafür, dass ich gezeichnet war (allem Anschein nach ja fürs Leben).

Diesen ganzen Kladderadatsch haben wir Adam zu verdanken, denn der sogenannte Abfall von Gott, der vermeintliche Sündenfall, geht darauf zurück, dass er mit Eva zusammenkam und den Apfel vom Baum der Erkenntnis des Guten und des Bösen verzehrte. »Denn wie durch den Ungehorsam des einen Menschen die vielen zu Sündern gemacht worden sind, so werden auch durch den Gehorsam des einen die vielen zu Gerechten gemacht werden.« Aber bloß kein Druck, ja nicht!

Für viele ChristInnen ist die Erbsünde eine Erklärung dafür, dass in unserer doch von einem perfekten Gott erschaffenen Welt so viel Katastrophales und Düsteres geschehen kann – Krieg, Gewalt, Selbstmord, Leiden.

Obwohl wir also »nach Seinem Bilde« erschaffen wurden (wenn auch wahrscheinlich ohne die »Perfektion«?), sind wir trotzdem SünderInnen – und Er wird von jeglicher Verantwortung für die Übel der Welt freigesprochen. Mhm. (Bei einer weiblichen Gottheit wäre dergleichen, nebenbei gesagt, undenkbar gewesen. Die hätte ohne mit der Wimper zu zucken ihren Teil der Schuld übernommen und die schlechten Taten aller anderen zusätzlich durch Überstunden und Multitasking mehr als wettgemacht. Und dann hätten wir uns zum Essen getroffen, alles durchgequatscht und gefeiert.) In diesem Szenario ist Gott (weil omnipotent = allmächtig) fein raus; wir dagegen sind keineswegs aus dem Schneider, was die Sünden betrifft. (Weil wir nämlich das Gegenteil von omnipotent sind, also impotent. Und das heißt nicht nur eine Niete im Bett, sondern auch »ohnmächtig« im Sinne von hilf- und wertlos.) Am

Ende des Tages aber – also am Lebensende – soll ja wohl alles klargehen, denn wir dürfen Gott immerhin um die Rettung unserer sündigen Seele bitten.

Falls dich das verwirrt, darf ich dir versichern: Das ist beabsichtigt. Menschenschinder und Unterdrücker sorgen bewusst für Verwirrung, um Abhängigkeiten zu schaffen. Was für mich auch der geeignete Moment ist zu erwähnen, dass ich keineswegs antichristlich eingestellt bin. Wogegen ich allerdings ganz entschieden etwas habe, ist Unterdrückung. Ich verehre Jesus Christus sehr, und in meinem Herzen brennt die Flamme seiner Liebe lichterloh. Aber davon sprechen wir gleich noch.

Der katholische Priester und Theologe Matthew Fox ist ein namhafter Vertreter der sogenannten Schöpfungsspiritualität. Mit Mitte zwanzig tanzte ich in San Francisco auf seinen kosmischen Messen zu den Trancerhythmen von Trommeln und Didgeridoos ab. Denk nur: Bei einem Sonntagmorgen-Rave trifft im Festsaal eines Hotels die heilige Kommunion auf indigene Rituale. Pure Glückseligkeit! Der Glaube, von dem ich mich in diesen Momenten ergriffen fühlte, war unfassbar fließend, und nie zuvor war ich einer so authentischen Auslegung der Botschaft Christi begegnet. Deshalb traf ich mich mit einem Vertreter der Bewegung, um über meine Zulassung zum geistlichen Studienprogramm der von Fox gegründeten University of Creation Spirituality (die inzwischen »Wisdom University« heißt) zu sprechen. Denn ich wollte eine echt sexy junge Priesterin werden, die zeitgemäß mit der Welt kommuniziert. Aber das Leben hatte andere Pläne, sodass ich zu einem hochintelligenten Typen nach Nordwesten zog und ein Unternehmen gründete – auch eine Mission, aber eine komplett andere.

Fox hatte dem Dominikanerorden angehört, wurde aber rausgeschmissen. Die Gründe: Er hatte von Gott als der »Mutter«

gesprochen, bei seiner Arbeit zu viele spirituelle Rituale der amerikanischen UreinwohnerInnen eingesetzt und sich geweigert, Homosexualität zu verurteilen. Der Gipfel war jedoch: In einem ungeheuerlichen Akt der Auflehnung sprach sich Fox anstelle der Erbsünde für das Konzept des »Ursegens« aus. In seinen Worten: »Wir kommen als reiner Segen auf die Welt.« Und nicht als SünderInnen. Die einzige »Sünde«, die Fox anerkennt, ist die des Dualismus – die Auffassung, Menschen und Dinge seien etwas voneinander und von Gott Getrenntes. Fox' Lebenswerk besteht darin, einen Glauben zu fördern, der in unserer »Urgüte« wurzelt.

Die meisten von uns bekommen allerdings eine ganz andere Botschaft mit auf den Weg. Was die Frage aufwirft, wie es denn so ist, mit dem Gefühl durchs Leben gehen zu müssen, man sei nicht gut genug. Nun, die Antwort kennt wohl fast jede(r) von uns: Wir werden zu Menschen, die chronisch an sich herumlaborieren, oder zu gewohnheitsmäßigen StreberInnen, ständig krampfhaft bemüht, das Universum für uns einzunehmen.

Du weißt, wie das aussieht … vielleicht bist du einfach nur ein *bisschen* seltsam in einer Welt, die alles verehrt, was »normal« und »sicher« ist. (Bleib bloß so; das brauchen wir von dir.)

Oder womöglich hat sich dein Vater einen Sohn gewünscht, und du bist ein Mädchen geworden; also hat er dich Jamie taufen lassen und dir Baseballspielen beigebracht. Deine Eltern liebten dich, gar keine Frage, und trotzdem hattest du immer das Gefühl, mit dem falschen Fuß aufgestanden zu sein. Und von Tag eins an hast du versucht, entweder deine Kriegernatur zu schärfen oder aber die weibliche Güte der Göttin heraufzubeschwören, damit doch noch alles gut wird …

Vielleicht kommt es dir jedoch auch so vor, als hätte sich ein Schleier zwischen deine Pläne und dein Durchhaltevermögen geschoben. Der ist zwar zart und hauchdünn, hindert dich aber trotzdem an der konsequenten Verfolgung deiner Ziele. Ganz leise, aber durchdringend flüstert dir die Lüge von der Unzulänglichkeit zu, dass du die Fülle, die in dein Leben kommen möchte, nicht verdient hättest, dass du halt hier auf dieser Seite bist – und all das Gute, das du dir wünschst, auf der anderen …

In einer schönen Szene des Films *The Help* hält Haus- und Kindermädchen Aibileen Clark (gespielt von Viola Davis) das Töchterchen ihrer (sehr rassistischen) Arbeitgeber im Arm und sagt sinngemäß zu ihm: »Du bist so lieb, du bist klug, du bist wichtig.« Und die Kleine tut es ihr gleich: »Du bist so lieb, du bist klug, du bist wichtig.« Ein schöneres Evangelium der Urgüte habe ich nie gehört.

Schon seit deiner Geburt bist du wichtig. Mit allen Rechten ausgestattet. Einfach nur, weil es dich gibt. Du bist viel mehr als nur genügend, du bist von substanzieller Bedeutung. Bist stark und mächtig. Ausdruck und Segen der Urgüte.

Die Autoritätslüge

> *Reif ist man, sobald man zur eigenen Autorität geworden ist.*
> JOSEPH CAMPBELL

Die Autoritätslüge besagt: »Du brauchst jemanden, der dir Bestätigung gibt und deine Entscheidungen gutheißt.«

Du liebe Güte, nein. Bitte nicht … bloß nicht, nein!

Wenn du dich ernsthaft mit Leuten anlegen willst, brauchst du dich nur als »spirituelle Autorität« zu bezeichnen. Völlig unabhängig davon, ob das der Wahrheit entspricht – das ist eine der anziehendsten, trostreichsten und am schwierigsten zu beweisenden Behauptungen, die man überhaupt aufstellen kann.

Willst du dein Leben ernsthaft vermasseln, hinterfrage niemals eine spirituelle Autorität.

Das Informationszeitalter ist der spannende, verbindende, stärkende Motor des globalen Fortschritts. Es ist aufregend, in unserer Zeit zu leben mit all den Kommunikations- und Datenströmen, die das Nervensystem des Planeten durchziehen. Es bedeutet aber auch, dass sich heutzutage praktisch alle Welt zum ... Life-Coach zertifizieren lassen kann.

Mit ein paar Webinaren kannst auch du dich zur zertifizierten *Coaching-Experten-Autorität für Lifestyle und spirituelles Empowerment* mausern. Damit wir uns nicht falsch verstehen: Ich bin hundertprozentig für Life-Coaches und spirituelle Lebenshilfe. Liegt ja auf der Hand. Ich hatte Dutzende davon und habe Tausende von Dollars dafür ausgegeben. Jetzt habe ich sogar ein eigenes Workshop-Konzept und lizenziere es an herausragende Coaches und Yoga-LehrerInnen. Mit Virginia Woolf bin ich der Meinung, dass jede Frau ein eigenes Zimmer braucht, zusätzlich aber auch einen Life-Coach, wie ich hinzufügen würde.

Doch wir werden ExpertInnen darin, ExpertInnen für Dinge zu werden, von denen wir im Grunde gar nichts verstehen. Oberflächliche Kenntnisse, beschränkte Erfahrung. Oder um es ganz deutlich zu sagen: Wir leben zwar im Informationszeitalter, aber nicht in einem Zeitalter der Weisheit. Denn Weisheit erwächst aus gelebten, hart erarbeiteten Erfahrungen. Du hast dir deine Erfahrungen erworben, hattest deine Erweckungserlebnisse, hast zur Weisheit gefunden und dir nicht nur das PDF dafür runtergeladen. In seiner typisch direkten Art bringt es Henry Rollins auf den Punkt: »Wissen, das einem nichts bringt, ist auch Mist.«

Auf Visitenkarten ist die Angabe des Berufs oder des Titels sehr nützlich. Ein Schamane ist ein Schamane, die Geschäftsführerin ist die Geschäftsführerin – zu wissen, wer sich wofür zuständig fühlt, kann nie schaden. Doch wenn es um Fragen der Weltanschauung geht, wird es heikler. Denn dann wirken Titel, die auf eine gewisse Autorität hinweisen, schnell trennend. In einem Radiointerview wurde ich einmal als »spirituelle Lehrerin« vorgestellt und konnte nicht schnell genug unterbrechen: *Oh nein, bitte nicht. Ich bin keine spirituelle Lehrerin. Ich spreche über spirituelle Dinge, und manches von dem, was ich sage, ist vielleicht ganz nützlich, aber eine spirituelle Lehrerin bin ich nicht.*

Das ist keine falsche Bescheidenheit. Ich bin ja tatsächlich keine und möchte auch das mit dieser Bezeichnung verbundene Karma vermeiden – das mit viel Projektion und dem Druck einhergeht, immer makellos und absolut fehlerfrei sein zu müssen. Ich meine, auf die Art makellos wie Beyoncé wäre ich manchmal schon gern, à la *Hab gar nichts gemacht, sah heut früh beim Aufwachen schon so aus.* Ich strebe aber nicht an, eine untadelige Praktizierende oder Trainerin für irgendwas zu werden. Ich bin eher eine Suchende, die über das schreibt, was sie herausfindet. Und irgendwann, sollte der richtige Tag gekommen sein, kann ich dich vielleicht beim Lernen unterstützen. Wenn es aber überhaupt eine Botschaft gibt, die ich dir gern übermitteln würde, dann lautet sie: **Du bist die einzige Autorität** für dich.

NIEMAND weiß besser als du selbst, was für dich richtig ist. NIEMAND. Im Klartext: NIEMAND. Du hättest gern einen Rat? Hol ihn dir. Du willst wissen, was das Orakel sagt? Befrag es doch. Freundschaften? Wichtig wie die Luft zum Atmen. Seriöse Gurus? Kannst du ruhig ernst nehmen. Und das letzte Wort? Hast immer DU. Nur du. Egal, worum es geht. Egal, wie medial veranlagt dein Medium ist, wie reich deine Unternehmensberaterin, wie magisch dein Heiler oder wie gelenkig deine Yoga-Trainerin. Das Einzige, wozu Experten dir verhelfen, sind Informationen, die du *berück-sichtigen* kannst. Die entscheidende Kraft aber, die diese Informationen filtert, interpretiert und auswertet, bist du. Dein Körper weiß Bescheid. Desgleichen dein Herz. Und dein Verstand hilft dir zu handeln – auf der Basis ebendieses Wissens.

Gegenüber Weltanschauungen vertrete ich die Auffassung: **Pick dir raus, was dir gefällt, und lass die Finger vom Rest.** Keine Ideologie und kein(e) LehrerIn haben hundertprozentig recht. Mag ja sein, dass eine Menge Erfahrungswissen dahintersteht. Aber vergiss nicht: Das stammt aus der Vergangenheit. Und um uns für die Zukunft fit zu machen, können wir nicht immer nur zurückschauen. Wie was früher gemacht wurde, was früher einmal richtig war … war eben früher. Und warst nicht du.

Ob es auch Zeiten gibt, in denen du auf Empfehlungen von Fachleuten hören solltest? Logo. Wahrscheinlich sogar viele. Weil nämlich … wenn dich eine gute, weise Freundin fragt, ob du »den Verstand verloren« hast, könnte sie auch durchaus auf der richtigen Fährte sein. Aber die Entscheidung musst du treffen. Deine Seele hat einen Plan. Und letztlich ist die Seele die einzige Autorität.

Die Lüge von der Zusammengehörigkeit

> *Freidenker sind Menschen, die bereit sind, sich ihres*
> *Verstandes vorurteilsfrei zu bedienen und ohne die Furcht,*
> *dass die Erkenntnisse, die sie gewinnen, ihren Gewohnheiten,*
> *Privilegien oder Überzeugungen zuwiderlaufen könnten.*
> *Eine solche Geisteshaltung ist selten, für richtiges*
> *Denken aber unabdingbar.*
> LEW TOLSTOI

Die Lüge von der Zusammengehörigkeit besagt: »Gruppenden-ken ist gutes Denken.« Da sie ein Nebenprodukt der Autoritätslüge ist, könnte man auch von der Lüge vom Coolsein sprechen.

Du lieber Himmel! Neiiiiiiin. Gefahr, Gefahr, ganz große Gefahr.

Rückblende: Ich sitze in einem dieser Workshops über persönliches Wachstum, und der Allem-Anschein-nach-wahnsinnig-weit-entwi-ckelte-Typ-der-mehr-Geld-verdient-als-alle-anderen-im-Raum lässt seine neurolinguistischen Programmierungskampfkünste spielen, um die TeilnehmerInnen dazu zu bewegen, ihre intimsten Geheimnisse mit einer Horde Wildfremder zu teilen. (Wie? Du warst tatsächlich auch da? Dacht' ich mir's doch, dass wir uns dort gesehen hätten.)

»Wer möchte als Nächstes?«, fragt der Kursleiter übers Mikrofon. Wir sind nur dreißig Leute in einem kleinen Konferenzraum. Er bräuchte also eigentlich kein Mikro, um sich Gehör zu verschaffen, aber … na ja, du weißt schon, macht eben mehr her. Er wartet gar nicht erst, bis sich jemand freiwillig meldet, sondern schießt sich gleich auf Pablo ein. Weil offensichtlich ist, dass Pablo die Hosen voll hat. Nun fühle ich mich in Gruppen immer von den zarten, ängstlichen Typen angezogen, weil ich von Natur aus eine Löwen-mutter bin und sich die lieben, eingeschüchterten Jungs so leicht zum Lachen bringen lassen. Die perfekte Win-win-Situation. Also sitze ich direkt neben Pablo und bemerke, dass er nervös mit ei-nem Papiertaschentuch spielt. Der Blick, den ich ihm zuwerfe, be-sagt: *Du bist dran, Junge.*

Mit traumwandlerischer Sicherheit führt der Kursleiter Pablo durch die von ihm persönlich entwickelte, zur Schutzmarke angemeldete Reihe schnell und schmerzhaft auf den Punkt kommender Fragen. Buchstäblich wie auf Knopfdruck beginnt Pablo von seiner Kindheit zu erzählen. Er spricht über seine übergewichtige, ausfällige Mutter, von seinem elenden, vollkommen verdreckten Zuhause, von sexuellen Übergriffen seitens eines Verwandten. So ging es weiter. Und es wurde immer schlimmer. Beinahe unbeschreiblich schlimm (es sei denn, man befindet sich in einem Gruppen-Workshop). Aus dem Missbrauch erwuchsen in Pablos Erwachsenenleben diverse Neurosen und Zwangsstörungen, wie sich jetzt herausstellt. Während er sprach, weinte er die ganze Zeit, und jeder empathiefähige Mensch im Raum litt mit ihm. Dann führte ihn der Typ durch die letzte Phase seines grausamen Frage-und-Antwort-Spielchens. Und dann – ungelogen, ich schwöre! – forderte er uns alle auf, Pablo kollektiv zu umarmen, während der Workshop-DJ Wynonna Judds Cover-Version des *Foreigner*-Titels »I Wanna Know What Love Is« abspielte. Erfinden kann man so was nicht. Aber 795 Dollar Kursgebühr plus Übernachtung kann man dafür blechen.

Beim Abendessen sagte einer der seelenbesoffenen Teilnehmer zu mir: »War das nicht wundervoll? Dass sich Pablo so geöffnet hat, wird sein ganzes Leben verändern!« Ich schaute von meinem Quinoa-Drink auf und erwiderte: »Schon möglich. Ich glaube allerdings eher, dass er es bald arg bereut. Spätestens am Montag, wenn er wieder zur Arbeit muss.« Denn manche Dinge sind so heilig, dass man sie im grell erleuchteten Konferenzraum eines Hotels besser nicht ausspricht. Manches sollte nur einem qualifizierten Therapeuten erzählt werden oder der besten Freundin im Schutz der Privatsphäre. Und auch erst, wenn man wirklich bereit dafür ist. Denn nur so kann es zu einer echten Heilung kommen. Mit Respekt und Fingerspitzengefühl und keinesfalls manipulativ.

Aber die Gruppe entlockt es uns, nicht wahr? Denn wir lieben das gute Gefühl der Zugehörigkeit – sogar zu miesen Rotten. Und Leittiere nehmen uns die Arbeit erst einmal ab, wenn auch nur kurzfristig. Das Einzige, was wir tun müssen, um Aufnahme zu finden, ist Auspacken und Heulen. Tage später wachen wir dann mit einem üblen spirituellen Kater auf.

Der Wunsch, mit einer Sache oder einer Gruppe verbunden zu sein, kann sich als besonders kompliziert erweisen, wenn es um spirituelle Fragen geht. Denn das ist ja etwas vollkommen anderes, als wenn man einen Direktvertrieb auf die Beine stellen will oder eine Entführung plant. Schließlich kommen da Menschen zusammen, die die Welt verändern wollen. Verbessern. Und wer würde in einem Retreat zum Thema »Liebevoller werden« schon aufstehen und erklären »Die Person, die den Workshop leitet, verhält sich menschenverachtend, und das ist total scheiße«? Denn so wahnsinnig spirituell würde das ja nun auch nicht klingen.

Ein Reiz von Gruppen besteht darin, dass sie die Individualität prägen. Wir treten bei, spielen mit, treiben voran, wachen auf, treten aus. Verlassen die Gruppe. Und dann suchen wir uns die Menschen, zu denen wir wirklich gehören. **Mögest auch du »deine« Leute finden, deinen Stamm, und sie von Herzen lieben.**

Um
Überzeugungen
abzulegen,
brauchst
du Mut

3
WAHRHAFTIGES SUCHEN

Wie Weisheit entsteht
(kleiner Tipp: sehr merkwürdig)

Wie wunderbar, dass wir auf ein Paradox gestoßen sind.
Denn jetzt können wir hoffen, Fortschritte zu machen.
NIELS BOHR

Stell mehr Fragen

Ungefähr mit acht Jahren bin ich auf die Vorstellung von der Ewigkeit gestoßen. Und wenn das mal nicht die ultimative Verkaufsmasche ist, diese Ewigkeit. Echt ein Riesending! Der Totschläger unter den Entweder-oder-Fragen: Was wäre dir lieber, eine Ewigkeit im Himmel oder eine in der Hölle? *Hmm. Muss ich erst mal drüber nachdenken. Bis wann brauchst du meine Entscheidung?*

Da saß ich nun also: auf der Wohnzimmercouch, nach Instantspaghetti mit Fertigsoße und einer Folge *Happy Days* (aus der guten Phase, noch vor der Trennung von Chachi und Joanie). Saß da und sinnierte über die »Ewigkeit«, wie es nur Achtjährige fertigbringen. Bis zum Anschlag zermarterte ich mein kleines, formbares Gehirn. Und wiederholte ständig in der Sprache der Geistlichen, die ich auswendig konnte: *Zeit ohne Ende. Das heißt, dass die Ewigkeit für immer und ewig und ewig und ewig und ewig und ewig und ewig ist.* Bei jedem *für immer und ewig* traten mir dicke Tränen in die

Augen. Mit derartigen Dimensionen kam ich nicht klar. Diese Ewigkeit erschreckte mich zu Tode. Verstehst du? Diese Ewigkeit ist ein höchst effektives Rekrutierungsinstrument für Seelen.

Allerdings war ich damals noch zu jung, um die Gegenfrage zu formulieren: Wer will denn schon eine ganze Ewigkeit – von was auch immer? Ich meine, selbst Himmlisches wird auf Dauer doch öde. Diese Aussicht schien mir so trostlos, dass sie mich quasi zum Glauben zwang (aber wurden religiöse Mahnrufe nicht genau dafür entwickelt?). Ich sah mich also gezwungen, ganz fest daran zu glauben, dass Gott doch bestimmt noch etwas Besseres in petto haben würde als einen Parkplatz auf Ewigkeit im Himmel. *Wenigstens ein paar Ausflüge müssten doch drin sein.*

Wer würde nicht glauben wollen, dass eine Belohnung winkt, wenn man nur alles richtig macht? Natürlich fühlen wir uns von den großen Theorien angesprochen: weil sie so unkompliziert sind und so direkt. So richtig beziehungsweise so falsch. So *schlüssig*. Ein Problem aber werfen solche Gedankengebäude alle auf, egal zu welcher Weltanschauung sie gehören.

Kein Hinterfragen = kein Wachstum. Deine Wissbegierde ist der Blutstrom deiner Spiritualität. Die Neugier nährt deinen Glauben, dein Vertrauen – den Kern deiner Seele. Je größer deine Neugier auf das Leben ist, desto präsenter bist du darin.

Neugier ist nicht dasselbe wie verzweifeltes Suchen, obwohl auch das ab und zu – nämlich in *Krisen*zeiten – angesagt ist. Wenn ich Schmerzen habe oder etwas Bestimmtes unbedingt erreichen möchte, will ich die richtigen Antworten und Lösungen, und zwar subito. Früher habe ich alles Mögliche ausprobiert. Feng Shui für den Geldfluss, den Ausgleich der Chakren zum Polieren meines Charismas und hin und wieder eine neue Seherin, die mir vorhersagte, wann und wie sich Dinge manifestieren würden.

Neugier geht mit etwas mehr Geduld und Selbstvertrauen einher. Ein Freund von mir, bekennender Buddhist in der Shambhala-Tradition, wollte mich einmal auf ein Retreat vorbereiten, zu dem ich mich angemeldet hatte. »Stell alles infrage, was der Lama von sich gibt. So was lieben Buddhisten.« Verstanden. »Ach ja, und wenn er fragt, sag ihm, dass du auf gar keinen Fall vorhast, irgendein Gelübde abzulegen. Das törnt den total an.« Mit intellektueller Aufsässigkeit den Lama antörnen – ist notiert.

Alle großen Lehren sind fragwürdig. Also sollten wir sie auch infrage stellen, und zwar jede. Aktiv. Und ständig.

Das Hinterfragen unserer LehrerInnen ist kein Verrat an ihnen (oder an unserer Gottheit, dem Guru oder Lieblingspropheten). Es ist kein Ausdruck von Zynismus oder Misstrauen. Sondern gesunder Optimismus. Der Glaube an unser Recht, das Beste für uns zu tun, und das Vertrauen darauf, dass wir auch herausfinden, was das ist.

Die ganze Bandbreite der Suche

> *So etwas wie »die Wahrheit« gibt es nicht. Oder stell dir die Frage: »Wie sind die Sterne im Großen Wagen genau angeordnet?« Nun, das hängt ganz von dem Blickwinkel ab, aus dem du sie betrachtest.*
> ALAN WATTS

»Verstehen lässt sich die Welt nicht, aber begrüßen.« So oder so ähnlich soll der Wiener Philosoph Martin Buber einmal gesagt haben. (Es könnte aber auch Heidegger gewesen sein.) Jedenfalls ist der Wissensdurst charakteristischer für uns Menschen als sonst irgendwas. Instinktiv und unermüdlich suchen wir nach der Wahrheit, auch wenn uns durchaus bewusst ist, dass wir sie womöglich nie ganz erfassen werden. Und trotzdem ... suchen wir nach ihr.

Relative. Objektive. Subjektive. Absolute. Unergründliche. Wer weiß das schon. Wahrheit.

Unbegreiflich. Hirnerschütternd gewaltig. Die atemberaubende, mitunter beängstigende, lichte, elektrisierende, süß umhüllende, heilende, ultimativ befreiende, unvorstellbar ergötzliche, großartig göttliche, makellose *Wahrheit.*

Würdest du *davon* nicht auch gern ein bisschen was abbekommen? Ich jedenfalls schon.

Ich bin Absolutistin. Glaube an die *eine* Wahrheit. Nur dass irgendjemand die kennt, kann ich mir nicht vorstellen. Was mich wohl zu einer ziemlich aufgeschlossenen Vertreterin des Absolutismus macht – eh die beste Variante, wie ich finde. Gerecht – aber *flexibel.*

Ich glaube, dass es eine universelle, allumfassende Wahrheit gibt, auf der das Leben beruht. Ich glaube an ihre überragende **Genialität. Ich glaube, dass wir alle – und alles – dieser Quelle entstammen. Ich spüre meine schöpferische Kraft. Ich kann mich an einen Ort erinnern, an dem das »Wir« der Menschheit zum »Ich« wird, das Gott ist. Ich erinnere mich an den Moment, als »das Wir, welches das Ich ist, das Gott ist« entschied, in einzelne Lichtfunken – Seelen – zu zerbersten wie in einem Urknall der Bewusstwerdung. Wir gingen freiwillig in die kosmische Wildnis, ein absichtlich gewähltes Abenteuer, um uns an unseren Weg nach Hause zu erinnern und uns unterwegs weiterzuentwickeln. Das war und ist der ultimative Schöpfungsakt – denn das LEBEN liebt das Erschaffen.**

Für mich sendet der menschliche Geist **Licht** aus. (Und findest du es nicht auch mega, dass wir Menschen die Fähigkeit haben, über unseren Geist nachzudenken?) Stell dir vor, du hättest einen magischen Helm. Also eigentlich mehr so eine Techno-Turbo-Helm-Krone. Eine weiblichere, kosmischere Version der Kopfbedeckung von Iron Man. (Ach, würde sich Hollywood nur mehr weibliche Superhelden einfallen lassen. Könnten die Filmemacher doch bloß ein milliardenschweres weibliches Technik-Genie erfinden, das total auf den Weltfrieden abfährt. Hätten wir doch alle wenigstens auf der Leinwand vierdimensionale Kräfte. Ach, wenn doch nur. Aber ich schweife ab.)

Diese Licht aussendende Helm-Krone bezieht geheimnisvolles Wissen aus dem Universum und transformiert es so, dass das physische Gehirn das Licht in Gedanken, Worte, Ideen und Handlungen umwandelt. Der Verstand ist ein Wahrheitsfilter. Und wie alle Filter hat er begrenzte, aber jederzeit erweiterbare Kapazitäten. Er kann immer nur eine bestimmte Menge an Licht auf einmal verarbeiten. Zu viel Wahrheit/Licht könnte uns das Hirn nicht nur durch-, sondern direkt *weg*pusten.

Ich denke an die unzähligen Menschen, die in psychiatrischen Krankenhäusern versauerten, an die »verrückten« KünstlerInnen und die als wahnhaft oder schizophren Diagnostizierten. Wie viele von ihnen mögen wohl nicht unter einem biochemischen Ungleichgewicht des Gehirns gelitten, sondern vielmehr eine spirituelle Transmission erfahren haben, die ihre Drähte durchbrennen ließ? Wie viele der falsch Diagnostizierten und Geringgeschätzten sprachen in Wirklichkeit die Wahrheit oder standen in Kommunikation mit anderen Dimensionen?

Aber genauso muss man sich umgekehrt auch fragen: Wie viele der sogenannten normalen und gesellschaftlich anerkannten Leute an den Schalthebeln der wirtschaftlichen oder politischen Macht, die behaupten, das Göttliche für sich gepachtet zu haben, geben in Wirklichkeit nur destruktiven, schädlichen Unsinn von sich?

Bei all der Unergründlichkeit und Wahnsinnsgröße von Gott, Göttin, Seele, Universum & Co. stelle ich mir vor, dass ein Tröpfchen ihrer reiner Kraft auf meiner Zunge genügen würde, um mich ins Trudeln zu bringen. In Aufruhr. Zur Auflösung. Ich würde mit dem gewaltigen ekstatischen Sein verschmelzen und dabei die ganze Zeit über wie im Delirium grinsen. Und das weckt in mir dann doch eine gewisse Dankbarkeit für die Beschränkungen der Dreidimensionalität, in der wir leben, und für unseren »Reisekoffer«, wie ich den menschlichen Körper nenne. Aufruhr und Auflösung können warten. Ich bin ganz gern hier auf der Erde.

Wie Einstein einmal sagte, existiert die Zeit nur, damit nicht alles auf einmal geschieht. Die Wahrheit lassen wir uns am besten Häppchen für Häppchen zuführen, hübsch eine Erkenntnis nach der anderen. Und sollte uns dann nach mehr gelüsten, bitten wir um Nachschlag.

Für den Fall, dass du sie akzeptierst, besteht deine Aufgabe darin, deine Fähigkeit zu erhöhen, das Licht zu empfangen und zu senden. Das ist gemeint, wenn wir von »Erhöhung der Frequenz« oder von »Einstimmung« sprechen, das heißt, du stellst deinen Empfänger auf Radio Wahrheit ein (und hörst einen Hit nach dem anderen).

Die Wahrheit ist breit gefächert. Sie besteht aus einzelnen Sequenzen, hat verschiedene Ebenen. Und mit jeder Portion Wahrheit entwickeln wir uns weiter, verbessert sich unsere Fähigkeit zur Aufnahme und Weitergabe der Wahrheit und des Lichts. Suchet, und ihr werdet finden … eine Schicht der Wahrheit nach der anderen. Jede Erfahrung, aber auch unsere Fehltritte, vor allem aber die Glücksmomente, sind ein weiterer Schritt auf jenes heilige Strahlen zu. **Und dieses Erwachen erleben wir alle.**

Wechselnde Widersprüche

Was von dem, an das du früher mal geglaubt hast, findest du heute nur noch lächerlich?

Ich fange mal damit an: Seelengefährten. Ich habe immer geglaubt, dass es für jeden Topf genau den einen Deckel gäbe. Dass eine perfekte Übereinstimmung der Werte sowie die spirituelle und irdische Verbundenheit zwei Seelen zu einer unverbrüchlichen Einheit zusammenschweißen würden. Und heute? Heute denke ich, dass der (oder die) »Eine« genau der oder die Eine ist, weil wir diese Person dazu ernennen. *Ich mache dich zu meinem Ein und Alles. Weil ich es so sage.* Und diese sehr bewusste Auslese finde ich weit romantischer und überzeugender als das Warten darauf, dass uns das Schicksal die Eins-zu-sieben-Milliarden-Chance frei Haus liefert.

Früher habe ich also an die Vorsehung geglaubt. Heute stehe ich auf Willensfreiheit. Früher dachte ich immer, ich könnte jemanden mit meiner Liebe heilen. Heute weiß ich, dass dazu viel mehr gehört. In den meisten Fällen müssen wir uns schon selbst heilen.

Überzeugungen abzulegen, verlangt Mut. Denn sie sind eng mit unserem Umfeld verwoben. Ob wir akzeptiert oder abgelehnt werden, hängt von unseren Standpunkten ab. Sie sind es, die in unserer privaten Welt für Ordnung sorgen. Und wer seine Überzeugungen ablegt, verändert sein ganzes Leben.

> *Darin besteht deine persönliche Verantwortung als Mensch: dass du deine Positionen in Bezug auf so viele Dinge wie möglich ständig auf dem neuesten Stand hältst. Und wer sich nicht regelmäßig selbst widerspricht, stellt damit nur unter Beweis, dass er nicht nachdenkt.*
> MALCOM GLADWELL

Schon möglich, dass die Wahrheit absolut ist und unveränderlich. Wir aber bewegen uns in Zeit und Raum und sehen sie daher aus verschiedenen Blickwinkeln.

Ich würde am liebsten alles verbrennen, was ich vor heute Morgen geschrieben habe. Wenn ich mir einige meiner früheren Verbalattacken alias Meinungen heute anschaue, rolle ich nur mit den Augen und denke *Au Mann, Danielle*. Aber so habe ich es zu dem Zeitpunkt eben empfunden, und vielleicht hilft es ja doch irgendjemandem. Angenommen, du stehst dein ganzes Leben lang für etwas ein – bist Feuer und Flamme für ein bestimmtes Prinzip oder eine Regel, von der du echt überzeugt bist –, und tust dann plötzlich etwas, was dem, das du seit Jahren predigst, total zuwiderläuft. Das nenne ich tapfer: Du machst eine Ausnahme von deiner eigenen Regel. Und vernünftig ist es auch. Denn du heuchelst nicht, sondern bist einfach nur quicklebendig. Du reagierst auf das Leben. Und das ändert sich halt ständig. Von einem Moment zum nächsten.

> *Wir wachsen nicht absolut, nicht chronologisch. Manchmal wachsen wir ungleichmäßig, nur in einer Dimension und in anderen nicht. Wir wachsen teilweise. Sind relativ. Reif auf einem Gebiet, kindlich auf einem anderen. Vergangenheit, Gegenwart und Zukunft vermischen sich, ziehen uns zurück, schubsen uns weiter oder fesseln uns ans Jetzt. Wir bestehen aus ganz unterschiedlichen Schichten, Zellen, Konstellationen.*
> ANAÏS NIN

Wir sind große Geister mit menschlichen Schwächen. Und wenn wir unserem wahren Selbst folgen, sind wir spazieren gehende, atmende, tanzende, twitternde Widersprüche.

Wir können uns eines starken, Yoga-gestählten Körpers erfreuen und trotzdem ein Häufchen Elend sein, wenn wir meinen, jemanden enttäuscht zu haben. Mit Geld mögen wir extrem großzügig umgehen, sind aber die härtesten Geizhälse bei der Zuteilung von Zeit, die wir anderen widmen. In der Liebe sensibel, geschäftlich skrupellos. Schüchtern im Rampenlicht. Schinken liebende VegetarierInnen.

Derartige Widersprüche, denken wir vielleicht, seien ein Hinweis auf Scheinheiligkeit. Dabei bedeutet Scheinheiligkeit, bestimmte Moralvorstellungen zu predigen, ohne sich selbst daran zu halten. Heucheln kann unsere Wahrhaftigkeit sogar noch stärken. Irgendwie sind wir mal auf die Idee verfallen, Ganzheitlichkeit sei gleichbedeutend mit konsequenter Beständigkeit. Ich würde aber eine konsequente Ehrlichkeit vorziehen. Denn wir können doch nicht Teile von uns abspalten, nur weil wir meinen, dadurch zu mehr Vollkommenheit zu gelangen. Unser Kampf gegen vermeintliche Laster, eine roboterhafte Disziplin und rein formelle Höflichkeit berauben uns unserer Kraft. Denn wie hat ein kluger Mensch doch einmal so trefflich gesagt: »Wenn wir den Teufel vor die Tür setzen, müssen wir aufpassen, dass wir damit nicht das Beste an uns rausschmeißen.«

Wie sollten wir eine Spiritualität vertreten können, die Wut zulässt und eine Kultur der Barmherzigkeit, einen sozialen Kapitalismus und das friedliche Nebeneinander verschiedener Überzeugungen, wenn wir unsere eigene Widersprüchlichkeit nicht zu schätzen wissen?

Ein wahrer Segen, dieses Chaos

Jede Religion und jede Doktrin hat ihre Puristen, die sich nach Kräften mühen, die heilige Lehre in ihrer ursprünglichen Reinheit zu erhalten. Oft ist es auch deren Aufgabe, neue Anhänger zu gewinnen. Manche Lehren werden so weit verbreitet wie irgend möglich, zum Beispiel Yoga und Buddhismus, die, von Asien kommend, den Westen eroberten. Andere Weisheiten werden nur innerhalb von Gemeinschaften oder Familien weitergegeben. Andere werden verschlüsselt oder geheim gehalten, damit sie nur von esoterisch Eingeweihten mit reiner Absicht praktiziert und für gute Zwecke eingesetzt werden können.

Die Verbreitung von Wahrheit ist ein problematisches Geschäft. Lehren durchqueren auf ihrem Weg Kontinente, Jahrtausende voller wechselnder Kulturen und einen wilden Mix menschlicher Motive und Lebenspläne. Geschichte schreiben in aller Regel die Sieger einer Epoche, die herrschende Rasse oder das dominante Geschlecht. Und als würden diese Verzerrungen nicht ausreichen, um den Blickwinkel einzuschränken, werden die Tatsachen übersetzt und dann in die verschiedensten Sprachen neu übersetzt. Hätte Jesus heute ein Marketingunternehmen, würde sein Hauptclaim wahrscheinlich lauten: *So habe ich das aber nicht gemeint.*

Erinnerst du dich noch an die Stille-Post-Spiele aus deiner Kindheit? Dabei hast du dem Kind neben dir einen Satz ins Ohr geflüstert, den dieses nach Gehör an seinen Sitznachbarn weitergab ... und so immer weiter im Kreis. War der Satz dann wieder bei dir angekommen, erkanntest du ihn kaum mehr wieder. Mit anderen Worten: Auch wenn wir uns größte Mühe geben, etwas originalgetreu weiterzuvermitteln, verzerren wir es, vor allem, wenn wir unsere Botschaft *dringend* weitergeben wollen.

Wer allzu sehr an seiner persönlichen Wahrheit hängt, läuft Gefahr, der Scheinheiligkeit anheimzufallen. Weil die Wahrheit nämlich nie schwarz oder weiß ist – sondern das gesamte Spektrum umfasst. Sowohl als auch, BEIDES. Vertreter der reinen Lehre gehen das Risiko ein, als beleidigte Leberwurst aggressiv zurückzuschlagen. Denn wenn wir uns sklavisch an unsere Prinzipien halten, schnurrt das Sichtfeld auf ein myopisches Maß zusammen, das keinerlei Kompromisse mehr kennt. Da wird dann nur noch gepredigt. Und Nationalisten hängen Leute auf, weil sie die Landesfahne verbrannt haben. Kapitalisten betreiben Raubbau an den Ressourcen. Prediger des Lichts operieren in der Finsternis.

Vor den Puristen, die die reinen Informationen bewahren wollen, habe ich großen Respekt – in einer Welt, in der so vieles verfälscht wird, kann das ein höchst edles Bestreben sein. Probleme aber bereiten mir die Selbstgefälligen unter ihnen – die Extremisten, die nur spalten und verunsichern mit ihrer arroganten Verbohrtheit im Namen ihres Gottes, ihrer Rasse, ihrer Nation, ihrer Geschichte, ihres Geschlechts.

Wann immer wir uns voneinander abwenden, wenden wir uns auch von unserer Seele ab.

Gehen persönliche Absichten und Fehlinformationen eine Verbindung ein, ist das Ergebnis Propaganda. Aus der authentischen esoterischen Wahrheit machen wir Disney-Gimmicks, die uns helfen sollen, um im Leben weiterzukommen, immer weiter. Authentische mystische Bewegungen geraten zu Collagen aus Wahrheit und Lügen. Das reinste Chaos. Aber weißt du was? Es ist ein schönes Chaos, dem zu entgehen wir gar nicht erst versuchen sollten. Wir sind nun mal Menschen mit einer Beziehung zu Gott (zum Leben, zum Licht, such dir das für dich Passende aus), und Beziehungen *sind* nun mal kompliziert. Wir fummeln uns den Weg zur Ekstase zurecht.

Die Verzerrung der Wahrheit gehört auch mit zur Wahrheitsfindung. Sobald wir die Verfälschung, Beschmutzung und Unterschlagung der Wahrheit als unvermeidlich akzeptieren, werden wir viel mitfühlender uns selbst und anderen gegenüber.

Traditionen gehen verloren. Die Wahrheit wird verdreht und verwässert. Ich betrachte es als ein notwendiges, wenn auch riskantes

Ratespiel, das uns helfen soll, die Wahrheit für uns selbst zu entschlüsseln. Was bleibt? Was verschwindet in der Versenkung? Wofür kämpfen wir? Wann stellen wir die Kampfhandlungen ein? Weniger Verehrung äußerer Quellen und mehr Urteilsvermögen in puncto spiritueller Informationen hat zur Folge, dass wir spüren, was für uns persönlich die Wahrheit ist. Wenn du im Dunkeln unterwegs bist, kannst du dich entweder hinsetzen und warten, bis dir jemand den rechten Weg zeigt, oder du entwickelst deine außersinnlichen Wahrnehmungen und orientierst dich auf eigene Faust.

Das Paradoxon der Weisheit

Wahre Weisheit enthält und *transzendiert* in der Regel gegensätzliche Auffassungen. Denn sie weiß, dass es Ausnahmen von der Regel gibt, dass alles seine Zeit und seinen Ort hat und dass der Einzelfall göttlicher Wille ist.

Solange du Widersprüche aushalten kannst, wird alles gut. Denn Folgendes möchte ich dir vorschlagen:

1. Liebe dich selbst am allermeisten und zuallererst und beziehe zugleich die Welt in deine Liebe ein. (Danach kriegst du den Arsch hoch und engagierst dich für eine gute Sache.)
2. Erhöhe den Anspruch an dich selbst *und* werde flexibler und entgegenkommender.
3. Vergib, *ohne* zu vergessen.
4. Halte die spirituellen Traditionen in Ehren *und* sei zugleich dein eigener Guru.
5. Habe ein offenes Herz, *aber* zieh auch klare Grenzen.
6. Sei verständnisvoll, lass dir *aber* nichts gefallen.
7. Hab eine Vision *und* bleib im Fluss.
8. Vertraue *und* pack's an.

9. Sei realistisch *und* idealistisch.
10. Stehe zu deiner Wahrheit, mach *aber* auch Ausnahmen.
11. Entwickle klare Vorlieben, *aber* ohne an allem herumzunörgeln.
12. Führe mit Herz *und* Verstand.
13. Bekenne dich zu deiner Außergewöhnlichkeit *und* deiner Normalität.

Denn es liegt ganz an dir, *und* wir stehen das gemeinsam durch.

Und hey ... wir haben alle Zeit der Welt, aber das hier duldet keinen Aufschub.

Erschaffe,
wo du
hingehörst

4
HEILMETHODEN

Mischen wir unsere eigene Medizin
(alles rein experimentell, versteht sich)

> *Ein jegliches hat seine Zeit,*
> *und alles Vorhaben unter dem Himmel hat seine Stunde ...*
> PREDIGER 3,1

Zwischen den Welten

Während meines Heilprozesses habe ich PsychologInnen, BuddhistInnen, Super-Esos und MedizinerInnen (sowohl SchulmedizinerInnen als auch »alternative«) aufgesucht. Da überlappt sich natürlich einiges. Eines habe ich gelernt: Jede Form von Unterstützung ist unheimlich hilfreich – aber auch vollkommen unzureichend. Wer sein Leben auf die nächste Stufe bringen will, braucht Hilfe aus vielerlei Perspektiven und Traditionen. **Du bist komplex. Und dein Unterstützungssystem muss genauso facettenreich, robust und eigenartig sein wie du.**

Mutig ins Nichts

Wann immer ich irgendetwas durchmachte (und gibt es eigentlich einen Moment, in dem wir mal nichts durchmachen?), kam ich auf meinen heiß geliebten Therapeuten Michael B. zurück. Doch trotz der Gespräche mit ihm, die mir viel bedeuteten, tauschte ich auch immer noch Namen von EnergiearbeiterInnen mit meinen Freundinnen aus, ähnlich wie Fußballsammelkarten.

Uuii! Ich kenn da so 'nen Typen, der dir die Chakren reinigt und auch dieses Zeugs mit den Seelenimprints macht. Was soll das sein: ein Seelenimprint? *Keine Ahnung, aber er hat so 'ne Reise mit mir gemacht, und dabei bin ich dermaßen viel Mist losgeworden!* Und warum beklopfst du dir diesen Mist nicht? Mit EFT. Der Emotional Freedom Technique. Ich klopfe inzwischen vor jedem Meeting, hilft super gegen Nervosität. Den Kids bringe ich das Klopfen auch schon bei. *Das reicht bei mir aber nicht. Ich brauch was Stärkeres. Eine Art Exorzismus gegen den ganzen Scheiß.* Wie wäre es denn mit dieser Heilerin, die früher mal Psychiaterin war und jetzt Divine-Light-Sitzungen abhält? In der Nacht zuvor empfängt sie im Traum Visionen für dich, und dann arbeitest du mit den Geistführern an deiner inneren Reinigung. *Wow, das isses doch. Schickst du mir ihre Nummer?*

Das hat sich angefühlt, als würde ich den Psychotherapeuten mit meiner Energiearbeiterin betrügen. Gleichzeitig war ich in Sorge, es könnte die Energiearbeiterin verletzen, wenn sie erfuhr, dass ich noch mit meinem Therapeuten sprach. Und würde meine Naturheilerin nicht sauer werden, wenn ich auf ihre Kollegin von der Schulmedizin hörte und mir Antibiotika verschreiben ließ? Nicht zu vergessen meine Gynäkologin: Sie diagnostizierte mich als total durchgeknallt, als ich ihr sagte, ich bräuchte – tief durchatmen – lediglich ein bisschen Akupunktur und ein paar Schlafbeeren. »Schlaf... was? Na ja, aber Akupunktur kann ja, wie ich höre, wenigstens nicht schaden«, teilte sie mir mit vor der Brust verschränkten Armen mit.

Kein Therapeut oder Berater konnte mir während des gesamten Prozesses meiner Selbstfürsorge helfen. Und je mystischer meine

Lernerfahrungen wurden, desto mehr hatte ich das Gefühl, ich müsste da auf eigene Faust durch.

Nach einem Autounfall wurde mir von einer Freundin eine Expertin für Massagen zur Auflösung von Traumen empfohlen. »Was ist denn passiert?«, fragte sie mich mit ihrem rauen Schweizer Akzent. »Bei Rot ist mir so ein Typ in die Seite gedonnert. Totalschaden. Ich bin ausgestiegen und habe im Regen auf die Polizei gewartet. Außer ein paar blauen Flecken an Hüfte und Schulter, die vom Gurt stammen, fehlt mir aber nichts. Sobald der Unfall aufgenommen war, bin ich einfach ... nach Hause gegangen.« Pause. »Das war aber noch nicht alles, od'r?« Sie schien den leisen Verdacht zu hegen, ich könnte ihr etwas verschweigen. Da hab ich dicht gemacht und nur noch ein knappes »Doch, das war alles« zwischen den Zähnen hindurchgepresst.

Nie im Leben wäre ich auf die Idee gekommen, ihr zu verraten, dass mir einen Sekundenbruchteil vor dem Crash ein Stimmchen leise »Alles wird gut« zugeflüstert hatte. Wobei »alles gut« nicht nur heißen sollte, dass ich den Unfall unbeschadet überstehen, sondern *dieses ganze Leben über* beschützt und wohlbehalten sein würde. Desgleichen mein Sohn (der glücklicherweise nicht mit im Auto gesessen hatte).

Und ich *schwebte höchst merkwürdig* ... inmitten anderer strahlend weiß funkelnder Sterne im tiefen, tintenblauen Raum – den ich bereits von einigen Meditationen und Orgasmen her kannte. Aber ich war kein Stern. Und ich war auch nicht der Raum. Ich war ich, bei Gott, und »ich« war »wir«, war »ich«. Und alles war so glückselig, friedvoll *perfekt*. Ich finde keine Worte, mit denen ich die schiere Vollkommenheit all dessen angemessener beschreiben könnte.

Es war so still, dass ich sie hören konnte ... die ganze Pracht und die Herrlichkeit.

Dies alles geschah in Sekundenschnelle. Für mich aber fühlte es sich an, als wäre ich stundenlang in diesem Raum gewesen. Und ich hätte noch Wochen dort bleiben können.

Wer könnte mir bei der Verarbeitung *dieses Abenteuers* helfen? In diesem Fall vielleicht die Naturwissenschaften. Denen ich mich sonst auf der Suche nach Antworten gewöhnlich erst ganz zuletzt zuwende. Im Weltall machen Raumfahrer oft spontan eine spirituelle Erfahrung, die auch als Overview-Effekt bekannt ist. Sie sprechen von der unermesslichen Weite, dem plötzlichen Makro-Verständnis unseres Planeten und davon, wie vollkommen, verwundbar und atemberaubend er ist. Aus der Sicht dieses »allwissenden Auges« begreifen sie plötzlich, dass wir alle zusammengehören. Eine Erfahrung, die sie übereinstimmend als gleichermaßen friedlich wie einsam beschreiben.

Ich ließ die Massagetherapeutin an meinen Hüftbeugern werkeln. Dann suchte ich meinen Seelenklempner auf, damit er die Gefühle analysierte, die die Geschehnisse nach dem Unfall in mir ausgelöst hatten: der herzzerreißend schöne Austausch mit dem schüchternen Typen, der den Crash verursacht hatte, unmittelbar gefolgt von einer qualvollen Auseinandersetzung mit meinem damaligen Ehemann. Und dann war ich natürlich bei meiner Energiearbeiterin, um zu schauen, ob nicht womöglich ein Glied in der Kette dieser Ereignisse in meinen Zellen ein Trauma hinterlassen hatte.

Die wahre Geschichte aber behielt ich für mich. Die wollte ich in der intimsten Intimität meiner Mitte erhalten, wo sich mein innerer Raum mit dem All vermählt hatte, um von jeglicher Analyse unberührt zu bleiben, vollkommen und vollständig *bekannt*. Aber vielleicht, dachte ich, würde ich eines Tages darüber schreiben können, in aller Ruhe. Denn das ist ja mitunter tatsächlich die beste Therapie.

Hier greift alles ineinander

Im Zirkus meiner geistigen Gesundheit war die Therapie immer der Hauptact. Spielte, mit Unterbrechungen von mitunter mehreren Jahren, bei allen meinen Kümmernissen und Sinnfragen eine Rolle. Das Schöne an uns weiblichen Selbsthilfe-Freaks ist ja: Bin ich gerade mal nicht in Therapie, dann bestimmt eine meiner Freundinnen. Frauen verbindet ein unglaubliches Phänomen, das vielleicht sogar der stärkste Ausdruck unserer angeborenen Schwesternschaft ist: Geht eine von uns in Therapie, kriegen wir *alle* ein bisschen was davon ab. Mit den Seelenschwestern geteilt, kann der Inhalt einer einzigen Stunde also ganz schön was bewirken. *Oh mein Gott, das ist mal 'ne gute Frage. Die stelle ich meinem Schatz heute Abend auch! Heilige Scheiße, wenn das nicht der Durchbruch ist! Muss ich unbedingt meiner Mutter erzählen.* Deshalb *sind wir beide also so verkorkst.* Macht total Sinn.

Das Merriam-Webster-Dictionary definiert Psychotherapie als *Behandlung mentaler oder emotionaler Erkrankungen durch problemorientierte Gespräche anstelle von Medikamenten.* Nun hätten meine Freundinnen und ich uns nie für mental oder emotional »richtig« krank gehalten. Obwohl es unter uns Mädels natürlich schon viel Hypernervöses, klinisch Depressives, Zwangsgestörtes und vage Narzisstisches gab. Aber wir dachten halt, wir würden nur ... na ja, du weißt schon, irgendwelches Karma abarbeiten.

Meiner Erfahrung nach besteht die Psychotherapie zu achtzig Prozent aus Reden, der Rest ist Heulen – und zwar von der Sorte Rotz & Wasser, die Dämme brechen lässt. Ich war in Therapie, um Bestätigung zu bekommen. Ich ging hin, um die Motive meiner Entscheidungen auf ihre Wahrhaftigkeit zu untersuchen. Ich brauchte jemanden, der mir sagte, dass ich alle Tassen im Schrank hatte, etwas Besonderes war – aber wiederum auch nicht allzu sehr aus dem Rahmen fiel. Im Grunde wollte ich nur, dass mir jemand sechzig bezahlte Minuten lang all meinen Kummer abnahm, damit ich wieder zu Atem kommen konnte.

Randbemerkung: Meiner Erfahrung nach wirken Therapien immer besser, wenn man sich vom Therapeuten oder von der Therapeutin gemocht fühlt oder vielleicht sogar echt geliebt. Eines ist aber auch klar: Arbeitet man nur lang genug mit einer Seelenklempnerei zusammen, fängt man unweigerlich an, all die fiesen zwischenmenschlichen Probleme, die man so hat, auf die betreffende Person zu projizieren – *die ist ja genau wie meine große Schwester!* – und muss sich dann eine neue suchen, zur Aufarbeitung der ersten Therapie. Generell aber stellen Güte und Respekt eine gute Basis für den Heilungsprozess dar. Mit einem Therapeuten habe ich die Zusammenarbeit mal nach ein paar Sitzungen aufgekündigt, weil ich mich einfach nicht von ihm gemocht fühlte. Und genau diese Lektion musste ich damals auch auf alle anderen Bereiche meines Lebens übertragen: Wenn dir die Art und Weise, wie du behandelt wirst, nicht zusagt, steh auf und geh.

PsychologInnen und BuddhistInnen

Im Unterschied zum Buddhismus unterscheidet die Psychologie nicht zwischen positiven und schädlichen Emotionen. Während sie die meisten davon (wenn auch nicht alle) als möglichen Ausgangspunkt einer gesunden Entwicklung betrachtet, vertritt der Buddhismus die Auffassung, bestimmte Emotionen müssten aufgelöst und transformiert werden, weil sie die Ursache unseres Leidens seien. Schon Spuren von Verlangen und Hass beispielsweise gelten demnach als belastend und toxisch. Es kann also gut sein, dass dein Therapeut das Zulassen intensiver Hassgefühle befürwortet und der Rinpoche dich auffordert, zu beobachten, wann der Hass in deinem Bewusstsein aufkeimt, und dich nicht damit zu identifizieren. Beide Ansichten mag ich gern, denn letztlich laufen sie ja auf ein und dasselbe hinaus: *Hey, alles ist gut, manches aber echt voll mies.*

Die Super-Esos

Die Super-Esos konzentrieren sich ganz auf die mystischen Kräfte des Lebens, angefangen bei Synchronizitäten bis hin zur Kosmologie, und beziehen sowohl ihre Informationen als auch Heilfähigkeiten aus anderen Dimensionen. Zumindest aber erkennen sie den Einfluss dieser Dimensionen auf unser materielles Leben an.

Zu den Super-Esos zähle ich: Intuitive, Schamanen und Medizinleute, Channelmedien, Jenseitsmedien, Engelsflüsterer, Kenner der Akasha-Chronik und Energiearbeiter – männlichen und weiblichen Geschlechts. Meine liebsten Super-Esos sind allesamt pluralistisch aufgestellt: Sie glauben an eine Vielzahl von Religionen und beziehen ihr Wissen daraus. Die meisten von ihnen sind unglaublich neugierig und kompromissbereit, weil sie sich ihre persönliche Sorte Spiritualität selbst zusammenstellen mussten. Von Natur aus sind sie crazy, oft unwahrscheinlich talentiert, und aufgrund der ätherischen Natur ihrer Kompetenzen lassen sich die wohlmeinenden Super-Esos mitunter nur sehr schwer von Scharlatanen unterscheiden. Was natürlich auch ein Teil der spirituellen Bildung darstellt: das Urteilsvermögen.

Naturmedizin

Im Westen werden unter »Alternativmedizin« alle Behandlungsmethoden zusammengefasst, die nicht auf wissenschaftlichen Beweisen beruhen. Für mich heißt »alternativ«: Wann immer dich die profitorientierte Schulmedizin im Stich lässt, sieht man sich nach *alternativen* Heilmethoden um, die seit Jahrtausenden bewährt sind. Ich bin weder gegen die Allopathie noch gegen Medikamente; auch ich rufe Herrn oder Frau Doktor, wenn sonst nichts geholfen hat. Doch allein die Tatsache, dass sich die Schulmedizin einfach herausnimmt, das äußerst breite Spektrum uralter Heilmethoden der ganzen Welt in Bausch und Bogen auf den Begriff »alternativ« zu reduzieren, spricht doch Bände. Über ihre Beschränktheit. Ihre enge, enge Beschränktheit.

Einen großartigen Mittelweg zwischen West und Ost stellt die Funktionelle Medizin dar. Dieser brillante systemorientierte Ansatz beruht auf einer Partnerschaft zwischen HeilerIn und PatientIn und geht die Ursachen von Erkrankungen an, statt nur an den Symptomen herumzudoktern. Meine »funktionelle Ärztin« verschreibt mir alles, was ihr in dem Moment angeraten scheint, sei es eine konventionelle Arznei oder auch so etwas wie Süßholztee; zugleich hält sie mir Vorträge über die entzündungsfördernde Wirkung von Zucker und hat großen Respekt vor der Energiearbeit.

Psychopharmaka dürfen nur PsychiaterInnen und ÄrztInnen verschreiben. Psychologische PsychotherapeutInnen und HeilpraktikerInnen dürfen lediglich Heilmittel empfehlen, bei denen keine Verschreibungspflicht besteht. Das fand ich schon immer absurd (nicht zu vergessen haarsträubend, unverantwortlich und höchst gefährlich): ÄrztInnen, die sich zwar hervorragend mit den biologischen Funktionen des menschlichen Körpers auskennen, aber deutlich weniger mit der Psyche, dürfen ohne eine umfassende therapeutische Behandlung von PatientInnen psychotrope Substanzen verschreiben.

Auf einer Einzugsparty in Unikreisen hat mir eine junge Frau mal erzählt, dass sie seit Neuestem Prozac (Wirkstoff: Fluoxetin) gegen ihre Depressionen nähme (und infolgedessen keinen Orgasmus mehr kriegte). »Und was sagt deine Therapeutin dazu?«, fragte ich meine neue Bekannte. Worauf sie sagte: »Hab nie eine Therapie gemacht.« Und ich so in meiner ganzen Naivität: »Aber woher kriegst du denn dann das Prozac?« Sehr einfach: »Na, ich hab dem Doc gesagt, dass ich depressiv bin, und daraufhin hat er mir das Rezept ausgestellt.« Ich gab mir alle Mühe, es mir nicht ansehen zu lassen, verstand aber nur Bahnhof: »Wie – *Doc*? Was für'n Arzt soll'n das sein?« »Na, der bei mir die Pap-Abstriche macht.« Das konnte ich so nicht stehen lassen – nicht zuletzt, weil das arme Mädchen ja seine Orgasmusfähigkeit wieder brauchte. »Und wie oft bist du bei dem Typen?« Sie zuckte mit den Schultern: »Ein-, zweimal im Jahr.«

Um einen quälenden Teufelskreis zu durchbrechen und bei schweren Depressionen für die dringend benötigte Atempause zu sorgen, können Antidepressiva das Mittel der Wahl sein. Den Umstand aber, dass allein in den Vereinigten Staaten jede vierte Frau derartige Medikamente nimmt, finde ich einfach zum Heulen.

Bei einer Podiumsdiskussion, an der ich beteiligt war, sagte die in Harvard promovierte Ärztin Sara Gottfried: »Wie wir wissen, schlagen sich die meisten dieser Frauen – also fünfundzwanzig Prozent –, mit Stress, Hypervigilanz und erhöhter Cortisolausschüttung herum. Bei der Hälfte aller Depressionspatientinnen sind die Cortisolwerte erhöht. Außerdem wissen wir, dass zwanzig Prozent aller Depressiven eine oftmals nicht diagnostizierte Unterfunktion der Schilddrüse haben. Natürlich spielen auch die Lebensumstände eine große Rolle sowie die Tatsache, dass diese Personen meistens eher passiv sind, allzu oft nur reagieren, statt auch mal auf den Tisch zu hauen. Und nicht einmal wissen, wie sie sich eigentlich fühlen wollen – und da kommt dann das Desire Mapping ins Spiel.« Ja, ähm, einige Lebenshilfe-Bücher können sehr nützlich sein.

Weiter sagte Dr. Sara Gottfried: »Statt unseren Problemen auf den Grund zu gehen, packt die Gesellschaft, in der wir leben, die chemische Keule aus. Dabei sollten wir viel eher bei der Biologie anfangen. Und bei der Psyche!« Applaus, Applaus!

Am anderen Ende des Selbstfürsorge-Spektrums stehen die verbohrten Kriegerinnen der Selbst- und Lebenshilfe (da heb ich am besten auch mal schnell die Flosse). »Ich mach einfach ein paar Visualisierungen und erhöhe die Echinacea-Dosis«, sagen wir nach zwei Wochen gottserbärmlichem Husten. »Scheint's verarbeite ich grad irgendwas.« Am Telefon brüllen die FreundInnen: »GEH ZUM ARZT! DU BRAUCHST MEDIKAMENTE!« Und nachdem du dich dann in die Praxis geschleppt hast, fragst du dich, warum du für den Weg so lange gebraucht hast.

Eine meiner engsten Freundinnen ist intuitiv hochbegabt und Ayurveda-Praktikerin. Ihr frischgebackener Ex-Mann bereitete ihr ein Problem nach dem anderen. Derweil plante sie die Hochzeitsfeier ihres Sohnes, bei der sie dem Verflossenen und seiner ganzen hochnäsigen Sippschaft würde einigermaßen zivilisiert begegnen müssen. Wir überlegten, wie sie den Tag überleben konnte, ohne jemanden zu erstechen oder auf der Tanzfläche in Tiefschlaf zu fallen. »Ich weiß nicht, ob ich mich noch länger zusammenreißen kann«, sagte sie heulend und zugleich zähneklappernd vor Wut. Hintergrund: Wir sprechen hier von einer Frau, die beim Einkaufen Engel wahrnimmt, im Traum die Zukunft vorhersieht und sich selbst vom Brustkrebs geheilt hat – gleich zweimal übrigens. Sie ist also, besser kann man das kaum ausdrücken, der Prototyp einer echten Priesterin unserer Zeit. »Natürlich schaffst du das«, redete ich ihr gut zu. Und dann brach es aus ihr heraus: »Vor dem Empfang schmeiß ich am besten ein paar Xanax (Wirkstoff: Alprazolam) ein.« Totenstille. Auf der Grundlage unserer gemeinsamen Selbsthilfe-Dogmen erwartete sie wohl, dass ich ihr den Stimmungsaufheller ausrede und stattdessen Mantras für die Fahrt zum Country Club empfehlen würde. Aber nein: »Scheiß doch der Hund drauf, klar!«, rief ich. »Jetzt besorgst du dir die Pillen und dann bringst du die Nummer einfach schnell hinter dich.« Alles hat seine Zeit und seinen Ort. Wer die kennt – die richtige Zeit und den Ort des Geschehens –, ist auf dem besten Weg, zur eigenen Heilerin zu werden.

Summa summarum: Die Psychologie klaubt auseinander, auf welche Weise dich deine Eltern als Kind verkorkst haben. Der Buddhismus interessiert sich für die Transformation der Emotionen, die von diesen Neurosen bei dir hervorgerufen wurden. Andere schauen vergangene Leben an, in denen du und deine Eltern euch gegenseitig neurotisiert habt, und befassen sich mit der Frage, wie du dieses Wissen nutzen kannst, um zu einem liebevolleren Menschen zu werden, notabene in *diesem* Leben. Und wenn alles schiefläuft, ruf deinen Arzt an.

Leben, um zu heilen

Keine Medizin wird jede deiner Beschwerden kurieren können. Keine Theorie erklärt alles, kein Weiser hat immer Recht. Wir erneuern Theorie und Praxis des Heilwesens und erschaffen bei dieser Gelegenheit auch die Welt, in der wir leben. Wie wir leben, wie wir heilen … hängt untrennbar zusammen.

Das entwickeln wir im Laufe der Zeit. Wenn du an der Schwelle deines eigenen Bewusstseins stehst, wirst du dich wie ein einsamer, verlorener Astronaut fühlen – immer in Ehrfurcht vor dem, was dir begegnet.

Gerade revidieren wir auch unser Verständnis vom »ganzheitlichen Menschen«. Die kosmische Philosophin Jean Houston beschreibt den von ihr so genannten **potenziellen Menschen** mit den Worten:

»Man spürt seinen Überschwang und die Lust darauf, das Leben zu feiern. Und wann auch immer in der Vergangenheit eine Verwundung stattgefunden hat – der Mensch kann im Geist als weisere Version seines früheren Selbst in die betreffende Situation zurückkehren und sie mit Verständnis, Mitgefühl und Weisheit neu betrachten. ... Wir könnten über diesen Menschen sagen: ›Das menschliche Herz reicht an Gott heran.‹«

Psychologische Messungen können weder die Tiefe der Seele ausloten noch spirituelle Erfolge messen. Es gibt Karma, für das selbst der Buddhismus keine plausible Erklärung hat. Wir brauchen die Göttin, und wir brauchen Antibiotika. Wir brauchen das magische Denken, brauchen Zaubersprüche, aber auch praktische Techniken gegen Ängste und Leiden.

Um heilen zu können, müssen wir überall nach unserem Licht suchen, außen wie innen, im Norden, Süden, Osten und Westen. Uns in vielen Welten gleichzeitig bewegen und unsere Erkenntnisse nach Hause bringen – und zwar dort, wo wir hingehören.

Liebe dich,
als würdest
du dafür
bezahlt

5
NIMM DICH RICHTIG WICHTIG

Die Kuriositäten des Selbsthasses und
die einzige Garantie für Selbstliebe

Insgeheim gar nicht so nett

Du bist clever. Du kennst dich und willst immer noch mehr über
dich erfahren. Ständig wirst du erfolgreicher (und bist klug genug
zu wissen, dass »Erfolg« ein relativer Begriff ist). Alles in allem bist
du eine mit beiden Beinen im Leben stehende selbstbewusste,
mitfühlende Bürgerin. Du übst dich in Achtsamkeit, schickst sogar
Leuten, die dir übelst auf den Zeiger gehen, Licht und Liebe, gönnst
dir regelmäßig eine Massage.

Und doch ... irgendwie magst du dich nicht. Laut aussprechen
würdest du das natürlich nie, aber ganz tief in deinem Inneren
empfindest du dir gegenüber ein kleines bisschen Hass, Abscheu.

Früher habe ich gedacht, das ewige Herumnörgeln an mir sei Teil
meines Bewusstseins und meine Selbstreferenz, ein wesentlicher
Bestandteil des moralischen Gewissens. Deshalb sprach ich lieber
von Selbstkritik. Hörte sich irgendwie ... *besser* an. Und ich glaubte,
es sei meine spirituelle Verantwortung, mich durch Härte gegen
mich selbst zu einem besseren Menschen zu entwickeln.

Was alles an der starken Jungfrau-Betonung in meinem Horoskop lag, wie ich annahm. Ich meine, hallo: *fünf* Planeten in der Jungfrau!!! (Mein Sonnenzeichen sind die Zwillinge, was erklärt, warum ich so eine überragende *und* bescheidene Kommunikatorin bin.) Meine nicht jungfraubetonten New-Age-Freundinnen gingen aber genauso hart mit sich ins Gericht wie ich. Am deutlichsten wurde das an ihren Alltagspflichten. Wie viele Frauen bestätigen können, gibt es in der Geschichte des weiblichen Geschlechts kaum etwas, das unsere Selbstkritik so zuverlässig triggert wie ... unsere beschissenen To-do-Listen.

Heute verehren die Frauen ihre Listen wie Moses seine Steintafeln. Denn sie weisen in Richtung des gelobten Landes. Allein der Kick des Abhakens: erledigt, erledigt, *erledigt.* Wow, wie gut sich das anfühlt! So gut, dass du direkt anfangen könntest, auch Dinge aufzulisten, die du bereits erledigt hast – nur damit du sie abhaken kannst. (Oh, du Armes, dich hat's aber schwer erwischt.) Wie jedes andere Suchtmittel verlieren auch die To-do-Listen ihren ursprünglichen Reiz, sobald sie uns beherrschen. So betrachtete ich meine Lista Maxima und dachte mir: *Bei der ganzen Therapie, dem Reiki und Yoga bleibt mir ja kaum mehr Zeit für mich.* Schluchz.

Bald sabbelte meine Liste auf mich ein wie ein Geschwader geschwätziger Soldaten – es fühlte sich jedenfalls so an. Also beschloss ich, mich zwei Tage lang intensiv mit der Liste zu beschäftigen, um herauszufinden, was sie mir *eigentlich* vermittelte. Sobald ich anfing, wurden die Hintergrundgeräusche unerträglich laut. Ihr Refrain in Endlosschleife: **Irgendwie bin ich scheiße, denn eigentlich sollte ich ...**

... mehr Yoga machen. Nicht so viele YouTube-Videos über Pandababys angucken und Interviews mit irgendwelchen Prinzen, während ich über Themen von großer Tragweite schreibe. Ich sollte mich mehr für die Weltpolitik interessieren. Regelmäßig jeden

Morgen meditieren, und auch länger als bisher. Liebevoller sollte ich werden. Auf miesen Kundendienst nicht gleich aggressiv reagieren. Zehn Pfund abnehmen (besser noch: fünfzehn) – und zwar, indem ich mehr Eiweiß zu mir nehme, aber kein Fleisch; und wenn ich doch mal Fleisch essen muss, dann nur von frei laufendem glücklichem Getier. Aus der Region. Eigentlich würde ich ja lieber gar kein Fleisch mehr konsumieren. Stellt sich allerdings die Frage, wo ich dann mein Eiweiß her bekomme. Ich sollte liebevoller werden. Dankbarer. Und mich jedem auf der Welt erkenntlich zeigen. Den Leserinnen, die mir kleine Geschenke schicken, sollte ich Dankeskärtchen schreiben – und zwar mit der Hand und innerhalb einer Woche. Mehr unter Leute sollte ich gehen. Und nicht so auf all die miesen New-Age-Webseiten mit der scheußlichen Schrift herabschauen. Comic Sans, meine Güte! Liebevoller werden. Den Leuten vergeben, dass sie mir nicht verzeihen. Liebevoller werden. Meinen Sohn mehr im Auge behalten – sitzt er vielleicht zu lange vor dem Bildschirm? Und liebevoller ... ich sollte wirklich liebevoller werden.

Nicht sehr liebevoll, oder? Ein Riesenhaufen beknackter, hasserfüllter *Sollte* unter viel Heiligenschein-Geputze. Genau das ist es, nicht mehr und nicht weniger.

Als gestandene Seelensucherinnen sind wir uns der Notwendigkeit eines gesunden Selbstwertgefühls wenigstens bewusst. Trotzdem ... Selbsthass. Ich bitte dich! Was könnte es Schwereres, Beschämenderes, Peinlicheres geben? Hass. Hass auf dich. Du hasst ... dich selbst?

Wie konntest du nur so von dir denken?

1990 trafen PsychologInnen, NaturwissenschaftlerInnen und Meditierende mit dem Dalai Lama zusammen, um sich über das Thema heilende Emotionen auszutauschen. Zu den TeilnehmerInnen gehörte auch Sharon Salzberg, eine renommierte Autorin (*Entdecke die Kraft der Meditation*) und Mitbegründerin der Insight Meditation Society in den Vereinigten Staaten. Inzwischen ist dieses sehr berührende Gespräch fast schon zu einer Legende geworden.

»Eure Heiligkeit«, fragte Sharon Salzberg, »was denken Sie über Selbsthass?« Der Dalai Lama muss daraufhin ziemlich verdattert dreingeschaut haben; er beugte sich zu seinem Dolmetscher und bat wiederholt um eine Übersetzung dieses Wortes. Schließlich schaute er wieder zu Sharon und fragte: »Selbsthass ... was, bitte, ist das?«

Hallo?! Seine Heiligkeit der Dalai Lama, die Wiedergeburt des Bodhisattvas des Mitgefühls, sollte sich keinen Begriff von Selbsthass machen können? Einem Phänomen, das wohl die meisten Westler nur allzu gut kennen? Du weißt schon, *in den STAUB mit dir. Ist doch ganz normal, so leben wir nun mal.* Als ich das erste Mal von dieser Zusammenkunft hörte, dachte ich nur, *Hey, hasst sich nicht jeder bis zu einem gewissen Grad? Das ist doch ein universelles menschliches Gebrechen, oder?* Anscheinend ja nicht.

Bei dieser Begegnung war auch der Meditationslehrer und Autor Jack Kornfield anwesend. Er berichtet: »Dann fragte der Dalai Lama, ob wir wüssten, wovon Sharon sprach, und ob wir auch schon Erfahrungen mit diesem ›Selbsthass‹ gemacht hätten. Was wir buddhistischen Lehrer, die eine ganze Generation repräsentierten, fast alle nur bejahen konnten.«

Mit der für ihn charakteristischen Demut sagte Seine Heiligkeit daraufhin: »Eigentlich dachte ich immer, dass ich mich mit dem Geist recht gut auskennen würde, im Moment aber empfinde ich mich doch als eher ungebildet. Das ist schon sehr, sehr merkwürdig.«

Dass die tibetischen Buddhisten im Allgemeinen und speziell der Dalai Lama im Wortsinne *nie* von Selbsthass oder Selbstaggression gehört hätten, ist wenig wahrscheinlich; doch fokussieren sie sich einfach nicht so sehr darauf wie wir in der westlichen Welt. Was bestimmt auch daran liegt, dass ihrer Kultur das Konzept der Erbsünde fremd ist, welches hier bei uns quasi die Hintergrundmusik des gesamten Lebens bildet.

Seine Heiligkeit ließ bei dieser Begegnung nicht locker; er wollte es wirklich wissen. »Handelt es sich vielleicht um ein Nervenleiden?«, erkundigte er sich. Und: »Sind Menschen, die davon befallen wurden, besonders gewalttätig?« Schließlich präsentierte er in Form einer Frage die folgende Wahrheit:

»Aber ihr habt doch die Buddha-Natur. Wie könnt ihr da bloß so von euch denken?«

Das Problem mit der Selbstliebe ist …

Ich gebe gerade den nach unten schauenden Hund, als die sehr quirlige, sehr junge Yoga-Lehrerin zu uns sagt: »Und wenn ihr dann auf den Boden schaut, liebt ihr euch einfach.« Am liebsten hätte ich ihr in die Seite geknufft. Denn das war natürlich eine schöne Idee. Aber leider alles andere als »einfach«.

In der Sprache der Selbst- und Lebenshilfe wimmelt es nur so vor *Liebe dich selbst, dich selbst musst du lieben.* Stimmt ja auch. Und dann greifen die Supermotivations-Champs zum Mikro und fordern uns auf, all das zu tun, *wovor sich gewöhnliche Leute fürchten. Wege müsst ihr finden und keine Ausreden.* Ja, genau!

Aber wir vermissen den tiefer gehenden Dialog über das Thema Selbstliebe. Denn selbst die demütigste Eigenliebe kann Reaktionen hervorrufen, die alles andere als liebevoll sind. Sobald du anfängst, dich intensiver um dein eigenes Wohlbefinden zu kümmern, triffst du auf vollkommen neue Herausforderungen, innerlich und im Außen. Selbstachtung kann für Konflikte sorgen. Daran musst du dich gewöhnen.

Wenn dir die Fülle mal abhandenkommt

Auf dem Weg in die Selbstachtung wirst du mit überraschenden Attacken des Selbsthasses konfrontiert werden. Was da geschieht, ist Folgendes: Du bist gerade dabei, in dein selbstsicheres Ich hineinzuwachsen. Bist nicht mehr so selbstkritisch, akzeptierst dich mehr und lernst, deine Meinung zu vertreten. Du kommst tatsächlich ZU DIR, und zwar durch die Liebe. Du liebst dich sozusagen selbst in die Fülle.

Und dann fällst du ein endloses Augenblickchen lang in dein altes Ich zurück. Ein x-beliebiger Auslöser reicht, und schon bist du wieder die frühere gröbere oder schwächere Version deiner selbst. Um etwas zu erreichen, greifst du erneut zu deinen abgelegten Tricks und Taktiken – und hasst dich dafür nur umso mehr.

Meine Reise in die Eigenliebe lässt sich in einem einzigen Begriff zusammenfassen: Ich wurde sanfter. Je mehr ich mich meinem Wesenskern annähere, desto sanfter werde ich. Wild und leidenschaftlich bin ich immer noch, in gewisser Weise sogar noch wilder, aber ich bin heute viel authentischer, ohne allzu kantig auftreten zu müssen. Bin mehr im Fließen, nicht mehr so *rumms, hier komme ich.*

Doch alle Jubeljahre und speziell, wenn ich mich bedroht fühle, kommt meine innere Joan Jett (die mit den *Blackhearts*) zum Vorschein und übernimmt das Ruder. Während meiner Schulzeit, als ich noch ruppiger sein musste, hat sie mir gute Dienste geleistet. Und als ich in meinen frühen Zwanzigern an meiner Identität gebastelt und meinen rebellischen Geist geschärft habe, kam sie mir auch noch sehr zupass. Außerdem war sie hochattraktiv für Typen, die auf Eroberungen standen. Wann immer Joan in meinen Körper geschlüpft ist, hab ich's gerockt und bin jedem Problem mit dem wahnsinnig eleganten Refrain »Like I fucking care« auf den Leib gerückt – »Is' mir doch wurscht!«

Inzwischen aber bin ich erwachsen geworden. Und zwar ER-WACHSEN. Will heißen, ich habe angefangen, mich meiner selbst umfassend anzunehmen, mich rundum um mich zu kümmern – um mein Gefühlsleben, meinen Körper, mein Geld und meine Zukunft. Denn wie sich herausstellte, war mir gar nichts egal. Überhaupt nichts. Und allmählich dämmerte mir die Erkenntnis, dass ich die Erfüllung meiner Wünsche absolut und uneingeschränkt verdient habe. Und dass ich weder zu maulen brauchte noch windige Kompromisse schließen musste. Sondern dass mich Ausstrahlung und Unterscheidungsvermögen viel weiter bringen würden. Sanftheit eben.

Spulen wir jetzt mal kurz vor. Vor einigen Monaten traf ich am Venice Beach auf einen Bekannten von früher: dunkler Typ, hochgewachsen und zum Aus-den-Latschen-Kippen attraktiv. Glücklicherweise trug ich an dem Tag die Haare offen und hatte meinen Lieblingsrock an. Wir haben uns beide sehr über unser Wiedersehen gefreut, haben viel gelacht und geflirtet. Während wir einander im Schnelldurchgang über die Ereignisse der vergangenen Jahre aufs Laufende brachten, bat er mich *en passant* auch um einen geschäftlichen Rat. Und da geschah es dann: Ich rutschte aus meiner Fülle heraus, mitten hinein in die halbe Danielle, die von früher. Höchst maskulin, stramm und robust setzte ich zu einer mittelgroßen Rede an. Ich packte meine innere Joan Jett aus, um mich, wie Brené Brown sagen würde, »ohne Rücksicht auf Verluste zu beweisen«. Und dann hörte ich es mich doch tatsächlich aussprechen, im Zusammenhang mit einer meiner Businessaktivitäten: »Like I fucking care.« *Aber wer hatte das eben gesagt? Doch nicht ich? Nein, Joan.* Ich hätte heulen können. Dem Typen schien es gar nicht aufzufallen, vielleicht hielt er mich tatsächlich für so cool, wie ich mich gab. Das Gespräch wandte sich bald anderen, leichteren Themen zu, bevor wir uns schließlich zum Abschied umarmten.

Diese Begebenheit quälte mich tagelang. *Dass ich das wirklich gesagt habe: Ich fasse es nicht. Passt doch gar nicht zu mir. Löschen, löschen, löschen.* Grrr. Zu neunundneunzig Prozent war ich bei der Begegnung mit meinem attraktiven Bekannten ich selbst gewesen. Aber dieses restliche eine Prozent, *das* wurmte mich. So sehr, dass ich eine ganze Therapiesitzung darauf verwendete. »Warum bloß macht mich dieser eine kleine Moment fehlender Authentizität so fertig?«, fragte ich meine Psychotherapeutin, die schillernde Anne Davin. »Weil dein neues Ich die alten Lügen einfach nicht mehr toleriert.« Ah jaaaaa. Total plausibel. Nix mehr Joan Jett. Ich bin weitergezogen.

Auch das Ich, dem du entwachsen bist, musst du lieben. Denn dabei handelt es sich um verleugnete Anteile von dir, die spirituell noch nicht so weit entwickelt sind. Die musst du ins Herz schließen und behandeln, als wären sie eine Schwester von dir oder ein lieber Freund. Solange du dir diese abgespaltenen Anteile nämlich nicht zurückerobert hast, stehst du nicht voll in deiner Kraft – denn ein Aspekt von dir ist irgendwo da draußen unterwegs, düst umher und sucht nach einem liebevollen Zuhause oder einer Rockband, der er sich anschließen kann.

Dein Wachstum steigert sich sogar noch, wenn du lernen kannst, die Närrin, die du einst warst, wertzuschätzen und zu lieben. Für den Anfang möchtest du dich vielleicht mit dem Teil von dir anfreunden, der dich nicht als Ganzes geliebt hat. Auf diese Weise begegnest du deinem Hang zur Selbstkritik mit Nachsicht. Und dann kann man wirklich von Eigenliebe und Selbstachtung sprechen.

Tu so, als ob – bis du es bist

Eigenliebe vortäuschen, um von anderen mehr geliebt zu werden ... was für eine clevere Überlebenstaktik. Doch zunächst hat vorgespielte Eigenliebe natürlich auch viel mit falschem Stolz zu tun. *Ich liebe meine Kurven! Liebe meine Verrücktheiten! Mein Auftreten!*, mögen wir kreischen. Und dabei aus dem Augenwinkel danach schielen, ob uns denn wohl sonst noch jemand für die Kurven, die Verrücktheiten oder das Auftreten liebt.

Wenn ich mich liebe, dann liebst DU mich doch vielleicht auch ... ja? Nicht unbedingt. Denn was die Liebe angeht, sind die Menschen echt verkorkst. Herrlich, unwiderstehlich und vollkommen nachvollziehbar verkorkst.

Du kannst auch versuchen, dich zu lieben, obwohl du nicht so geliebt wirst, wie du es gern hättest. »Du magst mich nicht? Okay, dann zeig ich dir jetzt mal, wie toll ich bin!« Dieser Ansatz zeitigt wahrscheinlich sogar einen gewissen Erfolg, denn während du allen beweist, was für eine Superbraut du bist, erkennst du es vielleicht auch selbst und überzeugst dich davon. Die Schichten von Hass und Verachtung, die du dir entgegenbringst, musst du aber trotzdem erst noch überwinden, um an den warmen Kern der Zuneigung zu dir vordringen zu können wie an die Füllung von Schokomuffins.

Und irgendwann dann wirst du dich einfach lieben müssen, weil ...
na ja ... wegen ... eben wegen deines schönen, strahlenden, starken, großartigen, rechtschaffenen, heiligen Selbsts.

Woran du merkst, dass du dich liebst

In warmen, offenen Worten beschreibt die buddhistische Nonne
Pema Chödrön das Verhalten von vielen von uns: wie wir uns jahrelang bestens um uns kümmern, Sport machen und auf die Ernährung achten, uns massieren lassen, spirituell unterwegs sind
und meditieren. Doch stellt uns das Leben dann vor eine echte
Herausforderung, fehlt es uns an wahrer Selbstliebe, auf die wir in
dieser Situation zurückgreifen könnten. »... diese ganzen Jahre
scheinen nicht zu der inneren Stärke und Güte sich selbst gegenüber geführt zu haben, die wir nun brauchen würden, um mit den
aktuellen Ereignissen klarzukommen. ... Erst wenn wir uns bedingungslos annehmen, kümmern wir uns so um uns, dass es sich
auch lohnt.« *Dass es sich auch lohnt.*

Ein Weg, der anstelle äußerer Abhängigkeiten innere Stärke aufbaut. Ein Weg, der uns weiterentwickelt, um mehr Schmerz verkraften und größere Lebensfreude erfahren zu können. Ein Weg,
der uns wachsen lässt. Wir wachsen, wenn unsere Selbstfürsorge
unsere Güte und unsere Qualitäten feiert, statt auf vermeintliche
Schwächen fixiert zu sein. Das ist eine lebensbejahende Aufmerksamkeit, die im Inneren nach Antworten sucht. Irgendwann hören
wir auf, nach »Zeichen des Universums« zu fahnden, dass wir geliebt werden. Und entdecken überall Zeichen unserer Selbstliebe.

- **Du startest genau da, wo du gegenwärtig bist, und liebst,
  was du lieben kannst.**
  Denk daran, dass auch die Liebe, genau wie Wahrheit und
  Licht, nichts Fixes, kein fest Gegebenes darstellt, sondern eine

große Bandbreite umfasst. An einem Ende der Skala steht eine zurückhaltende Form von Liebe, am anderen die frei fließende, stabile, reine Liebe.

Wenn du die Liebe zu dir selbst steigern möchtest, liebst du, was immer du nur an dir lieben kannst, Tag für Tag, und lässt dich davon aus der Finsternis in die größere hellere Liebe geleiten. Mitunter wirst du vielleicht nur die Farbe deiner Augen lieben können oder die Ordnung, die auf deinem Schreibtisch herrscht. Aber immerhin! Nimm alles, was du kriegen kannst. Alles, was dich davon abhält, dich nicht ausstehen zu können.

An anderen Tagen weißt du mit untrüglicher Sicherheit, was für ein großartiges, gut integriertes und vernetztes Wesen du bist. Und diese Liebesbeziehung mit deiner Wahrheit wird dein Schutz, dein Leitstern und der Grund für deine Existenz sein.

- **Du gehst gut mit dir um.**
  Wir Selbsthilfe-Freaks neigen dazu, uns für unser Leiden zu beschimpfen. Wir sagen und tun Dinge, die kein Fremder je von uns zu hören bekäme. Oder würdest du etwa mit jemand anderem so umgehen? So mit einem Kind sprechen? Liebe ist geduldig, Liebe ist gütig, zugewandt. »Du armes Ding«, sagt die Liebe, »kein Wunder, dass du dich so fühlst. Das war schlimm für dich.« So würde auch deine beste Freundin mit dir sprechen, nachdem du ihr dein Herz ausgeschüttet hast. Du benötigst keinen Zuspruch und musst auch nicht meditieren, um dich abzulenken. Du brauchst lediglich ein bisschen Mitgefühl mit dir.

- **Du lässt zu, dass das Licht, das du aussendest, dich reflektiert.**
  Wenn du kein Mitgefühl für dich selbst aufbringen kannst, dann suche es bei deinen Freunden und Vorbildern, auf gesunde Art und Weise. Das ist ja das Schöne daran, dass wir da alle in einem Boot sitzen: Wir können uns gegenseitig unsere Liebenswürdigkeit widerspiegeln. Sind wir selbst so blind, dass wir

unser eigenes Licht nicht sehen, kann eine andere es uns beschreiben: »Du bist so wundervoll und einfallsreich, so lieb und dermaßen was von heiß ...«

- **Du umgibst dich mit Menschen, die dich lieben.**
  Das ist keineswegs elitär oder Ausdruck eines Selbsthilfe-Snobismus, sondern eine elementare Gesundheitsfürsorge. Am besten wächst man in einer Atmosphäre von Freundlichkeit, Resonanz und gemeinsamem Lachen. Du betrachtest Beziehungen nicht als spirituelles Ausbildungslager (auch wenn sie es sind). Dein innerster Kreis besteht aus gleichgesinnten Kreuzzüglerinnen der Liebe (und diesem innersten Kreis muss nicht unbedingt mehr als eine Person angehören).

- **Vergnügen hat für dich Vorrang.**
  Nachdem wir über Jahre hart mit uns ins Gericht gegangen sind und in karmischen Zyklen gefangen waren, erfordert es Mut, sich zu den angenehmen Dingen des Lebens zu bekennen. Aber Vergnügen heilt. Vergnügen macht all die (scheinbar) unvermeidlichen Härten der Existenz auf diesem Planeten gleich viel leichter. Deine Vergnügungen stärken dich, und das weißt du auch.

- **Du belohnst dich schon für den Versuch.**
  Du belohnst dich nicht erst, wenn du erreichst, was du dir vorgenommen hast. Und bestrafst dich auch nicht, wenn du scheiterst. Vielmehr lobst du dich dafür, dass du es versucht hast. Denn die Liebe ist ja ein nie endender Prozess und kennt keine Ziellinie.

- **Du »tolerierst« deine vermeintlichen Schwächen nicht mehr nur, sondern akzeptierst sie als Teil deiner Person.**
  Du glaubst vielleicht, dass Toleranz deinen Schwächen gegenüber schon eine Steigerung deines Mitgefühls für dich ist, aber

Toleranz ist nicht dasselbe wie Akzeptanz. Toleranz lässt dich auf der Hut bleiben – sodass du im Grunde nur die verschiedenen Abstufungen an Wut auf dich bewältigst. Stattdessen akzeptierst du, dass du im Moment mit deinen Stärken *und* deinen Schwächen arbeiten musst. Dadurch stellst du eine innige Intimität zu dir selbst her.

- **Du freundest dich mit deiner Einsamkeit an.**
  Wie der antike Philosoph Plotin einst sagte, führt die Reise in die Erleuchtung von der Einsamkeit in die große Einsamkeit. Diese große Einsamkeit empfindest du, wenn du dich als Mittelpunkt deines Universums erlebst. Ein großer Schritt! Das Positive daran ist, dass uns dieses Gefühl der Isolation zugänglicher macht und empfänglicher für die Verbundenheit mit der Welt. Wir kümmern uns um unsere Einsamkeit und um andere, sodass wir uns auch mehr um das kümmern, was wir in die Welt einbringen.

- **Du setzt gesunde Grenzen.**
  Du sagst ja, wenn du *ja* meinst, und *nein*, wenn du *nein* meinst. Und zwar, weil du dich liebst. Deshalb.

- **Du meinst, was du sagst.**
  Don Miguel Ruiz hat das am besten ausgedrückt: »Anhand deiner Eigenliebe kannst du die Makellosigkeit deiner Welt ermessen. Deine Liebe zu dir und die Gefühle, die du dir entgegenbringst, verhalten sich direkt proportional zur Qualität und Integrität deiner Welt.« Du schätzt deine Zeit und legst Wert auf dein Wort, du liebst dich genug, um zu wissen, dass jedes Versprechen, das du gibst – angefangen bei Pünktlichkeit bis hin zu Gelübden, die dich ein Leben lang binden – heilig ist, weil du selbst heilig bist.

- **Du gehst Risiken ein.**
  Wie kannst du noch Angst haben, wenn du erst einmal dein Licht erkannt hast? Durch die Kraft der Liebe bist du in der Lage, deinem Quanten-Ich zu begegnen. Du erkennst, wozu du wahrhaftig fähig bist, und vertraust nicht nur dir selbst mehr, sondern auch dem Leben und dass es dich stützt, wenn du zu wachsen wagst.

- **Du entschuldigst dich.**
  Dass du dich liebst, heißt nicht, dass du stets im Recht bist. Wenn du dir selbst nahegekommen bist, erkennst du es, wenn du einen Fehler machst und jemanden verletzt. Auch weißt du, dass deine Identität nicht in die Brüche geht, wenn du diesen Fehler zugibst. Du stehst mit beiden Beinen auf einem festen Fundament des Mitgefühls mit dir und bist dir nicht zu schade dafür, dich zu entschuldigen: »Es tut mir leid. Ich weiß, dass ich es besser kann, und es wird so nicht mehr vorkommen.«

- **Du harrst aus.**
  Ausharren ist nicht dasselbe wie passives Abwarten, sondern eher eine Art Stehvermögen, gespeist aus Selbstachtung. Die Selbstliebe, die nunmehr all deine Standards setzt, gibt dir die Kraft, *Nein, danke* zu sagen, dich abzuwenden und Frieden mit dem Status quo zu schließen – oder diesen wenigstens auszuhalten.

- **Du liebst dich, als würdest du dafür bezahlt.**
  Selbstliebe ist kein Luxus, kein Geschenk, das selbstbewussten Menschen in die Wiege gelegt wurde. Jede Liebe ist nicht nur Ziel, sondern immer auch Weg. Der Grund, deinen Körper zu schmücken und dich für deine Ideen einzusetzen. Die Liebe ist deine Lebenskraft, der entscheidende Faktor und Ausdruck deiner höchsten Intelligenz. Liebe dich also so, als würde dein Leben davon abhängen – denn genau das ist der Fall.

- **Du wirst mehr Menschen lieben, auch intensiver.**
  Das ist überhaupt das Beste: dass sich deine Selbstliebe bald auch auf andere erstreckt. Das ist so perfekt und schön und richtig. Denn du strebst nicht mehr nur dein eigenes, isoliertes Glück an. Sondern schaust in dein Herz und erkennst, dass es mit den Herzen aller anderen verbunden ist. Du empfindest diese mystische und doch greifbare Verwandtschaft und wünschst anderen dieselbe Freiheit und Erfüllung, die du auch für dich anstrebst.
  Selbstliebe und Selbstakzeptanz vergrößern deine Sensibilität gegenüber dem Gemütszustand anderer Menschen. Du empfindest ihren Schmerz und ihre Sehnsüchte ebenso intensiv wie deine eigenen. Und daran willst du auch nichts ändern.

Die einzige Garantie

Die Wahrheit lautet: Selbstliebe ist keine Garantie dafür, dass auch andere dich lieben werden.

Als Person, die sich selbst feiert und achtet, bringst du bestimmt Leute gegen dich auf. Ein paar mit Sicherheit. Wahrscheinlich sogar VIELE. Du wirst missverstanden, vielleicht auch für arrogant gehalten werden. Kann sein, dass du unerwünscht sein wirst. Wenn du dich intensiv genug liebst, um Klartext zu reden – »dies ist für mich akzeptabel und jenes nicht« –, wirst du für andere inakzeptabel, insbesondere für diejenigen, die dazu neigen, deine Grenzen zu überschreiten. (Zugleich wirst du aber auch zu einem Magneten für wahre Liebe und Respekt; deshalb brauchst du dich mit Hatern auch gar nicht erst länger aufzuhalten.)

Sobald wir uns lieben, behaupten manche New-Age-Theorien, würde uns die Welt diesen Zustand der Harmonie widerspiegeln, weil *die Welt unser Spiegel* ist. Aber das stimmt einfach nicht. Du kannst dich lieben und trotzdem auf Hass treffen. Das bedeutet nicht, dass du dem Universum die falsche Message senden würdest. Oder dich nicht genug lieben würdest. Es bedeutet nur, dass du in einer Welt mit unterschiedlichen Menschen lebst, die ihren Weg auch mit sehr unterschiedlichem Bewusstsein gehen – und die hassen, lieben oder Gleichgültigkeit an den Tag legen.

Das einzige garantierte Resultat deiner Selbstliebe ist, dass du dich selbst liebst.

Dass du »der/die Eine« bist.

Weil du es so willst.

Entwickle deine Präferenzen

6
DU BIST ETWAS BESONDERES – ABER NICHT *ZU* BESONDERS

Auf der Suche nach dem Selbstwert

Deine Lektionen erhältst du so, wie sie reinkommen

Ich habe mir immer eine Nahtoderfahrung gewünscht. Jetzt nichts allzu Schreckliches oder Beängstigendes. Einfach nur Tod genug, um mich in diesen Lichttunnel zu verfrachten. Damit ich mit brandheißen Infos für die gesamte Menschheit hätte zurückkommen können. Oder mit einer übernatürlichen Begabung. Dem Röntgenblick zum Beispiel oder absolutem, unerschütterlichem Vertrauen.

Aber ich bin nie vom Blitz getroffen worden. Kein Guru hat mich je aus der Masse herausgepickt, um mich zu segnen und mir einen Sanskrit-Namen zu verpassen. Und Verstorbene sehe ich auch keine. Bei mir hängt die Erleuchtung ganz an meinem täglichen Tun und Lassen. Wasserkessel aufsetzen. Mein kleiner Junge, wie er summt und Futter ins Vogelhäuschen gibt. Hungriger Bauch, hungriges Herz, der hungernde Typ an der Ecke *1st* und *Commercial*. Reistafel mit Freundinnen. Die Adern in meinem Herzen, ein Labyrinth von Entscheidungen, die alle ins Licht führen, an jedem stinknormalen, wunderherrlichen Tag.

Manche empfangen ihre spirituellen Lektionen bei gloriosen Heimsuchungen durch ätherische Wesen. Andere in Form einer Wunderheilung. Und ein paar wenige Auserwählte haben offenbar das, was im Zen-Buddhismus *satori* heißt – ein plötzliches Erweckungserlebnis, aus dem sie erleuchtet oder gar als vollkommen verwirklichtes Wesen hervorgehen.

Solche spirituellen Einzelfälle werden gern idealisiert. Dabei wird aber schnell vergessen, dass viele dieser »besonderen« Menschen vor ihrem entscheidenden Durchbruch meist schwer gelitten oder unter extremen Bedingungen gelebt haben. Eines dieser erwachten Wesen ist Eckhart Tolle. Vor seinem Erleuchtungserlebnis wurde er von einer sehr langwierigen schweren Depression geplagt und spielte sogar mit Selbstmordgedanken. Ich glaube, dass es verschiedene Pfade des Leidens und Erwachens gibt. Jemand wie Tolle hat vielleicht das Expressprogramm gewählt: heftiges Leiden, durchdringende Erleuchtung. Andere entscheiden sich für das Anfängerniveau: lange mäßig leiden mit allmählichem Erwachen.

Der Wunsch nach Erhöhung des Bewusstseins birgt die Gefahr, das »normale« Leben zu vernachlässigen. Weil sich *Multidimensionalität* und *Yogafizierung* viel cooler anhören als zum Beispiel die Fähigkeit zur Konfliktlösung am Arbeitsplatz zu verbessern. Multidimensional IST cool. Im Hier und Jetzt und sehr menschlich sein aber auch.

Spirituelle Schaumschlägerei

> *Die Hälfte allen Unheils in dieser Welt*
> *geht darauf zurück, dass sich Menschen*
> *wichtig fühlen wollen.*
> T. S. ELIOT, *DIE COCKTAILPARTY*

Sich »besonders« zu fühlen, ist ein gesundes menschliches Bedürfnis. Denn es heißt, dass wir wahrgenommen und deshalb geliebt werden. Gehen jedoch Spiritualität und die unkontrollierte Gier nach dieser »Exklusivität« eine Allianz ein, ist das Ergebnis spirituelle Schaumschlägerei. Und die ist mies und verachtenswert.

Schaumschlägerei, spirituelle (Substantiv):
1. Die eigene Spiritualität als Vorrecht betrachten, um eine Sonderstellung einzunehmen und bevorzugt behandelt zu werden
2. Davon abgeleitet: spiritueller Schaumschläger, spirituelle Schaumschlägerin, Synonym für New-Age-Depp beziehungsweise -Schnepfe

Spirituelle SchaumschlägerInnen finden immer eine Möglichkeit, ihren esoterischen Werdegang ins Gespräch einfließen zu lassen, à la: »Ich meditiere schon seit einem Vierteljahrhundert«, »Durch meine Arbeit mit Waisen ...«, »Parmesan Yogi Wannawanda ist ein enger Freund von mir, und beim Segeln neulich hat er mir erzählt ...« Na klar doch. Verstanden. Wer so dicke ist mit einem erleuchteten Meister, *muss* ja etwas ganz Besonderes sein.

Spirituelle SchaumschlägerInnen verwenden die Spiritualität als eine Art Abkürzung auf dem Weg zu Macht und Einfluss. (Sie versuchen es jedenfalls.) Etwa so: *Ich habe eine Durchsage erhalten und demnach wollen meine Geistführer, dass ich ...* Hey, schön für dich, aber das heißt noch lange nicht, dass sie auch recht haben. *Während einer Meditation habe ich die Mitteilung empfangen, dass wir kooperieren sollten.* Ich aber nicht. *Ich finde, du solltest ...* Und ich finde, du solltest mir deine Meinung nicht als den esoterischen Rat einer höheren Warte verkaufen. Und deshalb muss ich nun leider nicht nur dir, sondern auch deinen Geistführern widersprechen.

Spirituelle SchaumschlägerInnen erheben sich über alle, die sie für weniger weit entwickelt halten, und sonnen sich zugleich in deren

Bewunderung und Verehrung. Auch arbeiten sie fleißig auf ihre Erleuchtung hin, um sich Pluspunkte beim Universum zu verschaffen. Schaumschlägerei wächst und gedeiht durch Rangordnungen und mystisches Gedöns. Sehr vollmundig kommt sie daher. Polarisierend ist sie obendrein.

Und verzeihlich.

Ich finde, wir sollten einander unsere mystischen Geschichten ruhig offener erzählen, wenn uns danach ist. Was wir dabei aber im Auge behalten müssen, ist die Motivation, mit der wir diese Dinge aussprechen. Die eine erzählt vielleicht von ihren Gesprächen mit den Engeln, um damit eine Beziehung zu anderen herzustellen und ihnen zu helfen. Unter solchen Umständen können euch diese Geschichten näherbringen und miteinander verbinden.

Eine andere spricht vielleicht auch von Begegnungen mit Engeln oder meinetwegen auch Aliens, der Subtext aber lautet: *Ich bin etwas Besseres als du.* Doch da sie dabei ganz leise spricht, beinahe flüstert, ist es schwer, diese Untertöne zu identifizieren.

Noch gefährlicher wird die spirituelle Schaumschlägerei, wenn sie außer Kontrolle gerät, denn dann entwickelt sich daraus schnell der gute alte Messias-Komplex. Was darunter zu verstehen ist? Während jeder, der ein Gewissen hat, dem Schmerz anderer Menschen mit Empathie begegnet, sind Personen mit einem Messias-Komplex geradezu besessen davon. Das mag sich wohltätig anhören, ist oft aber lediglich Teil ihrer Kampagne für eine »größere Vision«. Sie sind davon überzeugt, dass sie der Welt etwas zu bieten haben, was irgendjemandem zur Erlösung dient, und haben es mit der Realisierung ihres Vorhabens in aller Regel sehr eilig. Ihr Kreuz tragen sie mit größtem Stolz und sind nur selten geneigt, es abzulegen, um sich dem Bodenpersonal der Normalsterblichen anzuschließen.

Nicht sehr hilfreich

Die menschliche Seele will nicht beraten, geheilt oder gerettet,
sondern einfach nur wahrgenommen werden: genau so, wie
sie ist, gesehen, gehört und gemocht werden. Indem wir uns
derart tief vor der Seele eines leidenden Menschen verbeugen,
stärkt unser Respekt die Selbstheilungskräfte der Seele –
die einzigen Kräfte, die einen Leidenden durchhalten lassen.
PARKER J. PALMER, *THE GIFTS OF PRESENCE,*
THE PERILS OF ADVICE

Nach einer schmerzlichen Trennung schrieb mir eine entfernte
Bekannte etwas in der Art: »Jetzt ergibt das auch alles einen Sinn.
Deine Seele ist unversehrt geblieben. Zu denken, du seist verletzt
worden, wäre eine Täuschung. Das Einzige, was jetzt zählt, ist die
Gegenwart. Spirit hat dich mit allem ausgestattet, was du brauchst,
um dich weiterzuentwickeln.«

Weiterentwickeln? Am Arsch, sagte ich beim Löschen des Textes,
einem typischen Beispiel für als Spiritualität verkleidete Distanz,
Überheblichkeit und Gleichgültigkeit. Da tun die Leute so, als
wollten sie dir helfen, bringen es aber nicht mal über sich, von ihrem hohen Ross herabzusteigen und an deiner Seite durch den
Dreck zu waten. Dir von Mensch zu Mensch zu begegnen. Nämlich ungefähr so: »Du bist verletzt worden. Und das ist total scheiße.« So hört sich Erleuchtung an, wenn sie auf jemanden trifft, der
Schmerz empfindet.

Gekünstelt

Je länger wir auf dem spirituellen Pfad unterwegs sind und unsere
Schwingung sich erhöht, desto wählerischer werden wir. In *jeder*
Hinsicht. Was echt krass ist, zum bewussten Schöpfertum aber

einfach mit dazugehört. Im Idealfall wird aus unseren sich entwickelnden Bedürfnissen keine Überempfindlichkeit, sodass wir das normale Leben kaum noch ertragen können und uns in gekünstelte, anspruchsvolle Idioten verwandeln.

Ich weiß ganz genau, was für mich gut ist und was nicht. Ich umgebe mich gern mit sensiblen, tiefgründigen Menschen, bevorzuge gesundes, bewusst zubereitetes Essen und kann es nicht leiden, wenn in Cafés Heavy Metal gespielt wird. Aber hey, die Welt ist nun mal zu großen Teilen oberflächlich, dreckig und echt laut. Und ich würde weder mir selbst noch sonst irgendjemandem einen Gefallen tun, würde ich ständig Amok laufen, nur weil nicht alles genau so ist, wie ich es gern hätte. Unerträglich werde ich jetzt nur noch, wenn ich etwas partout nicht ertragen *will*.

Darüber habe ich mich einmal mit Pastor Michael Bernard Beckwith unterhalten. »Ich glaube«, sagte ich zu ihm, »dass wir einerseits spezieller werden, gleichzeitig aber auch irgendwie offener.« »Ja«, bestätigte er, »Sie sprechen da von zwei geistigen Errungenschaften: von Flexibilität und davon, dass man sich nicht mehr so leicht aus der Ruhe bringen lässt. Bestimmte Dinge hätte man gern, aber wenn sie nicht ganz so laufen, ist es auch nicht weiter schlimm. Man wird zugänglicher, nachgiebiger und offener für unerwartete Entwicklungen. Eine solche Reife ist Ergebnis persönlichen Wachstums.« Nach Möglichkeit lassen wir uns dann *nicht mehr aus der Ruhe bringen*.

Manchmal ist das Erleuchtetste und Liebevollste, was du tun kannst, die Dinge hinzunehmen und den Mund zu halten. Nicht, weil du deine Meinung nicht vertreten könntest, sondern weil es mitunter einfach die eleganteste Lösung ist. Dann isst du eben das Fleisch, das die Gastgeberin dir vorsetzt, obwohl du Vegetarierin bist. Du nimmst das schrecklich umweltfeindliche Geschenk an und bedankst dich dafür. Suchst nach einem gemeinsamen Nenner mit der Person, von der es stammt, auch wenn sie so ganz anders tickt als du. Du ziehst alle Register deiner Überlegenheit und erhebst dich über deine mitunter ja wirklich hartleibigen Prinzipien, um dich über das zu freuen, was dir entgegengebracht wird – und sogar mit Liebe.

Wir müssen mal über das Ego sprechen

Das Ego. »Bevor du ein Niemand sein kannst, musst du erst zu jemandem werden«, würden wahrscheinlich die meisten PsychologInnen dazu sagen. Bestimmte zeitgenössische Denker halten das Ego auch für eine Verbündete auf dem spirituellen Pfad – weil der Weg in die Ganzheit nichts für Schwächlinge ist. Um dir deinen Platz in der Welt zu sichern, wirst du die Selbstsicherheit und das eigennützige Denken brauchen, die das Ego dir verschafft. **Um für dich selbst einstehen zu können, musst du an deine angeborene Besonderheit glauben.** Was natürlich nicht dasselbe ist, wie zu glauben, du seiest besser als irgendein anderer. Du kannst deine Einzigartigkeit rocken wie jeder andere Mensch seine.

In spirituellen Kreisen existieren verschiedene Denkansätze in Bezug auf das Ego: Das Spektrum reicht von der Auffassung, es sei der Urheber allen Übels und müsse deshalb ausgelöscht und transzendiert werden, bis hin zu seiner Akzeptanz als integraler, sinnvoller Bestandteil der menschlichen Persönlichkeit. Die Bandbreite dieses Meinungsspektrums lässt viel Raum für Verwirrung und Verunglimpfung der eigenen Person. Der Besitz eines Egos ist ein weiterer Grund, um sich selbst niederzumachen.

In der Ego-Diskussion vertrat im fünften Jahrhundert der christliche Mönch und Theologe Johannes Cassianus eine extreme Haltung: »Jede Aufgabe, jedes Tun gibt diesem bösen Satan die Gelegenheit, in den Kampf zu ziehen.« Hört sich gar nicht gut an.

Gemäßigter äußerte sich da schon der Zen-Philosoph Alan Watts: »Gleich der Ängstlichkeit ist auch das Ego nur ein Zittern des Bewusstseins.« Demnach wäre das Ego also durchaus ein Teil unseres Bewusstseins – allerdings kein besonders hoch entwickelter.

Eckhart Tolle lehrt über das egoistische Selbst und sein dringendes Bedürfnis, ein Gefühl des Getrenntseins – oder der Besonderheit – beizubehalten, um zu überleben. Er sagt aber auch: »Die Betrachtung des Egos als rein persönliches Problem ist ebenfalls nur Ausdruck des Egos.« Die Jungianerin Marion Woodman erklärte den Versuch, sich vom Ego zu befreien, als »Vergewaltigung der Seele«. Da bin ich ganz bei ihr. Das Ego ist mit in dem Päckchen, das wir Menschen zu tragen haben. Und der Versuch, es zu bezwingen, ist nicht nur aussichtslos, sondern auch destruktiv.

Unangebrachte Vorwürfe

Weil sich viele von uns der Gefahren eines überhöhten Egos bewusst sind, achten sie peinlichst darauf, es einzubremsen. **Was so weit gehen kann, dass wir selbst unsere allerbesten Eigenschaften auf dem »bösen« Ego-Konto verbuchen.**

Eine frühere Geschäftspartnerin von mir störte sich an meinem »allzu schnellen« Vorpreschen. Und tatsächlich hatte ich damals ein großes Bedürfnis nach Tempo und Beschleunigung. Ich liebte die morgendlichen Produktpräsentationen. Statt nach drei Jahren wollte ich den Break-even in achtzehn Monaten erreichen. War immer auf der Suche nach dem direktesten Weg von A nach B. Und nach zahlreichen Konfrontationen zwischen der Meinung jener Kollegin, ich würde zu viel Gas geben, und meiner, dass sie einfach zu lahmarschig war, wurde ich vom heulenden Elend gepackt und gelangte zu dem Schluss, dass es wohl mein gieriges Ego sein müsste, das mich immer so antrieb.

Aber, verdammt, nein, es war der heilige Unternehmergeist. Als wir uns schließlich getrennt hatten und ich allein weitermachte, wurde klar, dass mein rasantes Vorpreschen zu den größten Talenten gehört, die ich habe. Und das Etikett »Ego« hatte ich nur dazu genutzt, um mein eigenes Licht zu dimmen. Ich war bereit gewesen, meine persönliche Besonderheit, gerade das Herausragende an mir, in Zaum zu halten, um »spiritueller« zu wirken.

Alles an die richtige Stelle

> *Jeden Morgen ein neuer Gast.*
> *Eine Freude, ein Kummer, eine Gemeinheit,*
> *ein kurzer Moment der Achtsamkeit kommt*
> *als ein unerwarteter Besucher.*
> *Heiße sie alle willkommen und bewirte sie!*
> RUMI

Die Freundschaft mit unserem Ego ist ein Schritt zur Freundschaft mit unserem ganzen Selbst. Stell dir das Ego als Monster an deinem Tisch vor. Es ist *dein* Monster. Deine Schöpfung. Und du solltest es als Teil deiner Familie betrachten. Denn genau das ist es. Und wie die meisten deiner Angehörigen reagiert auch dein inneres Geschöpf positiv auf Liebe und klare Erwartungen. *Hey, ich sehe dich. Ich weiß, dass du mir etwas sagen möchtest. Und ich freue mich so, dass du es mir gesagt hast. Bin froh, dass du mir gezeigt hast, warum ich solche Angst habe. Aber jetzt, da du an meinem Tisch sitzt, iss doch bitte mit Messer und Gabel und setz dich gerade hin.* Versuchst du dagegen, dein Ego-Monster zu vertreiben, zerdeppert es eh nur die Fenster und kommt hinten wieder rein. Mit etwas Mühe erkennst du, dass es sich gar nicht unbedingt danebenbenommen hat. Sondern nur bemüht war, dir das Gefühl zu geben, dass du etwas Besonderes bist.

Du bist unverwechselbar

Wenn wir uns immer nur dafür interessieren, wie »spirituell« uns andere finden, werden wir unser authentisches Selbst nie ganz erschließen können. Denn kaum etwas lenkt so vom Hören und Wahrnehmen der eigenen Wahrheit ab wie die Meinungen anderer. Und der Wunsch, sich weiterzuentwickeln, sollte nicht vom Außen motiviert sein, sondern muss von innen kommen.

Es gibt gesunde und ungesunde Formen des Umgangs mit dem Ego. Fühlen wir uns in einer spirituellen Hierarchie nicht sicher oder nicht weit genug, ist die Wahrscheinlichkeit groß, dass wir das Ego auf eine eher hässliche Weise dazu benutzen, um weiterzukommen. Wir versuchen, unser Ego durch hyperspirituelles Gebaren zu überwinden oder es zum Schweigen zu bringen. Das ist natürlich eine böse Falle, weil es die Erfüllung unseres Bedürfnisses nach Gemeinschaft mit uns selbst und mit dem Leben unmöglich macht.

Für seine Spiritualität bewundert werden zu wollen, ist nicht gleichbedeutend damit, spirituell bewundernswert zu sein. Der einzige Mensch, der deine Spiritualität einschätzen kann, bist du selbst.

Ich war mal auf einem spirituellen Retreat in den Catskill Mountains. Brahma Kumaris, eine religiös-spirituelle Gemeinschaft, die ich mit am liebsten mag, hatte Aktivisten, UN-Offizielle und progressive VertreterInnen aus Wirtschaft und Politik zu einem Meinungsaustausch zusammengebracht. Ich war dort, weil ich zur damaligen Zeit einen Thinktank in Washington leitete.

Am Eröffnungsabend hockten wir etwa vierzig Mann und Frau hoch auf Plüschsesseln im Kreis und wurden zunächst einmal gebeten, uns vorzustellen. »Hallo, ich bin Robert Soundso«, setzte der elegante Herr neben mir an. Um aus einem Impuls heraus hinzuzufügen: »Und mein spiritueller Name lautet Walking Bear.« Cool. Alle anderen fühlten sich nun ebenfalls bemüßigt, ihren spirituellen Namen zu offenbaren. »Hi, ich heiße Madeline. Mein spiritueller Name ist Bindu, ›Lichtpunkt‹.« Super. »Hallo, alle zusammen. Mein bürgerlicher Name lautet Christopher. Und der spirituelle Ananda. Gegeben hat ihn mir Statchitananda, und er bedeutet ›Glückseligkeit‹.« Ja, Wahnsinn! Allmählich aber fand ich das doch ein bisschen komisch. Anscheinend hatte hier jeder Würdenträger und was weiß ich einen spirituellen Namen. »Ich bin Lisa, mein spiritueller Name ist Shanti.« »Kurt mein Name. Beziehungsweise Satya.« Als Letzte, die sich vorstellen musste, fragte ich mich: Was tun? Ich spielte mit dem Gedanken, das Pornofilmrezept der Namensgebung anzuwenden: Name des ersten Haustieres plus Straße, in der man in der Kindheit gelebt hat. Was bei mir zu Jessie Maidstone geführt hätte. Da blieb ich dann doch lieber bei den schnöden Tatsachen.

»Hallo«, sagte ich also. »Mein Name ist Danielle LaPorte ... und mein spiritueller ... Danielle LaPorte.« Im aufbrausenden Gelächter schob ich nach: »Den hat mir meine Mutter gegeben.« Kunstpause. »Sie hielt ihn nämlich für etwas ganz Besonderes. Genau wie ich auch.«

Arbeite mit allem, was dir gegeben wurde. Die volle Akzeptanz ist mit das Spirituellste, was du überhaupt auf die Beine stellen kannst.

Verliebe
dich wie
verrückt
in deine
Menschlichkeit

7
ÜBER-MENSCHLICH

Entscheide dich für wahre Präsenz

Normalkrass

Ich hatte weder Schwindler noch Ölquellen je in meinem
Wohnzimmer,
keine Erbschaft weit und breit, kein Nahtoderlebnis.
Mein Blut ist gemischt
und an manchen Stellen bin ich versehrt.

Bin so verwirrt, dass ich kaum Worte finde.
Dinge, für die ich mich schäme? Oder Leuchttürme
auf meinem Weg?
Ehrlich, da könnte ich dir keinen Unterschied nennen.

Täglich aber gehe ich eine Straße entlang. Immer dieselbe.
Bergauf.
In dieser Straße habe ich ein Haus, bezahlt mit
nützlichen Ideen.
Im Vorgarten begraben liegt ein Kolibri,
gefunden am Rande der Straße,
in der ich meinen Wagen parkte,
auf dem Weg zum Dinner
mit einer Freundin, die mich liebt.
Den Leichnam umhüllte ich mit einer Serviette
und fuhr ihn heim.

Der Vogel erinnert mich daran, dass die Freude am Leben
es wert ist, für sie zu sterben.

Und dass so viel Verehrenswertes in meinem Haus ist:
eine ganze Welt voller Licht und Entschiedenheit in der
Gestalt eines Jungen, der mein Lächeln trägt –

Da frage ich mich doch, warum ich je mehr will als das,
was ich habe:
Ein Universum auf dem Bürgersteig,
ein Reich hochfliegender Fragen,
ein Leben, an dem Kolibris und Wohnungslose sich laben
können.

Meine letzte Runde auf Erden?

*In uns gibt es einen Instinkt für Neues, für Erneuerung, für
die Freisetzung der schöpferischen Kraft. Wir versuchen, in
uns eine Kraft zu erwecken, die unser Leben wirklich von
innen heraus verändert. Zugleich verrät uns dieser Instinkt,
dass diese Veränderung die Rückgewinnung dessen ist, was
am tiefsten in uns liegt und am ursprünglichsten und
persönlichsten ist. Wiedergeboren zu werden, bedeutet
nicht, ein anderer, sondern man selbst zu werden.*
THOMAS MERTON, *LOVE AND LIVING*

In meinen Zwanzigern war ich fasziniert von Geschichten über spirituelle Transzendenz. In Indien erzählte mir der Archivar eines
Tempels von einem Mönch, der drei volle Jahre lang in den Bergen
Tibets lebte und pausenlos meditierte (ohne Essen, ohne Wasser,
ohne Kontakt mit anderen). Als er dann wieder auftauchte, hatte er
sich – innerlich – so weit entfernt, dass in seinen Haaren ein Vogel-
paar nistete und seine Ohrläppchen von Ameisen abgeknabbert
waren. *Das* nenne ich mal Fokussierung. Ich liebte Geschichten

über Anhänger der Lichtnahrung, also Leute, die aufgrund ihrer spirituellen Praxis nur mit einem Minimum an Flüssigkeit ... sowie Luft und Licht ... auskommen. Und dann auch die Wanderyogis, außerkörperliche Erfahrungen, Astralreisen und und und.

»Das hier ist meine letzte Runde auf Erden«, erklärte ich meinen Freundinnen, während wir unsere Hände mit Henna verzierten und Nag-Champa-Räucherstäbchen sowie die *Cocteau Twins* in der Luft lagen. »Ich verbrenn jetzt noch ein bisschen Karma und dann bin ich weg.« Mein nächstes Leben beabsichtigte ich in einer anderen Dimension zu verbringen, vorzugsweise in einer, in der man weder Melancholie kannte noch Menstruationskrämpfe.

Der Erde hatte ich mich eh nie ganz verhaftet gefühlt. Ich hatte immer vorgehabt, das Leben hier mit Schmackes durchzuziehen. Jetzt aber war mir, als wäre diese Dimension lediglich ein Trainingsgelände auf dem Weg zu einer höheren Ebene.

Dann erlebte ich das größte Wunder, das uns Menschen widerfahren kann: Mein Sohn wurde geboren. Die Intensität unserer Verbundenheit – als würden alle meine menschlichen Unsicherheiten von einer Lichtwelle hinweggetragen. Mehr hatte ich nicht gebraucht, um zu erkennen: Darum also geht das hier alles. Dies ist der ganze Sinn unseres Daseins. Daraus bestehen wir: aus reiner Liebe. Und da war ich nun – genau hier, auf dieser Erde, an meinem Platz – und hätte nirgendwo sonst sein wollen.

Das hielt mich jedoch keineswegs davon ab, meinen Lebensunterhalt zu verdienen, zu denken, dass ich noch härter arbeiten müsste, um mir meine Vergnügungen leisten zu können und mein Wohlbefinden abzusichern. Im Gegenteil: Ich war bereit, mich noch mehr ins Zeug zu legen, um übermenschlich zu werden, nicht nur um meiner und Gottes willen, sondern wegen meines Sohnes.

Verglichen mit wem?

Meinen Meditationslehrer habe ich einmal gefragt, wie Leute mit Vollzeitstellen und Kindern je zur Erleuchtung gelangen sollten bei all den dichtgepackten Terminplänen, die sie haben. »Weil das nämlich enorm viel Zeit kostet«, erklärte ich ihm noch. »Upāsaka«, antwortete er, »für Laien gibt es auch Platz.« Laien sind frei, um in der Welt unterwegs zu sein, haben Familien, schauen Reality-TV. Der fließende Übergang zwischen Mönchen und Laien gilt im Buddhismus des Westens als Zeichen des Fortschritts. Flexibilität ist super.

Viele spirituelle Praktiken kultivieren die Fähigkeit, sich über die Täuschungen des Verstandes zu erheben, das höhere Selbst zu erreichen, um eine klarere Perspektive auf unser kleines Selbst zu bekommen. Um die Wahrheit zu bezeugen. Und die Fähigkeit zur Beobachtung ist der große Nutzen eines hingebungsvollen Übens.

Meine Recherchen zum Thema Askese und Kontemplation führten mich zu dem Ergebnis, dass das große spirituelle Ziel darin besteht aufzusteigen. Und solange ich kein Superbewusstsein entwickelte, war ich zu gewöhnlich, zu *menschlich*. Unverbunden. Und dass ich, was noch schlimmer ist, nicht die Gunst jener unsichtbaren kosmischen Crew erlangte, bei der ich doch mein Leben lang hatte punkten wollen.

Ich glaube, dass wir emporstreben – einem erhabeneren Standpunkt entgegen. Ich möchte meine Ängste transzendieren, überwinden, zur Einheit aufsteigen, mich über das banal Weltliche erheben. Weil ich sonst nämlich nicht ganz bin. Und weit entfernt von Gott.

Ich setzte meine theologischen Forschungen fort. Die Sadhus! Was für eine faszinierende, irre Hingabe sie an den Tag legen! Auch als heilige Männer Indiens bekannt, widmen diese hinduistischen

Asketen ihr gesamtes Dasein dem Gebet und der Pilgerreise; sie leben von Almosen, haben verfilzte Haare, ihre Körper sind bemalt und nur spärlich bekleidet. In manchen Sekten hängen sich die Männer als Akt der körperlichen Transzendenz schwere Steine an den durchstochenen Penis. Hardcore. Meine Schmerzgrenze wäre mit Sicherheit nicht so hoch. Ich habe auch von modernen christlichen Mönchen gehört, die sich regelmäßig geißeln, um jegliche Versuchung zu besiegen. Andere christliche Mönche standen oder knieten jahrelang und beteten, bis zur Verkrüppelung. Ich dagegen? War auf der Suche nach der weichsten Yoga-Matte, die der Markt zu bieten hatte.

Als ein paar Freunde zu einem Vipassana-Retreat aufbrachen, fühlte ich mich wie eine totale Null, weil ich nicht das geringste Interesse daran aufbringen konnte, zehn Tage lang auf einem Kissen zu hocken und meinen Atem zu beobachten. Ein ... aus ... *Habe ich vielleicht vor irgendetwas Angst? Wahrscheinlich hänge ich viel zu sehr an meinem Nicht-erleuchtet-Sein.* Inmitten meiner strikt veganen Ernährung und an der Seite meines Freundes, der ein ganzes Jahr lang keinen Zucker aß (nicht einmal Ketchup; ich meine, wie soll man denn ohne Ketchup ein halbwegs erfülltes Leben führen können?), packten mich jedes Mal Schuldgefühle, wenn ich auch nur die Kühlschranktür öffnete. Wann immer ich meinen wöchentlichen Spaziergang um den See in unserer Nachbarschaft nicht zu einer Gehmeditation nach Thich Nhat Hanh umfunktionierte, kam ich mir wie der letzte Faulpelz vor. Wenn ich im Auto saß, ohne dabei Sprechgesänge anzustimmen, hatte ich das Gefühl, ich würde zu wenig aus der Fahrt machen. Ein Lama, mit dem ich zusammenarbeitete, wies mir einmal die Aufgabe zu, hunderttausend Prajnaparamita-Mantras zu chanten. Was eine Freundin von mir, die denselben Lehrer hatte, zu der Bemerkung veranlasste: »Ach was? Mehr nicht? Die haust du doch locker an einem Wochenende raus!« Mantras raushauen? Für mich eine ganz neue Vorstellung.

Noch in derselben Woche empfahl mir mein Handy fünf Apps zum Tracken meiner Achtsamkeit. Das gab mir den Rest. Keinen einzigen Schritt, kein einziges Mantra konnte ich mehr zählen. Ich brauchte mal 'ne Pause von diesen ganzen Super-Eso-Quantifizierungen.

Uralt. Modern. Mönche. Laien.

Wir foltern uns in den Aufstieg.

Mir ist klar, dass das Lossagen von Ego und Körper sehr nützlich sein kann, um Erleuchtung zu erlangen, also um wahrhaftig zu erfahren, dass wir mehr sind als das, was unsere Sinne uns vermitteln. Die Fixierung auf Begehrlichkeiten loslassen, das Bewusstsein überwinden durch Transzendieren des Geistes – das alles gehört zur Meisterschaft. Und ich hab so den Verdacht, dass ich mir in früheren Leben ordentlich den Rücken gepeitscht und mir viele Blasen an den Knien geholt habe, um die Ekstase des Schmerzes zu erleben und einer höheren Macht darzubringen.

Vielleicht werde ich in der nächsten Runde, die ich drehen werde, ja in eine Familie Praktizierender auf hoher Stufe hineingeboren und stürze mich mit aller Kraft und von ganzem Herzen in die Askese. Oder … vielleicht treibe ich ja auch gegen Ende meines jetzigen Lebens, wenn meine Haare längst grau sind, mein Gesicht faltig und mein Liebster schon vor mir ins Licht gegangen ist, eine Hütte im Wald auf. Vor der sitze ich dann vielleicht und transformiere meinen Atem in Licht. Alles fürs Multiversum. Wer weiß.

Heute dagegen denke ich: Dass ich mich in irgendeiner Weise quäle, um aufzusteigen, kommt ja gar nicht in die Tüte. Nicht mal, wenn's dafür 'ne App gibt. Die vielen Stunden im Lotussitz haben mein Bewusstsein also tatsächlich erweitert. Das ganze Licht, das ich aufzunehmen und auszusenden gelernt habe, hat mir

gutgetan – und vielleicht sogar auch anderen ein bisschen geholfen. Kann sein, dass ich mich deshalb so an diese Theorie klamme-
re, weil sie mich tröstet, aber ich bin der festen Überzeugung, dass
dieser Pfad zur Erweiterung der Seele der freudvollere ist. Leicht
ist er nicht und auch nicht schnell, dafür aber beinhaltet er genauso viel Vergnügen wie Beschränkungen. Ich arbeite daran, ein super Mensch zu werden. Aber nicht mehr über-menschlich.

**Ich weiß mit größter Sicherheit, dass für
die meisten von uns das größte Wachstum
im dreckig-fruchtbaren Chaos der Beziehungen liegt, in denen wir die Menschen – was
harte Arbeit ist – so lieben, wie sie es verdienen. Wenn wir uns auf die Sinnlichkeit des
Augenblicks einlassen, überraschende Anfälle
von Selbsthass erleben, das Gefühl der Hilf-
losigkeit inmitten von Unwissenheit, Gemein-
heit und Heimatlosigkeit. Wenn wir uns selbst
und anderen helfen.**

Mein Leben zieht mich immer wieder in meinen Körper zurück, in
mein Zuhause, das wie Millionen anderer Heimstätten voller Fin-
gerabdrücke und Stimmungen ist, voll sanfter, kleiner Erfahrungen von Freud und Leid.

Aus meinem Baby von damals wurde ein guter Schwimmer. Doch
bevor er den Kurs beenden konnte, fiel er bei der Prüfung durch.
Mit Pauken und Trompeten. Als ich ihm am Beckenrand ein Hand-
tuch reichte, sagte ich: »Jetzt musst du einfach nur Licht einatmen. Welche Farbe brauchst du gerade?« Und er so: »Mami, von
deinem Lichtgedöns fühle ich mich auch nicht besser.« Okay ...
»Hol mir doch bitte einfach meinen Rucksack, und dann gehen wir
nach Hause.« Verstanden.

Nach all den Jahren, in denen ich so darauf erpicht war, irgendwohin aufzusteigen, bin ich heute überaus dankbar, da sein zu dürfen, wo ich bin. Und ich kann nur hoffen, dass es dir genauso geht.

Beschütze dein
Herz so gut,
dass du es
nicht
verschlieben
musst

8
EIN OFFENES HERZ UND EIN HOHER ZAUN

Spirituelle Menschen und ihre Grenzen

Die Toleranzfalle

Wir tun es aus Liebe, wir tun es, um die Kontrolle nicht zu verlieren, wir tun es, weil wir es für unsere moralische Verantwortung
halten: Was immer auch der Grund dafür sein mag, im Namen der
Spiritualität lassen wir uns so einiges gefallen. Insbesondere, sobald wir immer, immer, immer ... *toleranter* werden.

Total super finde ich die Art von Toleranz, die am Start ist, wenn
das Herz so weit offensteht, dass auch für andere Meinungen als
die eigene viel Raum bleibt. *Du bist du und ich bin ich, vielleicht
können wir uns ja in der Mitte auf einen grünen Smoothie und ein
Bier treffen.* So eine Toleranz ist einfach großartig.

Und genauso stehe ich auf ungebremste Liebe an der Kreuzung
von Himmel und Erde. Weiß glühend und beständig. *Diese* Art Liebe, sich selbst und anderen gegenüber. (Sie ist selten, geht oft mit
einer Reihe von Initiationen einher und ist es wert, an ihr festzu-
halten).

Treffen jedoch Minderwertigkeitsgefühle auf das Bedürfnis nach
Selbstoptimierung, übertreiben wir es schnell mal mit der Toleranz.

Dann lassen wir uns für dumm verkaufen, weil wir glauben, es nicht anders verdient zu haben – versuchen zugleich aber auch alles, uns so zum Positiven zu verändern, dass wir besser behandelt werden. Macht unterm Strich: **verrückte Loyalität, dämliches Mitgefühl, übertriebene Toleranz**.

Wer sich seiner eigenen Unvollkommenheit schmerzlich bewusst ist, denkt ja leicht so etwas wie »Wie kann ich es wagen, von anderen zu erwarten, dass sie vollkommen sind?«. Mit dem Ergebnis, dass wir unser (Mit-)Leiden verlängern, weil wir glauben, dass alle, die wir heilen oder dazu bewegen wollen, uns doch bitte besser zu behandeln, Opfer einer Verletzung geworden sind – und es für unsere spirituelle Aufgabe halten, diesen »Prozess« mit ihnen gemeinsam durchzustehen.

Wäre ich liebevoller, wären sie …

> *Spiritualität ist nicht irgendeine blassrosa, dünne, psychologisch unausgereifte Weltsicht. Sie erklärt vielmehr aufs Profundeste, wie der Verstand arbeitet und wie er unsere Erfahrungen filtert. Sie erkennt nicht nur die außergewöhnliche Tiefe unserer größten Sehnsucht – der nach Liebe –, sondern auch den außergewöhnlichen Schmerz, wenn wir sie nicht finden.*
> MARIANNE WILLIAMSON, *TEARS TO TRIUMPH*

Eine gute Freundin von mir war mit einem ziemlich schwanzgesteuerten Dödel verheiratet. Nennen wir die beiden Sasha und … Pillermann. Pillermann war Masseur von Beruf. Eine Patientin machte ihm, wie er Sasha erzählte, eindeutige Angebote, die er höflich ausschlug. »Treue ist ja so was von cool«, sagte Sasha. Als regelmäßig Meditierende blieb sie total gechillt. »Und wie hat sie reagiert, als du ihr gesagt hast, dass du sie nicht weiterbehandeln kannst?«, fragte sie ihn. Da bekam er, wie mir Sasha berichtete, »diesen Blick aus Zorn und Scham, den er so drauf hat«. Die nächste Stunde war nämlich bereits vereinbart. Worauf Sasha ihn fragte: »Du willst doch wohl nicht allen Ernstes jede Woche an einer nackten Frau rumgrapschen, die sich offen an dich rangemacht hat?«

Drei Paartherapie-Sitzungen später erklärte sich Pillermann widerstrebend bereit, darüber nachzudenken, ob er auf diese Patientin künftig womöglich würde verzichten können. Das teilte mir Sasha bei einem unserer Telefonate mit, während wir unsere morgendlichen Smoothies zubereiteten. »Verlange ich da nicht zu viel?«, fragte sie mich. »Vielleicht hat Pillermann ja auch recht, und ich sollte ihm einfach mehr vertrauen.«

»Hier geht es doch gar nicht um dich und ob du vielleicht eifersüchtig bist. Was du ja auch gar nicht bist«, antwortete ich. »Nein, hier geht es um den fehlenden Respekt dir gegenüber. Pillermann hätte von vornherein klare Kante zeigen müssen. Gleich beim ersten Mal, als sie sich an ihn rangewanzt hat.«

»Na ja«, murmelte Sasha. »Aber er ist nun mal früher sehr verletzt worden. Was dazu führt, dass er jetzt ...« Sie seufzte. »Versteh schon«, sagte ich. »Getretene Hunde beißen. Jetzt aber: volle Kraft voraus!« Auf dieses Kommando hin beenden wir unsere Gespräche immer und stellen die Mixer an.

Während Sasha Berge von Beziehungsratgebern wälzte, steigerte sie sich in einen wahren Erkenntnisrausch hinein: über bedingungslose Liebe, Beziehungen als Spiegel und das göttlich Weibliche, das dem göttlich Männlichen mehr »Freiraum« gewähren müsse.

Derweil behielt Pillermann trotz vieler, vieler Paartherapie-Stunden das wöchentliche Einölen der potenziellen Ehebrecherin bei – auf rein geschäftlicher Basis, versteht sich.

Auf Dauer konnte die Beziehung nicht weiter bestehen. Nachdem sich Sasha und Pillermann dann endlich (halleluja!) getrennt hatten, saßen wir irgendwann mit ein paar Mädels zusammen bei mir im Wohnzimmer und eine, die die Geschichte nicht so genau kannte, fragte: »Aber warum bist du denn nicht früher gegangen?« Seufzend antwortete Sasha: »Ich dachte eben, dass ich ihn mit meiner Liebe würde ändern können. Und war ihm gegenüber so loyal, dass es schon an Wahnsinn grenzte.« Stimmt genau.

Und hier noch eine Wahrheit: Toleranz wird in Beziehungen nicht nur von Typen wie Pillermann ausgenutzt. Eine Einbahnstraße ist das nicht. Denn viele von uns, für die das persönliche Wachstum von zentraler Bedeutung ist, benutzen das, was wir »Liebe« nennen, als Druckmittel, um dem Gegenüber unsere Bedürfnisse aufzudrängen. *Ich liebe dich, also verstehe ich dich auch. Ich stärke dir den Rücken und kann dir helfen. Du musst es bloß zulassen.* Subtext: *Ich habe den größeren Durchblick, und du musst dich ändern. Bitte ändere dich doch.* Und vielleicht muss sich da ja wirklich etwas ändern – dringend und eindeutig.

Doch würden wir aus unserer tatsächlichen Kraft heraus agieren – aus Selbstliebe und Selbstachtung –, würden wir uns von Leuten fernhalten, die unsere wichtigsten Bedürfnisse ganz bestimmt nicht erfüllen. Dann würden wir Beziehungen nicht als »Projekte« begreifen, sondern sie leben, um darin gemeinsam zu wachsen. Wir würden mit Menschen zusammenkommen, die uns genauso gut verstehen wie wir sie – und wahre Liebesgeschichten schreiben.

Sprechen wir über Narzissmus

Angenommen, dein Engagement für liebende Güte hat dich zum Positiven verändert, hat dich tiefsinniger, klarsichtiger, wahrhaftiger gemacht. Sodass du jetzt unwahrscheinlich aufgeschlossen und verständnisvoll bist. Der spirituelle Weg, auf dem du dich befindest, hat dein Einfühlungsvermögen immens gesteigert. Alles super.

Weißt du, wer das untrüglichste Näschen für besonders empathische Menschen hat? Narzissten. Nun würde man ja eigentlich denken, dass sensible Menschen, insbesondere Frauen, die mehr im Kontakt sind mit Energien und den eigenen Gefühlen, es sofort merken müssten, wenn sich jemand in ihre Lebenskraft hackt und sie nach Kräften aussaugt. Da wir das mit der Spiritualität und der persönlichen Weiterentwicklung aber so ernst nehmen ... tolerieren wir das einfach.

Nun dürfen wir ja nie vergessen, dass ein bisschen Egoismus bei uns allen mit im Spiel ist. Und wir sollten das Kind deshalb auch nicht mit dem Bade ausschütten und jeden gleich als Narzissten bezeichnen. Nur weil deine Liebste mehr Platz im Schrank für sich beansprucht oder die Chefin auf der korrekten Aussprache ihres Namens besteht, bedarf sie nicht gleich psychologischer Beratung. Augenmaß ist das Gebot der Stunde. Bei den ganzen küchenpsychologischen Erkenntnissen, die uns heute zur Verfügung stehen, werden oft vorschnell Diagnosen getroffen, etwa Borderline-Persönlichkeitsstörung oder Soziopathie etc.

Ich spreche das an, weil eine gewisse Form von Narzissmus auch Menschen zu erfassen scheint, die sich ernsthaft um mehr Licht in ihrem Leben bemühen.

Soweit ich weiß, siedelte C. G. Jung den Narzissmus irgendwo im Kontinuum von Gesundheit und Krankheit an; er fand nichts Nachteiliges über ihn zu sagen und hielt ihn für ebenso legitim wie alles andere. Auch vertrat er die Überzeugung, psychische Gesundheit beruhe auf einem Gleichgewicht zwischen den gesellschaftlichen Anforderungen an das Individuum und seinem

Wesenskern. Als einer der Ersten sprach der amerikanische Psychoanalytiker Heinz Kohut von »gesundem Narzissmus«. Würden die »normalen« narzisstischen Bedürfnisse (nach Wahrnehmung, Anerkennung, Bedeutsamkeit) frühzeitig angemessen befriedigt, so seine Überzeugung, könnten die Menschen eine »reife Form positiven Selbstwertes und Selbstvertrauens« entwickeln: eben jenen gesunden Narzissmus.

Meine Definition davon lautet: »Ich steh auf mich und kann genauso auch auf dich stehen. Großes Vergnügen bereitet mir beides.« Die meiste Zeit über fühlst du dich super und wünschst anderen, dass es ihnen auch so geht. Ein gesunder Narzissmus hilft dir, selbstbewusst, aber auch realistisch zu sein. Dein Selbstvertrauen steht also einer echten Verbindung und Nähe nicht im Weg, und dein Interesse an dir selbst wächst sich nicht zu einem Gefühl der Überlegenheit aus. Gesund eben.

Ungebremster – *ungesunder* – Narzissmus hingegen dreht sich ausschließlich um einen selbst. Punkt. *Ich, ich, ich, und auch wenn es nicht so aussehen mag, sorge ich schon dafür, dass es nur um mich geht, um mich, mich, mich geht. Um mich!*

Man kann viel Negatives über den Narzissmus sagen, das Entscheidende aber ist: Letzten Endes sind NarzisstInnen unsicher und empfinden sich als unzureichend. Sie fühlen sich eben gerade NICHT überwiegend super. Sondern leiden an Minderwertigkeitskomplexen.

Die Anerkennung anderer Standpunkte fällt ausgeprägten NarzisstInnen schwer, weil dies heißen könnte, der ihre wäre falsch. Als MeisterInnen im Schuldzuweisen geben sie sich alle Mühe, recht zu haben und recht zu behalten. Echte Nähe ist nicht ihr Ding, weil sie nicht gesehen werden wollen oder, noch schlimmer, beschämt sind über das, was gesehen wird. Um zu überleben, lassen sie mitunter aus taktischen Erwägungen ihren Charme spielen. Sie neigen dazu, unrealistische Pläne zu schmieden und sich bombastische Ziele zu setzen, weil sie sich dadurch wichtiger fühlen. Weil sie sich so an ihre eigene Identität klammern, können sie sich in der Liebe nicht richtig hingeben. Weil sie ständig um ihr Leben kämpfen, verhalten sie sich extrem defensiv. NarzisstInnen wenden sich von ihrer Seele ab, um das Licht stattdessen in anderen zu suchen.

Das alles sind gute Gründe dafür, NarzisstInnen mitfühlend zu begegnen – was übrigens immer gut ist, auf Schmerz zu reagieren, egal welcher Art. Aber übertreib es damit bloß nicht. Denn gerade intelligente, spirituell angehauchte Menschen (im Klartext: insbesondere viele New-Age-Frauen) sind »perfekte Partner« so unguter Beziehungen. Denn Narzissten versuchen ja verzweifelt, die Löcher in ihrer Seele zu stopfen. Und wer wäre dafür besser geeignet als jemand rundum Beseeltes?

Nicht alle sind dein Spiegel

In der Selbsthilfe-Bewegung begegnet dir überall die Auffassung, dass wir bestimmte Menschen anziehen, damit sie uns bestimmte Lektionen erteilen. Mit *der* Theorie bin ich durch. Aber hundertprozentig.

Von diesem Gedanken wurde ein, wie ich finde, sehr gefährliches Konzept abgeleitet: dass nämlich die Leute, die wir in unser Leben lassen, in gewisser Hinsicht Spiegel unserer selbst sind. Was im Umkehrschluss bedeutet: Wer einen waschechten Narzissten oder Egoisten an sich heranlässt, ist irgendwie selbst einer.

Ich versuche das jetzt mal so poetisch wie irgend möglich auszudrücken: Dass du dich mit einem totalen Arschgesicht einlässt,

muss noch lange nicht heißen, dass er dir deine innere Arschge-
sichtigkeit spiegelt. Sondern einfach nur, dass er eben ein totales
Arschgesicht ist. Anders als du. Und du musst nur daran »arbeiten«, wie du mit ihm klarkommst.

Da wir, kosmisch ausgedrückt, alle »eins« sind, wird tatsächlich
jedes von jedem reflektiert. Wenn du in den tiefsten Tiefen deiner
Persönlichkeit nach deinen Schattenanteilen graben willst, die
vage an den Arsch erinnern, der dir das Leben so schwer macht –
nur zu. Reflexion und die Suche nach Verbindung ist ein spirituell
höchst verantwortungsbewusster Ansatz. Aber richte auf gar keinen Fall das Fitzelchen von Beweis, auf das du unter Umständen
stößt, gegen dich.

Manchmal sind die Leute einfach nur Ärsche. Es ist Karma und
gleichzeitig eine große Chance. Denn vielleicht tritt der Arsch ja
nicht in unser Leben, um uns unsere Fehler zu spiegeln, sondern
um uns klarzumachen, dass wir seit x Jahren irrtümlich glauben,
es sei unsere Aufgabe, andere Leute wieder hinzubiegen. Ein guter
Anlass, um alte Verträge zu verbrennen und herauszufinden, wie
du dich *nicht* fühlen willst – was ein Superhinweis darauf ist, *wie*
du dich fühlen willst. Und eine prima Gelegenheit, in den Spiegel
zu schauen und die ganze Kraft, die dir da entgegenblickt, wieder
für dich in Anspruch zu nehmen.

Grenzen: Zäune, die deine Freiheit sichern

Bei all meinen Anstrengungen, durch Liebe, Liebe, Liebe Veränderungen zu bewirken, bin ich im Grunde nie auf die Idee gekommen, das Wichtigste zu schützen: mein Herz. Ich dachte, wenn ich
es ohne groß zu überlegen verschenke, bekomme ich schneller
das, was ich mir wünsche: Gemeinschaft, Verbindung, *Spaß*.

Mich »schützen« habe ich mit »zumachen« gleichgesetzt. Ich befürchtete, den *spirituellen Fluss* zu unterbrechen, wenn ich nicht mit jedem Freundschaft schloss. Ich dachte, wenn ich Gegenseitigkeit verlange, dann gebe ich nicht wirklich freiwillig. Und wenn ich mich gegen bestimmte Menschen oder Situationen abgrenze, würde mir all das Gute im Leben durch die Lappen gehen.

Total *im Fluss* war ich und praktisch kaum zurückhaltend. Ein Strom ohne Ufer. Weil die Liebe freigiebig ist, gab ich viel zu viel Trinkgeld. Ich habe mich schlecht behandeln lassen, weil die Liebe alles verzeiht. Und wozu hätte ich eine Rechtsanwältin gebraucht? Wo die Liebe doch so vernünftig und kompromissbereit ist ...

Theoretisch wusste ich, dass ich die Liebe selbst bin, so wie wir alle. Ich war großzügig, versöhnlich, kompromissbereit und vernünftig – bis ins Mark hinein. Und wenn ich mal ein bisschen anders sein musste, etwas strenger und abgrenzender, kostete mich das große Überwindung. Wie wichtig die heilige Zurückhaltung ist, realisierte ich erst, als ich in einer ganzen Reihe von Beziehungen ausgenutzt und dadurch gezwungen wurde, meine Liebe abzuziehen.

Beim Bau der so dringend erforderlichen Mauern fühlte ich mich, als würde ich mich Stein für Stein selbst auslöschen, verschwinden in der neuen Struktur des »Du bleibst auf deiner Seite und ich auf meiner«. Die ganze Idee von verschiedenen »Seiten« war mir total fremd. Ich hatte wirklich das Gefühl, einen langsamen Tod zu sterben, wenn ich meiner Freigiebigkeit Grenzen setzte – auch wenn sie mir alles andere als guttat.

Bei meinen Seelenschwestern, ansonsten auffallend starken, durchsetzungsfähigen Frauen, habe ich das auch beobachtet. Eine brachte es beim besten Willen nicht übers Herz, ihrem zauberhaften Schnorrer von Bruder zu erklären, dass er nun endlich aus ihrem Gästezimmer ausziehen und sich einen Job suchen müsse. Oder die großartige, eloquente Freundin von mir, die kein Wort über ihren übergriffigen Tantra-Lehrer verlor. Oder jene brillante Unternehmerin, der es unmöglich war, dem »sozial denkenden« Berater das Honorar für eine Empfehlung zu verwehren, die ihr geschäftlich beinahe das Genick gebrochen hätte. Wir alle sind es so gewohnt, unser Mitgefühl nach außen zu richten, dass es verwirrend ist, uns selbst den Schutz unserer Liebe angedeihen zu lassen. Wir kämpften für die gute Sache, für Beziehungen, für unsere Kinder und MitarbeiterInnen. Aber für uns selbst? Der reinste Horror.

Die neuen Verhaltensweisen, die von mir verlangt wurden, waren mir fremd, auch wenn ich genau wusste, dass kein Weg an ihnen vorbeiführte. Und meine Lernkurve schnellte, was das betraf, auch nicht gerade senkrecht in die Höhe. Die SMS mit dem Text »War vielleicht nicht eindeutig genug: Bitte halte dich von meinem Grundstück fern« habe ich mit zitternden Händen abgeschickt. In anderen Fällen war ich zwar um die Stimmung im Team besorgt, versprach aber doch nicht mehr allen eine Gehaltserhöhung, wenn wir einen Termin einhielten. Und im Zuge eines unangenehmen Missverständnisses mit einer Kollegin habe ich dann etwas radikal Neues gemacht: mich nämlich gar nicht mehr um Harmonie bemüht. Die anderen hatten sich eh schon ihre Meinung gebildet. Also ließ ich sie in dem Glauben, ich wäre schuld, und arbeitete einfach weiter – weil es das Mitfühlendste war, was ich für mich selbst tun konnte.

Der Mystiker Georges I. Gurdjieff (1866–1949) sagte einst, auf die eine oder andere Weise seien wir alle »Idioten«. Das nenn ich mal Tacheles reden, echt cool! Auf seine Liste menschlicher Torheiten schaffte es auch der »mitfühlende Idiot«. Und der buddhistische Meditationsmeister Chögyam Trungpa, der es in den Achtzigern zu einiger Popularität brachte, soll den Begriff »idiotisches Mitgefühl«

geprägt haben. Ich selbst habe mich in einem Akt des … Mitgefühls entschlossen, von »*törichtem* Mitgefühl« zu sprechen.

Ich halte uns nämlich nicht per se für IdiotInnen, nur weil wir versuchen, das zu bekommen, was wir brauchen, sowohl auf der primären als auch auf der reifen Ebene. Denn wir sind nun einmal auf Liebe gepolt. Und speziell wir weiblichen Wesen auch darauf, uns bei der Rettung anderer zu verausgaben. Bereitwillig spenden wir von unserem Lebenssaft, denn das tut man eben, wenn die Menschen, die einem am Herzen liegen, an emotionaler Blutleere leiden oder vom Leben schwer verletzt wurden – man gibt ihnen Blut und Liebe. *Hier, nimm von mir, ich kann jederzeit mehr davon bereitstellen.*

Es ist wichtig, zu wissen, dass es sich beim törichten Mitgefühl um eine enge Verwandte des »Enablings« handelt: Wir möchten nicht, dass jemand leidet, gleichzeitig wollen wir unsere Bedürfnisse befriedigen oder den mit dieser Situation verbundenen Schmerz vermeiden. Also geben wir nach und ertragen das Ganze – und nennen es Mitgefühl. Doch damit, dass wir Aggressionen oder Erniedrigungen hinnehmen, verletzen wir uns nicht nur selbst, sondern füttern zugleich auch das »Monster« unseres Gegenübers. Indem wir uns ein solches Verhalten verbitten und auf diese Weise Mitgefühl uns selbst gegenüber haben, geben wir der anderen Person eine Chance, ihr Verhalten zu reflektieren. Sie entscheidet, ob sie die Erkenntnisse nutzen möchte, um mit ihrer Seele in Kontakt zu kommen oder nicht.

Närrisch vor Liebe … törichtes Mitgefühl … das Heilmittel ist in beiden Fällen dasselbe: der Mut, sich auch weiterhin an die Ideale der wahren Liebe zu halten und jeder Person mit deiner ganzen Loyalität, dem weisesten Mitgefühl und deiner größten Toleranz zu begegnen – jedem, der es dir gleichtut.

Ich bin eine Liebende. Kann und werde daran auch nichts ändern. Und weil das so ist, braucht mein Herz Schutz. Was mir das Leben rettete, war das göttliche Paradoxon:

Beschütze dein Herz so gut, dass du es nicht verschließen musst.

Abgesehen davon, dass ich meinen Sohn vor Drogenmissbrauch und Angreifern bewahren möchte, sehe ich meine wichtigste Aufgabe darin, ihn bei der Bewahrung eines offenen, ausdrucksfähigen Herzens zu unterstützen. Denn wenn er mit meiner Hilfe eine »wilde« Sanftmut entwickelt, wird er den Kontakt zu seiner persönlichen Kraft und Stärke nie verlieren. Das nun Folgende predige ich ihm schon, seit er zehn war. Und irgendwann kam es dabei zu dieser Geschichte, die wir uns heute immer noch gern erzählen:

»FÜHLE, SPÜRE UND EMPFINDE ALLES. Lass dein Herz so weit offen, wie du kannst. Offen, offen, offen. Ganz sacht.

Und dann umgibst du es mit einem scheißhohen Zaun. Den machst du groß und stark. Bitte deine Engel, ihn rund um die Uhr zu bewachen. Durch das Tor in deinem Zaun lässt du niemanden, von dem du nicht sicher weißt, dass er ebenfalls ein offenes, gutes Herz hat. Lass nur respektvolle, interessierte und wirklich, wirklich liebevolle Leute an dich ran. Betonung auf respektvoll. Verstanden?«, fragte ich ihn.

»Verstanden«, sagte er. »Aber sag mal, Mami, darf ich das über den Zaun auch sagen?«

»Scheiße, meinst du?«

»Mhm.«

»Nur, wenn du vorher das mit dem offenen, guten Herzen sagst. Und nicht in der Schule.«

»Offenes, gutes Herz. Scheißhoher Zaun!«

»Genau.«

Harte Arbeit, aber ...

Den meisten fällt das Grenzensetzen schwer. Besonders aber uns ganzheitlich orientierten Mädels. Weil wir so gern verschmelzen und uns verbinden – mit allem. Für einige von uns sind gesunde Grenzen deshalb die größte Herausforderung ihres Lebens, der wichtigste Akt der Selbstachtung.

Lianne Raymond, Coach und eine meiner liebsten Hüterinnen der Weisheit, bringt das Thema großartig auf den Punkt: »Ich empfinde es so, dass jeder, der sich zu einem reifen, selbstverwirklichten Wesen entwickelt, ganz von selbst Grenzen setzt. Stell dir vor, du kommst an das Ufer eines Flusses. Führt dieser viel Wasser, überlegst du es dir zweimal, ob du ihn überqueren willst. Allein seine Präsenz stellt bereits eine natürliche Grenze dar. Wäre das Flussbett aber ausgetrocknet, könntest du ohne zu zögern auf die andere Seite hinübergehen. Mit uns Menschen ist es genauso. Menschen mit Präsenz, im besten Sinne selbstbewussten Personen, tritt man nicht zu nahe, sie werden nicht missachtet, angefahren oder überrannt.«

All dies geschieht aber allzu leicht, wenn wir nicht im Fluss unserer Fülle sind.

Das Setzen von Grenzen kann sich wie die härteste, anstrengendste, qualvollste Aufgabe anfühlen, die du je hast erfüllen müssen.

Vielleicht hast du Angst, enterbt zu werden, dir deine Träume nicht erfüllen zu können, oder du befürchtest, dass Lügen über dich verbreitet werden – von den Leuten jenseits deiner Grenzen. Sie werden dir ihre »Ich hab's ja gewusst«-Projektionen entgegenschleudern: »Ich hab's ja gewusst, was für ein kalter Fisch du bist. So flatterhaft. Und zu allem fähig.« Ja, genau. Ich *bin* zu so etwas Wunderbarem fähig, meine eigenen Regeln aufzustellen.

Übertreib's aber nicht

Grenzen sind keine Mauern, sondern wie ein lebendiges Ge-fäß, in dem unsere Wünsche atmen, heranreifen und wachsen können, bis sie das Licht der Welt erblicken.
HIRO BOGA

Grenzen sind keine Barrieren. Grenzen sichern deinen Freiraum, Barrieren dagegen sind übertriebene Verteidigungsmaßnahmen.

Vorstellen kannst du dir das in etwa so: Grenzen sind wie ein Zaun mit einem Türchen drin – die Energie kann kommen und gehen und du hast genügend Raum, um dich hinter dem Zaun frei zu bewegen. Du kannst einen weißen Lattenzaun errichten oder ... einen elektrischen Zaun. Schließlich handelt es sich ja um deinen Zaun. Sein Sinn besteht darin, dir ein Gefühl von Sicherheit und Frieden zu geben.

Barrieren dagegen sind wie ein schwerer Schild, den du zu deiner Verteidigung ständig mit dir herumschleifen musst. Im Fall der Fälle bewahrt er deine Vorderseite vor einem Frontalangriff, doch der Rest deines Körpers bleibt ungeschützt. Friedvoll sieht anders aus! Ständig in Habachtstellung zu sein, erzeugt Angst. Du verwendest deine Energie dafür, einen eventuellen Schlag abzuwehren, und wartest dann auf den nächsten, in der Hoffnung, dass er ausbleibt. Entspannen kannst du dich so nicht. Weil du komplett auf das fokussiert bist, vor dem du dich eigentlich schützen willst.

Das Aufrechterhalten der Grenzen erfordert etwas Übung. Und bis du den Dreh raus hast, kann es durchaus sein, dass du etwas zu viel des Guten tust: Du schaffst dir Vorhängeschlösser und einen Wachhund an, obwohl du eigentlich nichts anderes tun müsstest, als die Worte »Leider muss ich unsere Essensverabredung canceln« zu sagen. Womöglich erklärst du deinen Austritt aus einem Komitee, statt dass du dich per Skype in die Sitzungen einklinkst, um dir die langen Anfahrtswege zu ersparen. Oder vielleicht fällt dein erster Versuch mit dem Grenzensetzen auch noch viel zu halbherzig aus (die Hoffnung stirbt ja, wie allseits bekannt, erst, wenn alle Stricke gerissen sind), und du merkst zu spät, dass du dich immer noch total übernimmst. *Und* einen Wachhund brauchst.

Ja, es kann gut sein, dass du mit deinen Grenzen jemandem wehtust. Ihm auf den Schlips trittst. Sein Herz brichst. (Was wiederum dir das Herz bricht.) Du wirst, und das läuft allen New-Age-Vibes diametral entgegen, Disharmonie erzeugen. Wenn du dich übervorteilen lässt, die Diskrepanz ignorierst zwischen dem, was jemand sagt, und wie er handelt, wenn du tolerierst, dass er dir Tiernamen gibt, dann heißt das nichts anderes, als dass du deine persönliche Wahrheit mit Füßen trittst. Und *das* nenne ich mal wirklich Disharmonie. Gutes kann daraus nicht erwachsen. Mit Sicherheit nicht.

Weil die Grenzen, die du setzt, dein Wohlbefinden und deine Lebensfreude beschützen, hast du mehr Liebe (incl. Geduld und Verständnis) zu geben, sollte dir danach sein. Wenn du da bist, bist du auch präsent. Wenn du ja sagst, meinst du auch ja. Dann bist du emotional kein Gemüse mehr, sondern vollkommen klar – kristallklar.

Wenn du deine kostbare Zeit schätzst, auf deinen Körper hörst und in deinem Leben Raum schaffst für inneren Frieden, befindest du dich in Harmonie mit deiner Seele. Aus diesem Gleichgewicht heraus kannst du Meisterwerke erschaffen, den Stürmen des Lebens begegnen und vielen, vielen Menschen helfen – angefangen bei dir selbst.

Ethisch vertretbar möchtest du dich verhalten, liebevoll und harmonisch? Dann bleib deinen Idealen treu. Schau zu dir auf. Erhöhst du deine Ansprüche in Sachen Liebe, wird das Universum entsprechend erhaben auf dich reagieren.

„Alles vergeben
und verziehen"
gilt auch
für
dich

9
BEREIT ZU VERZEIHEN

Der steinige Weg zur Vergebung

Wenn dein Mitgefühl nicht auch dir selbst gilt,
ist es nicht vollkommen.
JACK KORNFIELD

Sie ist komplex. Verwirrend. Etwas ganz Spezielles. Der rote Faden, der sich durch die meisten spirituellen Lehren zieht:

Vergebung.

Was das Vergeben betrifft, bin ich sozusagen noch Trainee: Ich kann genauso gut nach*tragend* sein wie nach*sichtig*. Im Allgemeinen aber will ich mich so anständig wie möglich verhalten und bin der festen Überzeugung, dass Versöhnlichkeit eine der Hauptlichtquellen eines erleuchteten Lebens darstellt.

Trotzdem war die Entscheidung, *nicht* zu verzeihen, an einem wichtigen Punkt meines Lebens mit das Seelenbejahendste, was ich je getan habe.

Meine Scheidung habe ich empfunden, als würden mir ganz, ganz langsam alle Knochen im Leib gebrochen, einer nach dem anderen; zum Schluss die Rippen – was dazu führte, dass ich lange Zeit nur schwer atmen konnte. Es war brutal. Und dass die Trennung von mir ausging, machte es auch nicht leichter. Auf allen vieren musste ich mich ins Licht zurückrobben. Das Scheidungsverfahren selbst verlief im Grunde glatt und recht zivilisiert. Nur dass ich ja keine Ahnung hatte, dass danach die eigentliche Arbeit erst noch vor mir lag. Man kann nämlich kein neues Leben anfangen, bevor man das alte nicht analysiert – oder in den Grundfesten niedergebrannt – hat.

Also analysierte ich. Durchleuchtete alles, machte Rückführungen, schrieb mir einen Wolf, ließ mich therapieren, tanzte, wütete, trauerte mich durch meine Reise, eignete sie mir an, Zentimeter für Zentimeter des Weges. Manchmal musste ich wieder zum Anfang zurück und noch mal neu starten, einfach um sicherzustellen, dass es ein für alle Mal aus meinem System raus war. Denn in die Zukunft wollte ich nichts aus meiner Vergangenheit mitnehmen. Jede einzelne Erinnerung, alle Emotionen unterzog ich einer Prüfung: Wahrheit oder Lüge? Dabei war ich enorm gründlich. Und als die Arbeit, die übrigens viel länger dauerte, als mir lieb gewesen wäre, endlich hinter mir lag, erfüllte ich alle Klischees jener typischen *rebirthten, empowerten* New-Age-Frauen. Das Einzige, was ich sagen konnte, wenn mich jemand fragte, war: »Mir geht es besser als je zuvor. Also echt jetzt mal: *So gut ist es mir noch nie gegangen.*«

Gegen Ende dieser langen Reise arbeitete ich mit einer ganz hervorragenden Heilerin zusammen – einer totalen Energie-Kunoichi (das ist das weibliche Pendant zu »Ninja«). Wir wollten meine Nebennierendrüsen wieder fit machen. Hier ein paar Energiefäden durchtrennen, da ein bisschen am Schutz durch die Sterne pfriemeln ... na ja, das Übliche eben, du weißt schon. In der Woche hatte ich mehrere verstörende Träume, Hinweise auf »energetische Eindringlinge«, könnte man sagen. Ich war bereit, sie zu analysieren, meinen Weihrauchöl-Konsum zu steigern, Durga-Mantras zu chanten und einfach nicht lockerzulassen.

Zum Schluss eines Chats über die Auswirkungen der Lichtmeditation auf das Nervensystem schrieb mir die Kunoichi des Lichts: »D, du musst ihm vergeben.« Das Blut schoss mir in den Kopf, und mir wurde ganz übel. Damit hatte ich nicht gerechnet. Ich war doch schon so weit gekommen. Mein Leben fing sogar bereits wieder an zu schimmern. Mein Geld gehörte allein mir, ich fühlte mich wieder wohl in meinem Körper, Liebe und Dankbarkeit erfüllten mein Herz. Wie oft hatte ich mir im Zuge meiner Neufindung selbst versichern müssen, dass ich den Verstand nicht verloren, sondern noch alle Tassen im Schrank hatte. Und nun sah ich endlich klar. Hatte Grenzen gesetzt. War darüber hinweg.

Ganze dreimal las ich den Satz »D, du musst ihm vergeben.«. Dann brach ich in bittere Tränen der Panik aus. Minuten zuvor war ich noch die Ruhe selbst gewesen. Jetzt drehte ich vollkommen durch. Denn das Echo, das die Worte »ihm vergeben« auslösten, lautete:

»Bau deine Grenzen wieder ab, setz dich ins Unrecht, gib Dinge zu, die du nie getan hast, damit dich alle für netter und vernünftiger halten, als es den Anschein hat, schließ ihn wieder ins Herz und mach die ganzen letzten Jahre ungeschehen, in denen du dich so unermüdlich analysiert und an deiner Wiederauferstehung gearbeitet hast. Bei der Gelegenheit kannst du ihn auch gleich wieder bei dir einziehen lassen; sei nett zu ihm, bildet einen dieser hübsch progressiven Familienverbände, vor allem aber: Vergiss das Lächeln nicht – denn das zeichnet den wahrhaft spirituellen Menschen nun einmal aus, Danielle.«

So jedenfalls habe ich es interpretiert.

Das Telefon klingelte. (Meine Kunoichi des Lichts ist so fein gestimmt, dass sie meine Panik sogar am anderen Ende des Landes spürt.) Ich versuchte gar nicht erst, mich zusammenzureißen, sondern nahm das Gespräch unter Tränen an.

Hier unterbreche ich jetzt mal, um kurz zu erklären, dass diese Kunoichi-Heilerin zu meinen absoluten Lieblingsmenschen gehört. Wenn ich über einem dieser esoterischen Rätsel brüte, die sie mir aufgibt, fühle ich mich schlau, tiefsinnig, überaus kompetent. Ich möchte noch möglichst lange möglichst viel von ihr lernen können. Dass sie den Respekt vor mir nicht verliert, ist mir also wichtig – *sehr* wichtig.

Still und sanft hörte sie mir zu, während ich Rotz und Wasser ins Handy heulte.

Nach einer Minute oder so fragte sie: »D?«

Ich fühlte mich wie in der Verfilmung eines antiken griechischen Mythos. Ich war die über und über schweißbedeckte Heldengestalt mit dem Schwert in der Hand, müde wie Sau, die die Prüfungen, vor die sie gestellt wird, mit allen Kräften zu überleben versucht. Gehe ich jetzt links in dem Labyrinth oder besser rechts? Erklimme ich die Mauer oder gebe ich mich geschlagen?

Ich atmete tief durch. Denn plötzlich wusste ich, welchen Weg ich einschlagen würde. Aber zugleich wusste ich auch, dass meine geliebte Mentorin mich für spirituell noch nicht weit genug entwickelt halten würde und dass unsere gemeinsame Zeit jetzt vorbei war.

»Es tut mir leid«, brachte ich schließlich hervor, »aber ich kann das einfach nicht.« Pause. »Ich kann nicht vergeben, wenn das heißt, dass ich ihn wieder ins Herz schließen muss. Dafür bin ich viel zu weit gekommen.« Schweigen. Bei mir dachte ich: *Ich weiß schon, dass du mich jetzt für eine Null hältst. Aber ich habe einfach keine andere Wahl. Danke, dass du mit mir gearbeitet hast; jetzt kannst du dich verabschieden.*

Ich wollte zwar eine spirituell respektable Person sein, meine »Weiterentwicklung« aber ging mir ... sonst wo vorbei. Einmal war ich ganz bei mir. Voller Akzeptanz. Ohne irgendwelche Ziele. Mein ganzer Körper wurde von diesem inneren Wissen durchdrungen; mich davon zu lösen, wäre mir total falsch vorgekommen. Also blieb ich bei meiner Wahrheit, so unbequem sie auch war. Und habe mich, glaube ich, nie menschlicher gefühlt als in diesem Moment.

Dann brach die Kunoichi des Lichts in ihr *Ach-süßes-Kindchen-* Lachen aus. »Meine Güte, nein! Nicht mal guten Tag musst du ihm sagen. Nie wieder. Nein. Nur seiner SEELE sollst du verzeihen. Aber das ist auch der schwerste Teil der ganzen Arbeit.«

»Ich darf mich also weiter schützen?«

»Na klar, unbedingt.«

»Und verzeihen soll ich nur seiner Seele?«, vergewisserte ich mich.

»Genau. Aber das ist eine Riesensache.«

»Ach so? DAS krieg ich hin. Hab's schon halb geschafft!«

»Mehr als halb. Das ist die Ziellinie«, bestätigte sie.

»Das wollte ich hören, nur das!« Dann brachen wir in dieses wunderbare Ganzkörper-Frauenlachen aus, das auf das Weinen folgt und auf bestandene Prüfungen. Was für eine herrliche Erleiterung! Ich würde Kurs halten:

Bleib dir treu, setz dir hohe Ziele, erledige die göttliche Arbeit.

Ganz so einfach war es natürlich nicht. Der eigentliche Akt des Seiner-Seele-Verzeihens war äußerst schmerzhaft. In diesem Stadium fühlte es sich nicht mehr an, als würden mir die Knochen im Leib gebrochen. Eher so, als ob mit der Pinzette Glassplitter aus einer Wunde entfernt werden.

Monatelang ließ ich beim Meditieren seinem Höheren Selbst Licht und Liebe zukommen. Ich stellte mir vor, mein Ex stünde direkt vor mir, und sah ihn voller Güte an. An Tagen, an denen mir diese Nähe unangenehm war, visualisierte ich ihn als Lichtgestalt aus reiner Energie. Ich ließ seine Seele wieder an mich herankommen. Gestattete mir, sein *wahres Selbst* zu lieben. Und wiederholt dankte ich ihm für seine Bereitschaft, all das mit mir auszuleben, was uns gemeinsam beschieden gewesen war. Schließlich ging ich noch einen Schritt weiter und brachte den Menschen, die in seinem Leben eine Rolle spielten, dieselbe Dankbarkeit entgegen. Ich betete für ihr Wohlergehen. Ich liebte seine Seele. Total.

Dadurch, dass ich meiner Menschlichkeit die Ehre erwies, erhielt ich auch besseren Zugang zu meiner göttlichen Kraft. An den von mir gesetzten Grenzen änderte sich im Alltag praktisch nichts. Aber ich kam jetzt viel schneller voran, unbefangener und leichteren Herzens.

Nicht das Ziel

Obwohl wir wissen, dass Vergebung eine spirituelle Erfahrung ist, könnten wir in Versuchung geraten, etwas überaus Weltliches daraus zu machen: ein festes Ziel mit genauem Fälligkeitsdatum, eine Pflichtübung, die erledigt und abgehakt werden muss. Verzeihen ist in der Regel aber ein organischer und total ineffizienter Vorgang. Wunden heilen nicht im Handumdrehen, Klarheit stellt sich nicht sofort ein und aus Zorn wird nicht über Nacht

Vergebung. Auf diesem Weg musst du einen erhellenden, nachtragenden, bewussten Schritt nach dem anderen machen.

Eine erzwungene oder vorgetäuschte Vergebung kann den Heilungsprozess zum Scheitern verurteilen. Wenn wir so tun, als hätten wir jemandem verziehen, kommt der verdrängte Schmerz unweigerlich irgendwann zum Ausbruch. Dann schwärt er aber schon, was das Chaos nur noch größer macht. Brodelnder Groll aus der Vergangenheit lässt deine Sicherung durchbrennen, weil dein Partner genau *die* Bemerkung macht, die wieder mal beweist, dass er sich kein bisschen verändert hat, seit du ihm das letzte Mal aufs Dach gestiegen bist, eben weil er sich nicht verändert.

Statt im New-Age-Jargon rumzulabern – *Nichts geschieht ohne Grund* oder *Da hat das Karma die Hand im Spiel* –, kann es daher viel vernünftiger (das heißt: *menschlicher*) sein, reinen Tisch zu machen und zuzugeben: »Ich bin einfach noch nicht so weit, dass ich vergeben könnte.«

In deiner Mastermind-Gruppe über die Macht des positiven Denkens kommt dieses »Ich verzeihe erst, wenn ich dazu bereit bin« wahrscheinlich eher nicht so gut an. »Aber du musst«, werden die Gruppenmitglieder zuckersüß auf dich einflöten. Und meinen damit eigentlich: »Hör jetzt endlich mit diesem ewigen Getue auf, denn das ist voll unspirituell und zieht uns alle mit runter.« Aber mach dir nichts draus. Schau den Leutchen sanft in die Augen und sage: »Ich bin eben noch nicht so weit. Bitte verzeiht mir.«

Moralisierende Typen neigen dazu, anderen als Zeichen ihrer Überlegenheit zu verzeihen. Unbedeutenderen Kreaturen mit einer huldvollen Geste der Vergebung zu begegnen, ist ein Fest fürs Ego. Unter dem »Ist doch längst verziehen.« lauert ein kleines »Siehst du! Du warst schon immer ein Loser, und dadurch, dass ich dir vergebe, gewinne ich endgültig die Oberhand.«. Das ist aber nur ein Kartentrick: Unsicherheit verborgen unter Arroganz, getarnt als Spiritualität.

Das Herz hat seine eigene Zeitrechnung, völlig unabhängig von Uhren und Kalendern. Ein Freund von mir, ein Fotograf, war etwa sieben Jahr lang so verkracht mit seiner Tochter, dass sie kaum noch miteinander sprachen. Zu einem Fotoshooting kam er mit seiner gesamten Ausrüstung. Und die Stative trug ... seine Tochter. Alle Anwesenden, die ihn kannten, waren überrascht. Die Blicke, die sie einander zuwarfen, besagten: *Okaaaay. Wir tun, als wäre nichts*. In einer Pause sprach ich die junge Frau an: »Mhm, also ... Sie und Ihr Vater ... das Kriegsbeil ist jetzt wohl begraben? Wie kam's dazu?« Sie nickte lächelnd. »Ach wissen Sie, wir haben eben beschlossen, unseren Streit beizulegen. Einfach so. ›Wollen wir die Sache nicht beenden?‹, habe ich ihn gefragt, und er nur so: ›Klar doch.‹ Also haben wir beschlossen, unseren ...« – »Streit beizulegen«, beendete ich den Satz für sie.

Vergebung kann sich sehr schnell einstellen oder erst Generationen später.

Du vergibst, wenn du so weit bist.

Du kannst dich an der Religion orientieren. Kannst Trost in den Berichten großartiger Menschen finden, denen es gelang, selbst schlimmste Verbrechen zu vergeben. Du kannst um die Stärke bitten, auch die andere Wange hinzuhalten. Und dann, wie ich für dich und alle anderen Beteiligten hoffe, eher früher als später ...

... wirst du vergeben. Sobald du dazu bereit bist.

Der Prozess des Vergebens

Der erste Schritt: Vergib dir, dass du nicht verzeihen willst.
Wer will schon verzeihen? Der Zorn fühlt sich doch so ... so ... so richtig an! Und das Gefühl, im Recht zu sein, macht so stark! Dieser Machtgewinn ist beinahe wie Gerechtigkeit. Und die bringt alles wieder ins Gleichgewicht. Was sich tröstlich anfühlt und guttut. Trost ist ja so *hmmmmm* besonders, wenn der Schmerz nachlässt.

Falls nötig, kannst du so anfangen: *Ich möchte diesem Arsch nicht verzeihen.* Und als LichtarbeiterIn empfindest du das Gewicht dieses Widerstands. Du sehnst dich natürlich nach Erleichterung – für euch beide. Versuch es deshalb hiermit:

> *Ich vergebe mir, dass ich nicht verzeihen will.*

Der zweite Schritt: Wünsche dir, zu verzeihen.
Mehr nicht. Du brauchst keinen Plan. Musst nicht überlegen, wann du vielleicht bereit bist, mit ihm mittagessen zu gehen, oder ob du ihn zu deiner Hochzeit einlädst. Du brauchst dir nicht zu überlegen, was du sagst, solltet ihr euch mal zufällig über den Weg laufen, oder ob du überhaupt je wieder ein Wort mit ihm wechseln willst.

Du brauchst nur den *Wunsch* zu haben, ihm zu vergeben, und schon bist du auf dem richtigen Weg.

Dir selbst vergeben

Sich selbst zu vergeben, ist unglaublich befreiend und der Ursprung jeder Liebe. Selbstvergebung ist unsere Verantwortung gegenüber anderen. Denn wenn man sich selbst vergibt, ist das für alle Beteiligten entlastend.

Die Wunden, die uns die Außenwelt zufügt, verschlimmern wir oft, indem wir uns selbst einen weiteren Schlag versetzen – uns etwa vorwerfen, das Unglück durch eigenes Zutun heraufbeschworen zu haben: *Ich hätte mich anders verhalten* müssen. Hätte klüger, stärker, weiser, schneller sein müssen. Ich hätte es *wissen müssen, hätte sensibler* (oder auch *unsensibler*) *sein müssen.*

Manchmal stimmt das sogar. Und trotzdem müssen wir uns vergeben. *Ich vergebe mir, dass ich mich nicht anders verhalten habe. Ich verzeihe mir, dass ich nicht klüger, stärker, weiser* oder *schneller war.* Vergib dir, dass du dich getrennt hast, dass du jemanden um etwas gebeten hast, das diese Person dir beim besten Willen nicht hätte geben können, dass du mehr verlangt hast, als dir zustand. Du lernst dazu. *Du hast dazugelernt.*

Besonders schwierig ist das Vergeben, wenn Verrat im Spiel ist. Und viel Leid, das wir uns gegenseitig zufügen, geht auf irgendeine Form von Betrug zurück.

Betrug ist eine so prägende Erfahrung, weil er dein Herz bloßlegt. Betrug wirft ein brutales Schlaglicht auf deine Treue und auf das, was du dir selbst vorgemacht hast. Von jemand anderem betrogen zu werden ist oft (wenn auch keinesfalls immer) ein Abbild des Betruges, den man an sich selbst begeht. Eine Lüge, die dir den Spiegel vorhält.

So einfach kann das sein: Du hast dich aus Angst zum Narren gemacht. Hast dich blind und taub gestellt, um das zu kriegen, was du zu brauchen glaubtest. Hast die Augen verschlossen, um der grausamen Wahrheit nicht ins Gesicht sehen zu müssen.

Also hat es dich kalt erwischt. Und jetzt erkennst du, dass auch du in diesem Spiel einen Part übernommen hattest. (Was den Betrüger definitiv nicht vom Vorwurf freispricht, ein hinterhältiger

Schmarotzer, ein notorischer Lügner oder manipulatives Arschgesicht gewesen zu sein.) Und dann, wenn du noch tiefer wühlst ... erkennst du, dass du vor irgendetwas Angst hattest.

Angst wovor? Die Antwort auf diese Frage ist sehr individuell, von Fall zu Fall verschieden. Und genau an dieser Stelle setzt du an. Verwandelst die Geschichte des Betrugs in einen Prozess des Verzeihens.

Dabei spielst du weder die Wahrheit runter noch den Schmerz, den du empfindest. Du versuchst auch nicht, deinen berechtigten Zorn zu ignorieren. Denn das würde deine *Herzintelligenz* entwerten.

Wie die Kunoichi des Lichts es mir gegenüber einmal ausdrückte: »Ich sehe im Verzeihen die Freisetzung überschüssiger, nicht benötigter Energie. Keine Storys drum herum, keine Feindschaft. Nur die Feststellung, dass es an der Zeit ist, diese Energie rauszulassen und auf einem anderen Weg weiterzugehen.«

Du lässt dich von Dingen aus der Vergangenheit nicht mehr beeinträchtigen. Wäschst dir die Geschichte ab, entnimmst ihr, was du für richtig hältst, und den Rest schickst du ins Licht, damit er einer besseren Verwendung zugeführt werden kann. Und du gehst weiter.

»Alles vergeben und verziehen« gilt auch für dich.

Sobald du dazu bereit bist.

Ohne
dich ändert
sich gar
nichts

10
DIENST DER SEELE

Bewusster Optimismus und ein Leben in Fülle

Ohne mich ändert sich gar nichts

Manchmal ist mein Herz so weit geöffnet,
dass ich nicht weiß, ist es eine klaffende Wunde
oder ein Einfallstor für alles, das je war und sein wird.

Den schönen Schrecken vor der Ewigkeit habe ich
lieben gelernt
und überlegt, wie groß mein Schock sein könnte,
wenn das Dunkle wüchse,
und ich hintenüber fiele, weil ich das Licht vergaß.

Im Weltraum aber kann man nicht zurückfallen,
sondern sich nur entfalten, entfalten, entfalten.

Kein Umstand ist mir so bewusst
wie dieser: dass ohne mich sich gar nichts ändert –
dass aus Kohle kein Diamant mehr entsteht,
dass Eier nicht mehr befruchtet werden,
dass sich keine Migrationsmuster herausbilden,
Träume der Medizin nicht in Erfüllung gehen.

Und was ich für ein Netz hielt, mir von einem höheren
Gott zugeworfen,

sind in Wirklichkeit Strähnen der Wahrheit und Fasern von
Begierde,
die ich eigenhändig miteinander verwoben habe.
Und in raren, kostbaren Begegnungen verknüpfe ich das,
was ich weiß, und das, was ich will, mit dir,
damit wir auf und davon reiten können in den Winden
des Staunens.

Ja, und …

Allmorgendlich erwache ich hin- und hergerissen
zwischen dem Wunsch, die Welt zu verbessern, und
dem Wunsch, mich an ihr zu erfreuen. Da ist es schwer,
den Tag zu planen.
E. B. WHITE

Ich schreibe in einem Zimmerchen im ersten Stock meines Hauses und habe mir kürzlich morgens einmal einen Moment Zeit genommen, um ganz bewusst die herrliche Aussicht auf mich wirken zu lassen: das viele Grün in meiner unmittelbaren Umgebung und etwas weiter entfernt die quirlige City. Aus meiner großartigen Anlage erklang Bachs Cello-Suite Nr. 1 in G-Dur, gespielt von Jo-Jo Ma. (Neben dem Weltfrieden sind richtig gute Lautsprecher eigentlich das Einzige, was ich mir je wirklich von Herzen gewünscht habe.) Die Sonne schien mir aufs Gesicht. Ich kann vom Schreiben leben.

Und ich dachte: »Es ist doch eigentlich richtig gut bestellt um die Welt.«

Unmittelbar darauf begannen gegenteilige, düstere Empfindungen an mir zu zupfen und mich aus diesem Moment der Zufriedenheit herauszuzerren: Der Junge ist übers Wochenende bei seinem Vater, und ich hätte ihn doch viel lieber bei mir. Das Heroinproblem in der Eastside wird auch immer ernster. Die Geschichte über die Kinderbräute im Senegal, die ich gestern Abend gelesen habe. Impfen und Autismus. Die Schüsse in Orlando ... Nizza ... Istanbul ...

Innerlich aufseufzend dachte ich: Ja, und ...

Ja ... und ich werde mich in Dankbarkeit üben. Ja, und ich werde alles tun, was in meiner Macht steht, um zu helfen. Licht ... und Dunkel. Dunkel und ... so viel Licht. Ja zu allem Guten und Schönen. Ja zu allem, das wir gemeinsam durchmachen.

Bewusster Optimismus

> *Ich werde angetrieben von zwei wichtigen Lebensanschauungen: Heute will ich mehr über die Welt wissen als gestern, und ich will das Leiden meiner Mitmenschen lindern. Überraschend, wie weit man damit kommt.*
> NEIL DEGRASSE TYSON

Es gibt viele Gründe, an der Zukunft der Menschheit zu verzweifeln. Die meisten springen einen schon morgens an, sobald man online geht. Das gefährdete Ökosystem. Menschenhandel. Dramatische Diskrepanzen, was wirtschaftliche Verhältnisse, Rasse und Geschlecht angeht – weltweit.

Aus spiritueller Sicht jedoch heißt es: *Um das Universum ist es bestens bestellt. Unsere Erleuchtung ist unausweichlich. Der Fortschritt ist nicht aufzuhalten.*

Ich bin fest davon überzeugt, dass wir eine erleuchtete Art zu leben und mitzuwirken erreichen werden. *Dass es um das Universum bestens bestellt ist, dass unsere Erleuchtung unausweichlich und der Fortschritt nicht aufzuhalten ist.*

Allerdings vertrete ich auch die Auffassung, dass eine Überspiritua-lisierung unsere globalen Tragödien nicht behebt, sondern sie ver-längert. Und ich glaube an den freien Willen. Wir haben also die Wahl: Hartnäckige Ignoranz kann dazu führen, dass sich unser Tempo verlangsamt und wir unser Ziel erst mit Verspätung errei-chen. Entscheiden wir uns dagegen für radikale Veränderungen, kommen wir effizienter dort an. Im Universum herrscht Willens-freiheit. Das heißt, dass beides möglich ist: Aufstieg *und* Nieder-gang. Es liegt ganz an uns.

Ich habe mir jahrelang keine Nachrichten angeschaut. Weil mir die immer irgendwie zu negativ waren. *Echt deprimierend.* Da ich total auf diesen New-Age-Lehrer abgefahren war, der immer sagte, wir sollten *unserem Geist nur positive Informationen zuführen*, hatte ich allen Nachrichtensendungen abgeschworen. Erleuchtung ist das aber nicht. Das ist Verleugnung. Nicht-wahrhaben-Wollen. Und von uns als Angehörigen des Kollektivs vollkommen verantwor-tungslos. Denn wir müssen einfach wissen, was bei uns los ist.

Es stimmt: Die Mainstream-Medien sind extreme Panikmacher, außerdem eine gut geschmierte Maschinerie zur Gewinnmaxi-mierung durch Werbeeinnahmen und Einschaltquoten. Sie bieten im Auftrag von Großunternehmen und gestützt durch das Publi-kum reine Gehirnwäsche. Die Massenmedien sind »**Konsensfab-riken**«, um es mit Noam Chomsky auszudrücken. Sie zeichnen nicht nur ein eindimensionales und verlogenes Bild von der Welt, sondern auch von unseren Überzeugungen. Denn sie ignorieren das Licht, das wirklich Positive und die Vernunft, die in der Welt wirksam ist. Infolge der Sensationsgier der Medien fühlen sich be-wusst denkende Menschen wie Außenseiter, und viele verlieren ganz die Hoffnung. Würden mehr wahre Nachrichten gesendet werden, könnten wir erkennen, dass der Großteil der Menschen über die Intelligenz und die Liebe verfügt, die nötig sind, um eine gesunde Welt zu gestalten.

Informationen stellen eine Form von Macht dar, die wir nicht ausschalten können. Wir müssen aber genauer hinhören und -schauen, um die Wahrheit darin zu erkennen, und dürfen diejenigen nicht aus dem Blick verlieren, die die Wahrheit zugunsten ihrer Interessen verdrehen.

Als Idealistin bin ich zwangsläufig die meiste Zeit über sauer. Was für mich aber völlig okay ist, weil ich es für eine vernünftige – und sehr produktive – Reaktion auf das Zeitgeschehen halte. Zorn ist besser als Apathie. Denn Zorn bringt Energie in Bewegung, und Apathie führt zu Verkalkung.

Über Jahre hinweg habe ich mich darauf konzentriert, was ich von der Astralebene aus für die Welt tun könnte – bis ich meine Definition des »Erwachens« auch auf die materielle Welt ausgeweitet habe.

Wir alle müssen aufwachen,
damit wir die Arbeit tun können,
die getan werden muss,
damit wir in der Welt leben können,
in der wir alle leben wollen.

Es ist ein guter Dienst, wenn das Materielle von einem guten Geist erfüllt wird. Es ist ein guter Dienst, informiert, wütend und mitfühlend zu sein. Es ist ein guter Dienst, rücksichtslos ehrlich mit den Tatsachen umzugehen – und dann hoffnungsvoll in die Zukunft zu blicken.

Geben

Es liegt nicht an der Last, wenn man unter ihr
zusammenbricht, sondern an der Art,
wie man sie trägt.
LENA HORNE

Mit der Entscheidung für einen spirituellen Weg entscheiden wir uns dafür, Gutes zu tun. Während unsere Liebe in aller Regel echt ist, sollten wir aber die Gründe für unsere Bereitschaft, etwas zu geben, analysieren, denn wir LebenshelferInnen neigen dazu, es ein wenig damit zu übertreiben.

Geben wir aus Bedürftigkeit oder einem Gefühl der Leere heraus, kann unsere Hilfe nie so effektiv sein, wie wir es gern hätten. Ein Zuviel des Gut(gemeint)en verdeckt vielleicht nur ein geringes Selbstwertgefühl und kann in ein nicht bewusstes Märtyrertum münden. Welches den Haken hat, dass sich dabei alles um die Bestätigung der eigenen Person dreht. Jede von uns hat Bestätigung verdient, aber es gibt gesündere Möglichkeiten, sie zu erhalten.

Natürlich gibt es Zeiten, in den wir alles geben, was wir nur geben können, und brechen dann zusammen, weil wir uns in unserer Euphorie total verausgaben und im Feuer der Hilfsbereitschaft ausbrennen. Uneingeschränkt zu geben, kann etwas sehr Schönes sein. Werden wir jedoch von der Unsicherheit dazu getrieben, einen leeren Tank immer weiter auszuquetschen, kann das schwere Folgen haben. Erstens fallen wir unweigerlich irgendjemandem zur Last, wenn wir uns einer Sache bis zur Erschöpfung verschreiben. Wir werden krank, launisch oder unzuverlässig. Und zweitens kann unsere Überforderung solche Formen annehmen, dass wir uns am Ende gar nicht mehr um die Sache kümmern, der wir uns verpflichtet haben. Wir sind so abgestumpft, dass wir keine Menschen mehr sehen, sondern nur noch Projekte. Wir empfinden kein Mitgefühl mehr, sondern Gleichgültigkeit. Tun wir nichts gegen den Burn-out, werden wir nicht nur uns selbst gegenüber gleichgültig, sondern verlieren auch die Verbindung zu den Menschen, denen wir ursprünglich Gutes tun wollten.

An dieser Stelle möchte ich den Unterschied zwischen Mit*gefühl* und Mit*leid* erklären. Beide gehen auf denselben Impuls zurück, doch Mitgefühl behält immer eine gewisse gesunde Distanz bei, während Mitleid die Gefahr birgt, sich im Leiden anderer zu verlieren. Dann nimmst du mehr Patienten an, als dir guttut, weil ja so großer Bedarf besteht, du machst Überstunden noch und noch, um das Team bei Laune zu halten, oder bietest zusätzliche Kurse an, weil du dich vor Anfragen kaum retten kannst. Irgendwann setzt sich dein ganzes Leben aus diesen kleinen Akten des Gebens zusammen. Hörst du damit auf – sei es aus freiem Entschluss oder aufgrund geistig-körperlicher Erschöpfung –, realisierst du womöglich, wie wenig Unterstützung du selbst hast. Da du nie Zeit hattest, dich um deine eigenen Interessen zu kümmern (welche waren das noch mal?), weißt du jetzt nicht, wo du deinen Urlaub verbringen sollst, und hast vermutlich nicht einmal jemanden, den du gern mitnehmen würdest. Dein Cortisolspiegel erreicht schwindelnde Höhen, und die Nebenniere macht dicht.

Aber helfen kannst du nur, wenn du auch helfen kannst. Und vielleicht kannst du im Moment eben nicht helfen. Die Überzeugung von der Fülle des Universums beinhaltet nicht, dass auch du als einzelne Person einen endlosen Energievorrat hättest, aus dem du schöpfen könntest.

Was verlangt dein Geben dir ab?

Eines will ich mit Sicherheit nicht: dich vom Geben abhalten. Die Welt ist auf deine Großzügigkeit angewiesen. Darauf, dass du wächst und dem Leiden in deinem Umfeld entgegentrittst. Und dafür brauchen wir dich stark, gesund, klar im Kopf. Aus den richtigen Gründen engagiert.

Und du wiederum musst auf dein Netzwerk vertrauen können. Denn wenn du mal eine Auszeit brauchst, kann jemand für dich einspringen und dabei womöglich weit über sich hinauswachsen. An diese kollektive Form des Gebens denkt die Poetin Tara Bracco: »Erinnerst du dich noch an den Musikunterricht in der Siebten, als die ganze Klasse einen bestimmten Ton gesummt hat? So stelle ich mir sozialen oder politischen Aktivismus vor: als ein einziges langes Summen. Fällt mal eine Stimme aus, bemerkt man das gar nicht, weil die anderen ja alle weitersummen.« Und zwischen deinen Aktivitäten ruhst du dich aus.

Wo anfangen, wenn du dich hilflos fühlst?

> *Heute ist unser Planet die einzige richtige »Peergroup«.*
> *Nehmen wir also freudvoll Anteil an den Leiden*
> *der Welt.*
> JOSEPH CAMPBELL

Du hast ein goldenes Herz, und dein Slogan lautet:

Ich möchte helfen. Aber wie?

Tragische Nachrichten voller Brutalität und Gewalt dringen an dein Ohr. Sie rühren dich zu Tränen, und du gibst dir etwas Zeit, sie richtig aufzunehmen. Anschließend atmest du einmal tief durch und willst deine Aufmerksamkeit wieder der Arbeit zuwenden. Doch du empfindest graue Verzweiflung, die sich wie ein Schatten auf dich legt. Als ob Hoffnungslosigkeit dein Herz belauert und nur darauf wartet, einzudringen und dich zu überfluten. An die Macht der Liebe glaubst du immer noch – denn du weißt ja, dass die Menschheit über die nötigen finanziellen und intellektuellen Ressourcen verfügt, um auf die Situation einzuwirken. Aber als du im selben Moment von einer weiteren menschlichen Tragödie erfährst, stammelst du: *Ich will ja helfen. Nur wie?*

Eins ist in unserer globalisierten Welt nun mal Fakt: Tag für Tag leben, atmen, essen und arbeiten wir wieder nach einer neuen Tragödie. Ständig müssen wir durch das Chaos navigieren, das unsere kollektive Habgier und Intoleranz anrichten: posttraumatisches Belastungsstörung, sekundäre Traumatisierung, Depressionen, Hoffnungslosigkeit, Gewalt. Marianne Williamson drückt es in ihrem ergreifenden Buch *Tears to Triumph* so aus: »Die moderne Zivilisation ist selbst zu einem deprimierenden Phänomen geworden, denn die Prinzipien, denen sie sich verschrieben hat, berauben den Menschen vom Gefühl der Verbundenheit und der Ganzheit, ohne die jedoch Glück nicht entstehen kann.«

Der Schmerz – jener psychische Schmerz, den jeder offene, aufrichtige Mensch kennt – nimmt zu.

Wo willst du anfangen, wenn das ganze Chaos, das in der Welt herrscht, auch dich durcheinanderbringt?

Gloria Steinem hat einen guten Rat anzubieten: **Arbeite an dem, was dich am meisten schmerzt.** Such dir ein Problem aus. Irgendeines. Fang damit an, dass du genau hinschaust. Spür den Schmerz. Lass die Verzweiflung zu. Und dann … entscheidest du dich für eine Sache und gibst deine Liebe dort hinein.

Du führst, wie du lebst, musst du wissen. Dein Herrschaftsgebiet ist die Liebe – und das ist riesig. DU und dein Leben – ihr seid die Revolution.

Setz deine Stimme ein. Mach Krach. In den sozialen Medien kann jede(r) zum Sender werden. Also nutz deine Plattform, auch wenn es sich dabei nur um das Thanksgiving-Dinner mit der Verwandtschaft handelt. Fall den Leuten wie blöd auf den Wecker mit all den Dingen, die deine Besorgnis erregen. Sei bereit, keine Likes zu bekommen. Lass dich nicht von Widerstand umwerfen. Trau dich, IdealistIn zu sein. Eine deiner Bemerkungen kann zum Auslöser einer neuen Idee werden und Verbesserungen bewirken. Die Zukunft hört dir zu. Also mach den Mund auf.

Setz dein Geld ein. Weil nur noch wenige regelmäßig in die Kirche gehen, fällt die Kollekte nicht sehr hoch aus. Also entscheide dich für einen guten Zweck, erkläre ihn zu deiner Kirche und spende jeden Monat einen gewissen Prozentsatz deines Gehalts dafür. (Auch wenn du finanziell gerade mal so über die Runden kommst, kannst du bestimmt etwa zwei Prozent erübrigen, ohne groß etwas zu vermissen.) Na komm schon, tu es. Steigere dich. Auf die Beständigkeit kommt es an – sie hält deine Liebe und Aufmerksamkeit lebendig.

Und hey, all ihr Wellness-UnternehmerInnen und Empowerment-BloggerInnen: Wie wär's, wenn ihr auch etwas Geld gebt? Leute, die Geschäfte gründen, um die Welt zu verbessern, denken gern, dass es damit schon getan wäre. Stimmt aber nicht. Deshalb solltest du mit jedem Produkt oder Projekt, das du entwickelst, nicht nur versuchen, das Bewusstsein zu erweitern, sondern auch Spenden aufbringen.

Setz deinen Körper ein. Schnapp dir einen Hammer. Heb eine Kiste hoch. Adressiere Briefumschläge. Drück deine Gebete in engagierter Arbeit aus. Widme die Asanas deiner nächsten Yoga-Stunde nicht dem Wiederkäuen deines eigenen Kummers, sondern Eltern, die um ihr Kind trauern. Tanze für Ersthelfer einen Dankbarkeitstanz in deiner Küche. Tanze auch für Menschen, die in einem Kulturkreis leben, in dem ekstatische Bewegungen verboten sind.

Setz deine Seele ein. Schick Licht! Du glaubst doch daran, also tu es auch. Sobald du dir die Tränen getrocknet hast nach der letzten Schießerei oder einer erschreckenden Schlagzeile, nimmst du dir vier – oder besser noch: zwanzig – Minuten Zeit, um in aller Stille dazusitzen und den Menschen, dem Volk, dem Ort oder der Situation, die es gerade besonders brauchen, Liebe, positive Energie, Heilung, Licht und Gebete zukommen zu lassen. Wie oft sagen wir »Ich schick dir meine Liebe«? Dann sollten wir es aber auch tun.

Lenk dein Bewusstsein zwischendurch immer mal wieder in die Situationen und an die Orte, an denen es benötigt wird, Tag für Tag.

Meditiere auch unterwegs. Widme deine U-Bahn-Fahrten der Linderung der Schmerzen von Menschen mit Behinderungen. Spreche oder denke dabei wiederholt die folgende buddhistische Segensformel:

Mögen alle Lebewesen überall frei und *glücklich sein*, und möge ich mit meinen Gedanken, Worten und Handlungen auf bestmögliche Weise dazu beitragen.

Denk vor dem Einschlafen an eine bestimmte Person und wünsch ihr alles Gute. Entzünde vor dem Frühstück eine Kerze für Menschen, die gegen den Krebs kämpfen. Mach einen Spaziergang und denk an unseren Planeten statt ans Geschäft: *Mögen die Ozeane gereinigt werden, mögen die Bäume Verehrung erfahren, möge sich die Politik für die Erdatmosphäre einsetzen. Gesegnet seien die Böden, die Haie, die Bürgersteige, die Müllmänner, die Bienen. Mögen wir geheilt werden von Pestiziden und Giften; mögen auch die Atomkraftwerke geheilt werden. Meine Liebe gilt den VerbraucherInnen, die es mit dem Konsum übertreiben, genauso wie den Bauern, die das Saatgut schützen ...*

Oder du wählst eine andere Form der meditativen Segnung: Bedenke einen Menschen, einen Ort oder den gesamten Planeten mit bestimmten Worten oder Gedanken: *Friede. Verständnis. Gleichheit. Grün. Schöner. Gesundheitsvorsorge. Verträge. Frische Luft. Liebevolle Eltern. Verbundenheit. Anerkennung. Musik. Güte ...*

Segne die Welt wie eine heilige, verehrte Gottheit, obwohl du nur ein Mensch bist. Schick einem Ort Licht, bevor du ihn verlässt, zum Beispiel so: »Mögen alle, die hierherkommen, samt ihren Herzenswünschen gesegnet sein.« Lebensmittelläden, Tankstellen, öffentliche Toilettenanlagen, Klassenzimmer, die Veranda der Nachbarn – für eine Segnung sind alle Orte geeignet.

Segne alle Babys, die heute geboren werden. »Mögen alle euch wahrnehmen und lieben, was sie sehen.« Gehst du eine Straße entlang, kannst du jede Person, die dir entgegenkommt, stumm wissen lassen: »Du schaffst es!«

Werde zur Dirigentin tiefer Akzeptanz. Umfassender Gnade. Und wenn die Situation dich überfordert, überlass der Liebe die Regie.

Nach dem Licht suchen

Such das Licht mit größerer Intensität als je zuvor. Denn bei all der Düsternis und Verwirrung, die auf diesem Planeten herrschen, besteht genau darin der wahre Glaube – der Glaube, dass du das Licht immer finden wirst.

Lass nicht nach in deiner Dankbarkeit für das Gute und Wunderbare. Stumpf nicht ab. Sondern stell Fragen, um an Stärke hinzuzugewinnen. Du wirst zornig sein. Und manchmal am Boden zerstört. Aber vernachlässige selbst an Tagen, an denen du partout kein Mitgefühl aufbringen kannst, nicht das tief in dir verwurzelte Wissen: dass Mitgefühl Licht in die Dunkelheit bringt.

Sobald deine Seele auf die Suche geht, findest du immer zum Licht. Überall.

Du selbst
bist die
Antwort
auf deine
Frage

11
DU BIST DER GURU
Die heißeste Wahrheit überhaupt

Achte mit Sorgfalt darauf, dass die Wechselhaftigkeit
deiner Gedanken, die grünende Kraft,
die du von Gott hast, in dir nicht dürr wird.
HILDEGARD VON BINGEN

Ein Guru-Jünger

Mein Kumpel Angus hat mal das Haus eines seiner Freunde gesittet, eines überaus erfolgreichen amerikanischen Geschäftsmanns, Typ Silicon Valley. Riesenvilla, Whirlpool mit Blick über ein Tal und *weißer Teppichboden*. Ich wohnte damals in einem 26-Quadratmeter-Apartment und war noch nie in einem Haus mit weißem Teppichboden gewesen.

Als ich Angus dort besuchte, fiel mir auf, dass in jedem Raum dieses Megahauses ein Altar für den Guru des Geschäftsmannes errichtet war. Das Büro beeindruckte durch ein Arrangement aus Fotos des Gurus, Meditationskissen und Malas (Gebetsketten). Auch über dem Herd hing ein laminiertes Bild von ihm. Auf dem Gästeklo fühlte ich mich ... irgendwie beobachtet. Von wem? Richtig. Über dem Handtuchhalter prangte ein weiteres Konterfei des Gurus. Mit breitem Lächeln.

Nachdem wir unseren Rundgang durch das Haus beendet hatten, setzten Angus und ich uns im Salon vor den Kamin, über dem ein gold gerahmtes Poster des – klar, du kannst es dir schon denken – Meisters hing. Bis dato war der Altar, den eine Klassenkameradin an der Highschool im Schlafsaal für *Duran Duran* eingerichtet hatte, der einzige Schrein, den ich bisher gesehen hatte, abgesehen von dem Altar in meiner katholischen Kirche. Daher waren für mich diese Altäre hier etwas total Neues und irgendwie auch schräg. Denn besagter Geschäftsmann war ein typischer Weißer, Anzugträger und Volvo-Fahrer. Während es sich bei dem Guru um einen Inder mit ansehnlichem Afro handelte, der offenbar pausenlos lächelte und eine bodenlange orangefarbene Tunika trug. Irgendwas passte da nicht.

Vor Altar Nummer neununddreißig ließen wir uns in unsere Sessel sinken. Angus betrachtete das Arrangement für den Guru, schaute dann mich an und fragte in seinem breiten Londoner Akzent: »Und, wie find'ste das so alles?« Da wir gerade einen dicken Joint geraucht hatten, war meine innere Redakteurin außer Dienst. Also rollte ich nur mit den Augen und sagte: »Was für ein Oberdepp!« Nach einigem Kichern hakte Angus nach: »'n bisschen too much, oder?« Dann lehnte er sich zu mir rüber und flüsterte, wohl teils aus Respekt vor dem Hausherrn und teils für den Fall, dass uns der Meister belauschte: »Weißt du, der trifft keine Entscheidung, ohne vorher seinen Guru um Rat gefragt zu haben – sogar, wenn's um den Urlaubsort geht.« Woraufhin wir uns, stoned wie wir waren, halb totlachten und danach auf der Suche nach Eiscreme in die Küche schlugen.

Einige Jahre später rief mich ein anderer Kumpel an: »Hey, hast du schon mal was von Sathya Sai Baba gehört?« Klar doch. »Der Sami mit dem Afro und den orangenen Kleidern. Ja, den kenne ich.«

»Okay, dann pack deine Koffer, wir fliegen nach Indien.« Ich musste es selbst sehen. Binnen eines Monats betrat ich den Aschram des Meisters, mit Frangipani-Blüten im Haar.

Auf Knien

Ähnlich wie musikalische Wunderkinder ihre Eltern mit Konzerten auf dem Spielzeugklavier aus den Socken hauen, beeindrucken auch manche »Gurus« bereits in frühester Jugend durch ein geradezu geniales Verständnis der universalen spirituellen Grundlagen. Auf ihrem Weg zum spirituellen Meister können sich übernatürliche Kräfte entwickeln wie etwa die Fähigkeit zur Bilokation oder das spirituelle Heilen von Krankheiten. Dann folgen Berichte über die Euphorie ihrer Anhängerschar und über Heilungen, die Menschen in der Gegenwart des Gurus erfahren haben.

Im Westen aufgewachsen und katholisch sozialisiert wie ich war, stellte für mich in puncto spirituelles Superheldentum Jesus Christus den zentralen Bezugspunkt dar. Als ich realisierte, dass er nicht der einzige Mensch war, der übers Wasser laufen oder Brot und Fische vermehren konnte, war ich wie elektrisiert. Nicht etwa, weil meine Jesus-Verehrung dadurch infrage gestellt worden wäre, sondern weil mir die Vorstellung einer demokratischen Verteilung der göttlichen Kräfte gefiel – die Idee einer Welt voller angehender WunderarbeiterInnen, anerkannt und bestens dokumentiert.

Nun, wenn du anfängst, dich mit Swamis zu beschäftigen, wirst du schnell das Gefühl bekommen, das Wort »kontrovers« sei eigens für sie erfunden worden. Spirituelle Fähigkeiten, Unmengen von VerehrerInnen, erhebliches Spendenaufkommen, aufwendig gestaltete Tempel – Gurus bieten reichlich Stoff für Gerüchte. Klassisches Beispiel: Sai Baba, bekannt für seine Wundertätigkeit. Selbst skeptische Freunde von mir konnten sich von seinem Zauber überzeugen. Ein paarmal wedelte er mit der Hand und – voilà – fiel eine Goldkette heraus, die er einer von Ehrfurcht schier überwältigten Besucherin des Tempels um den Hals legte – vielen von ihnen, einer nach der anderen. Ganz großes Blingbling! (Wenn du dir selbst eine Meinung bilden willst: Auf YouTube kannst du es dir anschauen.)

Menschen priesen Sai Baba für seine Fähigkeiten, für seine Botschaften von der Liebe und vom selbstlosen Dienen, für seine hervorragende Universität und das erstklassige Krankenhaus (selbst aus New Jersey kamen Patienten nach Indien, um sich kostenfrei am offenen Herzen operieren zu lassen). Daneben wurde er der Hochstapelei und des sexuellen Missbrauchs – vorzugsweise junger Männer – beschuldigt. Was die Besucherströme in seinen verschiedenen Tempeln keineswegs zum Versiegen brachte.

An meinem ersten Tag im Ashram stand ich gegen vier Uhr morgens auf, um mich in die Schlange vor dem großen Eingangstor zum Tempel einzureihen. Es war unglaublich, beinahe surreal. Hahnengeschrei übertönte die Mantras, die aus blechernen Lautsprechern drangen, und über den staubigen Gässchen lag der rötliche Schimmer der Morgensonne. Die kollektive Vorfreude auf die Begegnung mit Baba schien mit Händen zu greifen. Für ein paar Rupien wählte ich mir aus einem Blumenkörbchen einige Blüten aus. Und ich trug sogar – was mir heute richtig peinlich ist – ein Bindi auf der Stirn. (Was so ähnlich ist, wie sich als weißes Mädchen im Urlaub auf Jamaika Dreadlocks machen zu lassen. *Knirsch.*)

Innerhalb der Mauern des Ashrams ist Blickkontakt zwischen Angehörigen der verschiedenen Geschlechter verboten. Wirst du dabei erwischt, kannst du sicher sein, dass eine der älteren Frauen mit einem Fingerschnippen dazwischengeht. Vor den beiden getrennten Eingängen zum Tempel standen Aberhunderte von Männern und Frauen an.

In jener Woche passte ich mich den herrschenden Regeln an. Ich chantete. Ich betete. Ich meditierte. Ich beobachtete sorgfältigst. Und obwohl ich heute vermute, dass ich als Anfängerin auf spirituellem Gebiet wohl zwangsläufig noch einen verzerrten Blickwinkel hatte, dachte ich damals nur: *Das ist ja total freudlos hier.* So sehr ich mich auch darum bemühte, konnte ich während meines ganzen Aufenthaltes doch nichts erwähnenswert Beglückendes ausmachen. Die Gruppe deutscher BesucherInnen, die in ihren brandneuen weißen Tuniken auf dem Gelände umherstolzierte, fand ich zum Brüllen komisch, so aufgeblasen kamen sie mir vor. Aber gelacht wurde nie.

Wenn Sai Baba allmorgendlich an uns ordentlich in Reih und Glied Knienden vorbeischlurfte und einige seiner Fans ihm mit weit aufgerissenen Mündern und total euphorisierten Mienen entgegenstarrten, lief mir ein Schauer über den Rücken. Ich war so ungeduldig, so begierig und so aufgeschlossen; was ich mir ersehnte, war eine Übertragung zur Erhebung meiner Seele. Doch ich musste ständig denken: *Ihr armen Würstchen, ihr!*

An meinem letzten Tag kniete eine dieser ekstatischen Jüngerinnen neben mir. Sie kam von der Ostküste der Vereinten Staaten. »Wann bist du hergekommen?«, fragte ich sie leise. »Vor drei Jahren«, gab sie zurück.

»Soll das heißen, dass du vor drei Jahren zum ersten Mal hier warst oder dass du seither im Ashram lebst?«, hakte ich nach.

Ihre Antwort lautete: »Ich bin gekommen, um zu bleiben«, und ein gewisses Leuchten legte sich über ihr Gesicht.

Sie hatte einen nach Frangipani-Blüten duftenden Brief von Sai Baba erhalten – und da der sich eigentlich nie hinsetzte und sich auf Englisch an irgendwelche Amerikanerinnen wandte, konnte es sich nur um ein göttliches Schreiben handeln, in dem sie aufgefordert wurde, zum großen Meister nach Indien zu kommen. »Also habe ich Mann und Kinder verlassen, um bei Vater Baba sein zu können«, erklärte sie mir mit einem verträumten Seufzen. Okay, jetzt wurde es richtig interessant.

»Aha. Wie alt sind denn deine Kinder?«, erkundigte ich mich.

Sie war so ausgeflippt, dass ihr offenbar gar nicht auffiel, wie hart ich, die alleinstehende, damals noch kinderlose Braut, da gerade mit ihr ins Gericht ging. »Zwölf und fünfzehn.«

Um ihr doch noch eine Gelegenheit zu geben, ihre mütterlichen Qualitäten unter Beweis zu stellen, fragte ich: »Waren sie mal zu Besuch hier?«

Woraufhin sie nur den Kopf schüttelte. »Nööö, nie.«

Da fiel mir dann auch nichts mehr ein. Also lächelte ich sanft und nahm die übliche Gebetshaltung ein wie alle anderen auch.

Obwohl ich gar nicht lange im Ashram war, wurde ich, wie immer in extrem reglementierten Verhältnissen, bald richtig unruhig und sehnte mich auch nach so verbotenen Dingen wie Zigaretten und voll lautem Led-Zeppelin-Sound. Au weia! Mental reagierte ich ziemlich vorhersehbar auf die herrschende Disziplin. Mein Herz aber rührte sich ebenfalls. Und es wurde schnell klar, dass ich für diese Szene einfach nicht gemacht war.

Vorgeschmack auf die Verzückung

Sai Baba sollte nur einer von vielen Gurus und Weisen sein, die ich im Laufe der Jahre aufsuchte. Mit ihm beziehungsweise seinem ganzen Drumherum verbindet mich gar nichts, mit anderen spirituellen LehrerInnen und MeisterInnen dagegen habe ich unglaublich positive, energetisch sehr wirksame Erfahrungen gemacht (und mache sie bis auf den heutigen Tag). Es war im Grunde ideal, dass am Anfang meiner Erkundung der Dynamik innerhalb einer Anhängerschar Erfahrungen standen, die mich misstrauisch machten. Sie sorgten dafür, dass ich kritisch und wachsam blieb.

Dennoch gierte ich nach Wundern und danach, durch die Vermittlung eines erleuchteten Menschen mit transzendentalem Bewusstsein ausgestattet zu werden. Und einen Vorgeschmack auf die Verzückung, nach der ich mich sehnte, sollte ich tatsächlich bekommen.

Die erste Erfahrung dieser Art hatte ich in Santa Fé, New Mexico, bei einer Veranstaltung mit Karunamayi, einer liebevoll »Amma« (»Mutter«) genannten Swamini (nicht zu verwechseln mit Amritanandamayi, die ebenfalls als Amma bekannt ist und für die Umarmungen, die sie freigiebig verteilt). Schon in früher Kindheit hatte sie spirituelle Sanskrit-Verse übersetzt und ausgelegt. An jenem Abend in der Begegnungsstätte sprach sie von der umfassenden, der göttlichen Liebe, die um der Schöpfung willen alles erträgt. Mein Freund Navjit und ich hatten geplant, uns erst die Umarmung (Darshan) zu holen und danach durch die Klubs zu ziehen. Also hockten wir da in unseren Timberlands und Kunstlederhosen, gespannt wie die Flitzebögen: auf den Satsang genauso wie auf das Abhotten später.

»Meine lieben Kinder, ihr alle«, begann Amma mit ihrer weichen Stimme und dem schweren indischen Akzent. »Wenn ihr sauer seid, übergebt Mama euren Zorn. Mama wird ihn euch abnehmen. Wenn ihr nicht weiterwisst, übergebt Mama eure Verwirrung. Mama trägt sie für euch.« Einfach meinen ganzen unaufgelösten, destruktiven Mist Gott übergeben? Aber sollten wir denn nicht vielmehr hart an uns arbeiten und uns dem Schöpfer dann in unserer Positivität und Gewissenhaftigkeit präsentieren? Meinen Zorn einfach nach oben abgeben? Für mich als überambitionierte Katholikin war das eine harte Nuss.

Als das Handauflegen dran war, stellte ich mich schüchtern in die Reihe derer, die Ammas Segen empfangen wollten. Alle, die vor mir standen, waren still und gefasst. Ich selbst erwartete mir nicht viel. Aber sobald sie mir ihre Hände auf den gesenkten Kopf legte, fing ich an zu weinen. Bald zogen sich kobaltblaue Mascara-Spuren über meine Wangen. Es war, als sei mit Ammas Berührung meines Scheitels ein Wasserhahn aufgedreht worden. Der beste Ausdruck, den ich für dieses Wahnsinnsgefühl finden kann, wäre »gehalten« – ich fühlte mich *gehalten*. Und der einzige Gedanke, den ich zu fassen bekam, lautete: *So muss es sein, von Gott gehalten zu werden.*

Ein anderes Mal hatte ich mit fünf meiner FreundInnen die einmalige Gelegenheit, dem Dalai Lama zu begegnen. Nach einer lockeren Gesprächsrunde voller Gelächter und philosophischer Erkenntnisse nahm Seine Heiligkeit zum Abschied jeden von uns in den Arm und schaute uns bei dieser Gelegenheit ganz tief in die Augen. So etwas habe ich weder vorher noch danach je wieder erlebt. Und ich könnte schwören, dass ich in seinen Augen das Weltall gesehen habe, nicht rein metaphorisch, sondern in seiner ganzen Weite. Dieser Blick war eine Übertragung liebender Güte, die, da bin ich mir ganz sicher, der Ewigkeit entstammte. Der Austausch vermittelte mir ein Gefühl für die Zeitlosigkeit der wahren Liebe – die für mich dadurch nur noch begehrenswerter wurde. Mit einem einzigen Blick hatte Seine Heiligkeit die Standards meines Verhältnisses zur gesamten Menschheit neu ausgerichtet. Für einen komplexbeladenen Normalmenschen sind diese unfassbar hoch – zugleich aber auch die Einzigen, die wirklich zählen.

Von *Gehaltensein* zu *Weite*. Vom heiligen Weiblichen zum heiligen Männlichen. Von Betrugs- und Skandalgeschichten über erlebte Wunder. Erwartungsvoll trieb mich mein Herz weiter ... auf der Suche nach den wahren Meistern ... doch immer vorsichtig.

Die Wissenschaft der Hingabe

> *Unser Herr Buddha hat gesagt, dass wir etwas Gesagtes nicht nur deshalb glauben sollen, weil es gesagt ist; noch Überlieferungen, weil sie vom Altertum her überbracht worden sind; noch Gerüchte als solche, noch Schriften von Weisen, weil Weise sie geschrieben haben; ... noch aufgrund der bloßen Autorität unserer Lehrer oder Meister. Aber wir sollen glauben, wenn die Schrift, die Lehre oder der Ausspruch von unserer eigenen Vernunft & unserem Bewusstsein bestätigt wird.*
>
> HELENA PETROVNA BLAVATSKY, *DIE GEHEIMLEHRE.*
> *DIE VEREINIGUNG VON WISSENSCHAFT, RELIGION*
> *UND PHILOSOPHIE*

Wer könnte besser über den Guru-Kult Auskunft geben als ein Guru persönlich? Guru Singh ist ein amerikanischer Yogi in dritter Generation und war zwanzig Jahre lang der Schüler von Yogi Bhajan, dem Guru, der mit anderen zusammen das Kundalini-Yoga im Westen bekannt machte. Ich finde ihn super. Habe allergrößten Respekt vor seinen Lehren, seinen Lehrmethoden, aber vor allem vor seinem Umgang mit anderen Menschen.

Das Sanskrit-Wort »Guru« definiert Guru Singh so: »»Gu‹ bedeutet Dunkelheit – das Fehlen jeglichen Lichts – etwa bei Unwissenheit und Verwirrung. ›Ru‹ steht für Licht ohne eine Spur von Dunkelheit – steht also für das genaue Gegenteil von Dunkelheit, für Licht und Klarheit. Das Wort ›Guru‹ bedeutet also ›Licht ins

Dunkel bringen‹ und bezeichnet jemanden, der lehrt, wie die Finsternis erhellt werden kann; einen, der Licht ins Dunkel der Unwissenheit bringt.«

Wie für Sikhs üblich trägt Guru Singh stets Tunika und Turban. An dem Tag, an dem wir uns trafen, war er ganz in Weiß gekleidet und hatte ein türkisfarbenes Tuch um. Ich sah ebenfalls aus wie üblich, hatte enge Jeans an und wallende Haare.

»Ob Sie mir wohl bitte die Dynamik der Ergebenheit erklären könnten?«, fragte ich ihn. »Ist darunter zu verstehen, dass man sich einer fremden Autorität beugen muss? Denn ...« Ich stählte meinen Blick, um zum Ausdruck zu bringen: *Hey, nun mal Klartext, das kann ja wohl nicht richtig sein.* Ihm war sofort klar, worauf ich hinauswollte. Guru Sing kapiert immer sofort, worauf man hinauswill.

»Ergebenheit ist die Wissenschaft der Hingabe. Ein Zustand ohne Blockaden und Barrieren. ›Objektfrei‹, also ohne auf irgendjemanden oder irgendetwas gerichtet zu sein. Und wenn keine Barrieren bestehen, kannst du jegliches Wissen aufnehmen, das in dem Moment verfügbar ist.«

Demnach geht es also gar nicht um die Gurus selbst. Sondern um etwas bedeutend Größeres. Was die Paradigmen vieler Glaubensanhänger zerschmettert, die ihre gesamte Hoffnung auf die Erleuchtung in einen einzigen Meister setzen.

In Gedanken versunken nicke ich. Guru Singh vermittelt seine Informationen auf beinahe musikalische Weise, sodass sie einen nie überfordern oder in die Ecke treiben. Sie wirken eher wie ein Lied mit Anfang, Mittelteil und Ende. »Da im Zustand der Ergebenheit alle Abwehrmechanismen außer Kraft gesetzt sind, nimmst du absolut alles in dich auf. Und befindest du dich zu dieser Zeit gerade in der Gegenwart eines ›Gurus‹, absorbierst du eben dessen spirituelle Kraft.«

Denk mal darüber nach. Gurus und andere spirituelle Autoritäten werden ja oft als Verteiler der Weisheit betrachtet und wahrgenommen. Daraus kann die Vorstellung entstehen, dass die AnhängerInnen dieser »Zuteilung« für würdig betrachtet werden müssen. Ob die Geschenke aber verteilt werden oder nicht, hängt ganz vom Guru ab.

Das stellt uns wieder einmal auf einen Platz außerhalb, von wo aus wir uns den Weg nach innen erst verdienen müssen. Das verlangt eine ganz andere Energie, als sich nur für mehr Wissen zu öffnen. Das Erste wird von außen angeregt, das Zweite kommt von innen.

Das Ringen um Anerkennung verlangt viel Energie und kann dich davon ablenken, die Gaben zu erkennen, über die du bereits verfügst.

Lass uns das mal im Einzelnen durchspielen. Du sitzt vor einem großartigen, spirituell hochbegabten Wesen – einem Guru. Mit geschlossenen Augen sitzt ihr euch gegenüber.

Nun stellst du dir vor, du würdest versuchen, von dieser Person gesegnet zu werden. Mit all deiner Kraft und Energie könntest du Folgendes aussenden: *Sieh her, nimm mich wahr. Ich bringe dir meine Liebe dar. Spürst du meine Güte? Bitte segne mich. Kannst du mich verstehen?* Schreckliche Angst ergreift dich, die deine Aufmerksamkeit auf deine Gier nach Anerkennung lenkt. Du bist voll auf das konzentriert, was dir fehlt, du siehst immer wieder deinen Mangel. Das führt zu Erschöpfung, beeinträchtigt dein Konzentrationsvermögen und blockiert dich, das zu empfangen, was du dir am meisten wünschst.

So. Und nun stellst du dir vor, du sitzt einem großartigen, spirituell hochbegabten Wesen gegenüber ... und versuchst nicht, irgendetwas von ihm zu bekommen. Keine Bestätigung, keine Informationen. Du bist einfach ... offen. Gehst ganz in deiner Offenheit auf. Das ist der Zustand der Ergebenheit. Und im Zustand dieses umfassenden, vertrauensvollen Bewusstseins kannst du alles empfangen, was sich dir eröffnen will. Noch wichtiger aber: Du spürst auch alles, was bereits in dir vorhanden ist, entfaltest dich weiter, erschließt dir dein volles Potenzial.

Dies ermöglicht einen *Austausch*. Oder wie Guru Singh es ausdrückt: »Der Guru ist die Landkarte ... du die Person, die den Weg geht, alles erlebt. Und er entfacht den Meister beziehungsweise die Meisterin in dir.« Was an Feuer fehlt, vermag dir niemand zu geben. Unter den richtigen Umständen aber können die Flämmchen, die du bereits in dir hast, geschürt werden – das Licht, der G*uru*.

Letztendlich geben wir uns der Möglichkeit hin, unser meisterliches Selbst zu werden.

Machtkämpfe

Ergebenheit und Kraft, spirituelle Führer und Anhänger ... da kann so viel schiefgehen. Es gibt spirituelle Übermenschen, Magier und erleuchtete Lehrer. Manche sind LichtarbeiterInnen und andere ... arbeiten im Schatten.

Ich glaube wirklich, dass begabte EsoterikerInnen Dinge – Goldketten und so – herbeizaubern können. Nicht mit Zaubertricks à la David Copperfield, sondern durch Einflussnahme auf die Dimensionen, die Abstraktes verdichten können. Auch bin ich von ganzem Herzen der Überzeugung, dass es Menschen gibt, die durch Wände gehen, sich an zwei Orten gleichzeitig aufhalten, energetische Operationen durchführen und vermeintlich unheilbar Erkrankte kurieren können. Durch Beeinflussung der Dimensionen. Unerklärliche Wunder eben.

Aber ... dass jemand in der Lage ist, sogenannte Wunder zu vollbringen, heißt noch lange nicht, dass diese Person auch lautere Absichten verfolgt. Metaphysisches Geschick ist keine Garantie für spirituelle Integrität.

Manche der weithin bekannten LichtarbeiterInnen sind nichts als verkappte Hausierer der Finsternis. Sie wissen, wie man anderen Energie abzieht, zur eigenen Stärkung oder um einen (womöglich heilsamen) Effekt zu erzielen. Von solchen Leuten hätte Nietzsche wohl gesagt, sie würden »im Trüben fischen«. Was die »Heiler« unter ihnen betrifft, schaffen sie es vielleicht, einen Teil deines Körpers zu kurieren, dafür sorgen sie in einem anderen für Unordnung. Es ist so, als würde die Autobatterie geladen, während gleichzeitig das Öl abfließt – das heißt, man kriegt zwar einen gewissen Energieschub, doch mit dem Organismus stimmt irgendetwas nicht.

Lass dich also nicht von Metafähigkeiten blenden. Heilarbeit oder Hellsichtigkeit sind großartige Begabungen, um aber die damit verbundenen Absichten erkennen zu können, müssen wir hinter den Vorhang lugen. Besonders auf diesem Gebiet ist Qualität sehr schwer zu beurteilen. Deshalb musst du lernen, mit Herz und Verstand hinzuschauen und Vertrauen zu entwickeln, ohne das Hinterfragen aufzugeben. Denn es ist wichtiger für dich, an dein Urteilsvermögen zu glauben als an die Heilkraft eines anderen.

Werfen wir in diesem Zusammenhang doch einmal einen Blick auf einige der großen spirituellen HeldInnen des vergangenen Jahrhunderts. Mahatma Gandhi – eine Ikone des Freiheitskampfs gegen Unterdrückung und Ungerechtigkeit, stimmt's? Nun, er soll aber auch ein sexuell eher unorthodoxes Verhalten an den Tag gelegt haben, wie es heißt. Um sein Keuschheitsgelübde auf die Probe zu stellen, das er mit achtunddreißig abgelegt hatte (obwohl er verheiratet war), sollen junge Frauen, unter anderem seine Großnichte, im selben Bett wie er geschlafen haben. In den Ashrams führte er Keuschheitsexperimente durch: Männer und Frauen sollten zusammen baden und in einem Raum schlafen, und sie wurden bestraft, sobald auch nur ein Wort zwischen ihnen fiel. Tja, das ist wohl auch eine Form von Friedenserziehung.

Was Reverend Dr. Martin Luther King jr. betrifft, weist einiges darauf hin, dass er neben seiner Ehe eine ganze Reihe Affären hatte. »Wir alle kannten das biblische Verbot außerehelicher Beziehungen und befürworteten es auch«, schrieb Ralph David Abernathy, sein engster Freund. »Nur dass es ihm eben besonders schwerfiel, der Versuchung zu widerstehen.« Und Mutter Teresa? Ärzte, die die eher unzureichende medizinische und hygienische Versorgung ihrer Patienten untersuchten, kamen zu dem Schluss, dass sie »das Leiden der ihr Anvertrauten eher glorifizierte, als es zu lindern«.

Helden wollen eben Helden bleiben.

Einerseits machen uns kleine Schwächen natürlich noch lange nicht zu Schwindlern oder Betrügern; sie sind einfach nur menschlich. Von uns ist niemand perfekt, also sollten wir das auch von unseren HeldInnen nicht erwarten. Wir stellen Gurus und spirituelle Lehrer auf Podeste, weil wir hoffen, durch sie aus dem Chaos befreit zu werden. Wir küren vielleicht die strahlende Yoga-Lehrerin zum Vorbild, die uns aus unserer Lethargie und angstbesetzten Wirklichkeit herausführen soll, oder wir hängen einem Motivationsredner an den Lippen, der uns den Weg in ein Leben ohne Furcht weist. Wenn die Leute, die wir so bewundern, wirklich auf derselben Ebene sind wie wir, wenn sie also ihre Schwächen haben und trotzdem ganz toll sind – dann heißt das eben, dass wir alle im selben Chaos stecken. Was allerdings nicht ganz so tröstlich ist wie die Vorstellung, es könnte uns jemand aus der Dunkelheit heraus- und ins gelobte Land führen.

Der eine oder andere spirituelle Lehrer übertreibt es ein wenig mit dem Luxusleben. Der eine oder andere Kulturrevolutionär bricht seinen Treueschwur. Auch eine Yogini hat mitunter ihre düsteren, entkörperten Tage. Soll das etwa heißen, dass es ein vollkommen spirituelles, humanitäres Vorbild überhaupt nicht gibt? Ja. Genau das heißt es.

Andererseits: Wie sollen wir Verständnis für die menschlichen Seiten spiritueller Leitfiguren aufbringen können, wenn wir gleichzeitig ein in jeder Hinsicht untadeliges Verhalten von ihnen verlangen? Auf elementarster Ebene müssen wir unsere Verbundenheit spüren. Müssen uns auf Respekt und Anstand verpflichten. Es ist ja immer wieder erstaunlich, wie sich selbst ansonsten durchaus zurechnungsfähige Leute aufführen können, wenn es um die Moral geht ... vor den Computermonitoren hocken und selbstherrlich mit Steinen werfen. Auch müssen wir unsere Definition von »Führungspersönlichkeiten und Anhängern«, »Weisen und Suchenden« offener halten – denn jede(r) von uns ist ja im Grunde beides. Wir brauchen VisionärInnen an der Spitze, müssen aber zugleich auch an uns selbst höhere Ansprüche stellen (und von den Leitfiguren vielleicht sogar eher ein bisschen weniger erwarten als bisher). Machen unsere Leitfiguren einen Fehler, können wir sie zur Rechenschaft ziehen und dennoch die gemeinsame Vision aufrechterhalten – oder gegebenenfalls auch eine neue entwickeln.

Was aber geschieht, wenn ein spiritueller Lehrer die heilige Beziehung zu seinen AnhängerInnen verletzt? Nun, nach Guru Singh und wohl den meisten anderen vernünftigen Ratgebern auf esoterischem Gebiet »belastet sich der Lehrer karmisch mit einer schweren Schuld«. Was in der christlichen Terminologie wohl einem »ganz besonderen Ort in der Hölle« entspricht. Ob das Missbrauchsopfer tröstet, sei mal dahingestellt. Ich selbst habe einen solchen Vertrauensbruch erlebt, und nachdem sich mein schlimmster Zorn irgendwann gelegt hatte, empfand ich großes Mitgefühl für diesen Spiritual-Täter – schließlich hatte er sich zu erheblichen inneren Reinigungsarbeiten verurteilt, so viel Wiedergutmachung, wie da zu leisten war. Wenn das überhaupt reichte ...

Werden die Oberen für ihr destruktives Verhalten zur Verantwortung gezogen, können darüber ganze Gemeinschaften und Familien kaputtgehen. Nationen sogar. Doch WhistleblowerInnen, WahrheitskämpferInnen und AktivistInnen müssen sich als die HeilerInnen sehen können, die sie sind. Und Heilung geht nun einmal mit Unterbrechungen einher. Was geschieht, wenn Korruption in einem Gemeinwesen aufgedeckt wird und daraufhin der Stadtrat oder gar die ganze Gemeinde auseinanderbricht? Die Leute verlieren ihre Illusionen und schwimmen sich frei – jedenfalls eröffnet sich die Chance dazu.

Das Erheben der Stimme ist also ebenso befreiend, wie es auch seine Tücken hat. Die Hingabe an die Wahrheit verlangt dir alles ab. Wenn du für deine Seele einstehst, wirst du zu der Führungspersönlichkeit, die wir alle brauchen.

Das Exotische verklären

Ich stand im hinteren Bereich eines buddhistischen Tempels im nordindischen Hochgebirge und ließ die melodischen Sprechgesänge der Mönche auf mich wirken. Wir hatten Spätnachmittag, die Sonne schimmerte in sattem Rotgold. Die Mönche vorn waren vielleicht zehn, zwölf Jahre alt, sie wiegten ihre Oberkörper vor und zurück, den Blick fest auf ihre Meditationstafeln gerichtet.

Eine ebenso faszinierende wie verstörende Szenerie. Ich fragte mich, ob die Buben wirklich hier sein wollten. Betrachteten sie es in ihrem Alter als gutes oder als schlechtes Karma, dass ihre Mütter sie ins Kloster gegeben hatten, damit sie ihr Leben als Mönch verbrachten? Ob in den kommenden Jahren wohl einige von ihnen lieber ausbüxen würden?

Viele Jahre später suchte ich in Kalifornien einen ayurvedischen Arzt auf, einen anerkannten Fachmann aus Indien. Er hatte ein warmes Lächeln, trug eine runde Brille und erinnerte mich sehr an den 1997 verstorbenen Countrysänger John Denver, nur faltiger und mit dunklerem Teint. Sein Styling fand ich auch toll: weißes T-Shirt, die kultige 501 von Levi's, Blundstone-Boots und am Finger ein alter Rubinring.

Während wir in seinem Wohnzimmer saßen und über die Charakteristika meines Doshas sprachen (Pitta-Kapha natürlich), ergriff ich die erste Gelegenheit, die sich mir bot, um ihm ein paar Fragen zu seiner Biografie zu stellen.

»Wie ich gehört habe, waren Sie Mönch, als Sie noch in Indien lebten«, begann ich ohne Umschweife und konnte nur hoffen, dass er mich nicht für allzu neugierig hielt.

»Ja, ja«, antwortete er.

»Und warum sind Sie nicht geblieben?«

»Zuvor war ich im Büro des Premierministers tätig. Aber da musste ich immer wieder feststellen, dass Versprechen nicht eingehalten wurden. Und das ergibt schlechtes Karma. Also konnte ich so nicht weitermachen.« Mit einer Handbewegung unterstrich er seine damalige Entschiedenheit. *Und mich hattest du spätestens bei »Premierminister«.*

»Ich reichte die Kündigung ein und wurde Mönch. Dann jedoch kam es zu Vorkommnissen zwischen älteren Mönchen und jün...«

»Das frage ich mich schon lange«, hakte ich ein. »Ob das, was wir inzwischen über viele katholische Priester wissen, nicht auch bei tibetischen Mönchen der Fall ist.«

»Ja, ja«, sagte er ein weiteres Mal und verzog das Gesicht. »Missbrauch gibt es.«

»Ich war im Kloster«, fuhr er fort, »weil ich mich für die *Alchemie* interessierte, für das Herstellen von Gold aus Schwefel. Meine naturwissenschaftlichen Kenntnisse wollte ich in die Mystik einbringen. Aber in der Community damals gab es viel Dreck. Und durch den musste ich durch, um zu erreichen, was ich wollte.« Dann zuckte er die Achseln und schaute mich an, als wollte er sagen: *Anders geht's nicht.*

Ich beugte mich zu ihm vor, um ihm die Gettofaust zu geben, da ihm diese Geste jedoch nichts sagte, wurde daraus ein leicht verunglücktes Abklatschen.

Dasselbe Schöne und Gute, dieselben Übel, nur unterschiedliche Tempel und Gotteshäuser. Faszinierende Rituale in exotischen Ländern sind nicht zwangsläufig effektiver als das, was sich bei dir zu Hause abspielt oder in der Kirche deiner Kindheit.

Wir müssen über falsche Propheten sprechen

Die Ära, in der wir leben, wird in den Sanskrit-Schriften als Kali Yuga, »Zeitalter des Streites«, bezeichnet. (Kali hat hier nichts mit der coolen Göttin gleichen Namens zu tun.) Über die genaue Dauer der verschiedenen Epochen sind sich die WissenschaftlerInnen noch uneins, man kann aber davon ausgehen, dass von jeweils vielen Jahrhunderten die Rede ist. Hinter uns liegen bereits das Goldene Zeitalter (Glück und Wahrhaftigkeit!), das Silberne (nicht mehr ganz so viel Glück und Wahrhaftigkeit) und das Bronzene Zeitalter (hm, na ja: *noch weniger* Glück und Wahrhaftigkeit eben). Jetzt befinden wir uns in der Eisen-Ära, Kali-Yuga (hey, wo sind denn eigentlich das ganze Glück und die Wahrhaftigkeit geblieben?). Warnung: Solltest du den Zustand der Menschlichkeit nur mit Mühe optimistisch betrachten können, überspringst du die nächsten Abschnitte vielleicht besser.

Weil nämlich, Zitat: »Kali Yuga ... das Zeitalter der Finsternis und Ahnungslosigkeit (ist). Die Gesellschaft gerät in Vergessenheit, und die Menschen werden zu Lügnern und Heuchlern. Wissen geht verloren, die Schriften werden missachtet. Die Menschen nehmen verbotenes, schmutziges Essen zu sich und ergehen sich hemmungslos in sündigen Sexualpraktiken. Die Natur ist verunreinigt, Wasser und Nahrungsmittel werden knapp. Der Wohlstand schwindet. Die Brahmanas [Lehrtexte der Priester] verlieren an Kraft, die Kshatriyas [Angehörige der Kriegerkaste] werden geschwächt, die Vaishyas [Bauern und Händler] wenden zweifelhafte Geschäftspraktiken an und die Shudras [Arbeiterkaste] erschleicht sich heimtückisch die Macht. Familien gibt es nicht mehr.« Und hier der Hit: »Heuchelei gilt als Tugend.«

Kommt dir das alles irgendwie vertraut vor?

Die gute Nachricht lautet: Für LichtarbeiterInnen ist die Zeit, in der wir leben, ideal. Ich meine, natürlich war dir immer schon klar, dass du nicht ohne Grund auf der Welt bist. Aber lass dir gesagt sein, Schätzchen: Die Dienste, die du leistest, sind jetzt absolut unverzichtbar.

Warum ich das anspreche? Viele spirituelle Köpfe vermuten, dass mit zunehmender Finsternis auch immer mehr falsche Propheten auf den Plan treten. Energievampire und Beutelschneider. Betrüger und Fälscher. Schon in den vergangenen Jahrhunderten hat sich deren Auftreten vermehrt und zunehmend beschleunigt. Doch seit Kurzem, dank Internet, Photoshop und einiger Fertigkeiten im Umgang damit, kann jeder auf Facebook zu einer Berühmtheit werden und scharenweise Fans in seinen Ashram locken. Diese Leute sind zertifiziert, mitunter sogar sehr talentiert und erwecken den Anschein, dass sie wissen, was sie tun. Es gibt sie in allen Glaubensrichtungen und unter jedem x-beliebigen Domainnamen.

Was aber ist mit den kosmischen MeisterInnen, die sich wahnsinnig dafür engagieren, mehr Licht auf den Planeten zu bringen, die enorme Wissensmengen zusammengetragen haben, von denen viele, viele Menschen profitieren könnten, die jedoch über keine schicke Website, keine PR-Dame oder nennenswerte Finanzmittel verfügen? Einen Großteil ihrer Zeit verbringen diese Leute in tiefer Betrachtung, innerer Einkehr und wüssten nicht einmal, wie sie an einen virtuellen Assistenten rankommen sollten. Im Internet sind sie mit ihren Inhalten schon irgendwie präsent, doch gehen sie in dem ganzen Getöse der Bestsellerlisten, Suchmaschinenalgorithmen, Podcast-Reviews und anderen Beliebtheits- und Popularitätswettbewerben nur allzu leicht unter.

Wie du die Blender von den wahren LehrerInnen unterscheiden kannst? Indem du dir die Lebensgeschichte der Leute anhörst. Denn die wahren LehrerInnen legen ihren biografischen Hintergrund bereitwillig offen, danach muss man nicht erst lange forschen. Aufrichtig und ehrlich äußern sie sich über die ganz persönlichen Schmerzen, die sie erlitten haben – Schmerzen, die sie von anderen unterscheiden, die aber zugleich auch viel mit ihrer Menschenliebe zu tun haben. Außerdem sprechen sie ebenso bescheiden wie ehrfürchtig von den guten Dingen, die mit ihrem Kämpfen und Suchen einhergingen. Sie haben die Ideen anderer Leute nicht einfach neu arrangiert und tragen sie nun in anderem Gewand zu Markte. Vielmehr sind sie auf eigenen Wegen zu innerem Wissen gelangt und haben das universelle Bewusstsein in sich entdeckt. Erfunden haben sie ihre mystischen Ideen und Lehren zwar nicht unbedingt, doch leben sie danach, und die Ratschläge, die sie geben, beruhen darauf. Außerdem geht es ihnen nie allein um Klicks oder Knete. Sie predigen nicht, sie praktizieren.

In Resonanz mit der Wahrheit

Wenn etwas von dem, was ich sage, in dir schwingt,
dann nur, weil wir Zweige ein und desselben Baumes sind.
W.B. YEATS

Ich erzähle dir jetzt mal von meinen Rednerjobs. Meistens laufen die so: Ich versuche ein paar Wahrheitsbömbchen und praktische Ratschläge zu zünden – denn dafür werde ich schließlich engagiert. Ich nehme mich selbst auf die Schippe. Empfehle meistens, *Verpflichtungen in bewusste Entscheidungen* umzuswitchen und sage so was wie *Für euren Erfolg ist das, was ihr aufgebt, genauso wichtig wie das, womit ihr neu anfangt.* Ich lasse ein paar dreckige Witze ab, weise auf meine Killer-Heels hin und schließlich komme ich in aller Regel noch mit der Bemerkung um die Ecke, dass es keine schlechte Idee wäre, die eine oder andere kontemplative Praxis in den Alltag zu integrieren.

Und dann ist es so weit. Die Erste schnappt sich das Saalmikrofon, vorgeblich, um eine Frage zu stellen, in Wirklichkeit aber schiebt sie Frust, weil ich ihr auch nicht weitergeholfen habe. In respektvollem Ton wenden sie und die anderen so etwas ein wie »Aber meine Verpflichtungen sind doch wirklich ...«, »Ich hab so wahnsinnig viel zu tun ...«, »Beim Meditieren werde ich immer dermaßen nervös ... was schlägst du vor?«.

Früher habe ich mich in diesen Situationen immer zum Affen gemacht. Habe versucht, die Energie im Raum aufrechtzuerhalten und besonders motivierend zu wirken. Noch ein paar zusätzliche Wahrheitsbrocken rauszuhauen, um als weise Frau rüberzukommen. Und mit jedem Wort, das ich mir abrang, merkte ich, wie ich mich weiter von meiner eigenen Mitte entfernte. Dieses »Was denn nun?«, die Fragen, die mir die Pistole auf die Brust setzten, waren praktisch die einzigen Gelegenheiten, bei denen ich auf der Bühne nicht mehr wirklich weiterwusste. *Was wollte ich gleich noch sagen?*

Sagen *wollen* hätte ich eigentlich:

»Bei aller Liebe. Ich kann von hier oben aus nicht all eure Probleme lösen. Um genau zu sein: kein einziges. Versteht das bitte. Und hey, das Leben *ist* schwer. Ich hab auch nie behauptet, dass diese ganze Bewusstseinsnummer ein Kinderspiel wäre. Dafür müsst ihr schon etwas tun, meine Süßen.«

Denn, ganz ehrlich, ich glaube nicht, dass ich überhaupt jemandem helfen kann. Nicht wirklich. Egal, wie viel Hirnschmalz und Mühe ich darauf verwende: Über die Ergebnisse habe ich keine Kontrolle. Was die Leute mit der Liebe und dem Licht anfangen, die ich verbreite, ist ganz deren Sache – das hat nichts mit mir zu tun. Wenn jemand eine meiner Ideen aufgreift, einen Vorschlag von mir annimmt und sein Leben verändert, dann weil die Person die dafür erforderliche Bereitschaft und Weisheit aufbringt (und nicht etwa ich). Ich kann nur aufrichtigen Herzens irgendwo aufschlagen in der Hoffnung, dass ich euch genau im richtigen Mikromoment mit genau der richtigen Dosis Licht erreiche, die euch bei der Erkenntnis dessen hilft, was ihr eh schon wisst.

Die Motivationsrednerin gibt dir diesen »Aha«-Moment, nach dem du dich jahrelang gesehnt hast. Erleichterung! Befreiung! Der Guru liefert die Antwort. *Om Shanti!* Oder du stößt in einem Buch, das dir die Augen öffnet, auf die Lösung. Einsicht! Deine Psychotante hilft dir, das Meer deiner Verwirrung zu teilen. *Was würde ich nur ohne dich tun?!*

Deine Durchbrüche haben viel mehr mit deiner eigenen Stärke zu tun als mit der des Experten oder des Gurus.

Äußere Quellen können dir seelisch durchaus etwas bringen – aber nicht, weil ANDERE etwas wüssten, was dir unbekannt wäre. Sie zeigen dir lediglich deine eigene Weisheit auf. Denn Weisheit wird nicht einfach empfangen, sondern muss sich entwickeln.

Alles dreht sich um Resonanz. LehrerInnen (aller Art) halten dir einen Spiegel in genau dem richtigen Licht vor, und du erkennst dein Spiegelbild darin.

In einem Moment der plötzlichen Erkenntnis trifft deine Wahrheit auf die ihre. Das heißt, deine Wahrnehmung verlagert sich von

> »Er hat mir die Antwort gegeben.« zu
> »Er hat etwas gesagt, von dem ich sofort wusste,
> dass es wahr ist.«

> Von »Sie ist so weise.« zu
> »Ihre Lebenserfahrung hat in mir eine Saite
> zum Klingen gebracht.«

> Von »Das sind die Experten.« zu
> »Das entspricht genau meinen Erfahrungen.«

Auf diese Weise behältst du den Respekt vor deinen LehrerInnen. *Tiefe Verbeugung.* Und gleichermaßen erkennst du deine eigene angeborene Weisheit an. Die sich immer weiter entfaltet. Du warst so klug, es zu hören. Du warst zum richtigen Zeitpunkt am richtigen Ort. Du bist *eingestimmt.*

Die Sache mit den Ratschlägen

Nicht alle Probleme lassen sich auf dieselbe Weise lösen (obwohl viele »Weisheitsreiche« auf einfachen, allgemeinen Methoden beruhen). Meine Beobachtungen in Sachen wahrer Weisheit haben ergeben, dass sie oft mit Demut und Kühnheit daherkommt. Mit unerschütterlichem Vertrauen, das dennoch Raum für Veränderungen lässt. Die folgenden Punkte würden wohl die meisten guten LehrerInnen unterschreiben:

- Jeder ist anders, aber wir alle sind gleich.
- Einheitsgrößen? Bloß nicht.
- Was heute gut für dich ist, muss es morgen schon nicht mehr sein.
- Damals erschien es sinnvoll.
- Du bist hineingewachsen, also wächst du wahrscheinlich auch wieder heraus.
- Nichts zählt, alles ist wichtig.
- Bei mir funktioniert es so. Das kann, muss aber nicht für dich gelten.
- Hängt ganz davon ab.

Such also immer weiter … bis du schließlich herausgefunden hast, was für dich infrage kommt.

Leugne es nicht

Hey, Mann, manchmal dauert es einfach länger,
bis du klingst wie du selbst.
MILES DAVIS

Richtig oder falsch, bestehen oder durchfallen, Sieger oder Verlierer. Verantwortlich. Nicht zuständig. Die meisten Gesellschafts- und religiösen Glaubenssysteme belohnen Anpassung mit Anerkennung und Zugehörigkeit. Von Geburt an werden wir in fast allen organisierten Bereichen unseres Lebens darauf trainiert, außerhalb unserer selbst nach den richtigen Antworten zu suchen. Alle fordern sie uns dazu auf: Eltern, Lehrer, Chefs. Dann führen wir die Tradition fort und bitten wiederum andere: *Bitte erfülle meine Erwartungen.* Eine verworrene Masse aus Vorstellungen und Glaubenssätzen, geschürt mit dem menschlichen Bedürfnis nach Trost und Wertschätzung.

Solltest du jetzt also auf dein bisheriges Leben und Denken zurückschauen und denken *Au Mann, eigentlich war ich immer nur MitläuferIn,* dann sieh es dir nach. Und du kannst jederzeit aussteigen. Genau jetzt wäre ein guter Moment. Dir selbst zu vertrauen ist nie verkehrt.

Du fängst am besten an mit einem »Inputfasten«. Nimm dir vor, drei oder vielleicht auch sechs Monate lang keine Readings mehr zu hören (nur noch Readings von Gedichten). Also keine astrologischen Readings, ein entschiedenes Nein zu HellseherInnen & Co., Tarotkarten: *no way!* Solltest du dich gerade nicht im Krisenmodus befinden, könntest du sogar überlegen, eine Zeit lang auch alle Coaching- und/oder Therapiesitzungen abzusagen. Einfach jegliche Ratschläge von außen von deinem täglichen Speiseplan streichen. Für deine Haut könnte das Wunder bewirken.

Anfänglich empfindest du die Stille dieser empfehlungsfreien Zone womöglich als ohrenbetäubend. Aber ... hörst du das? Du sprichst. Zu dir selbst. Es ist dein Körper, der dir sagt, was er immer schon gewusst hat (weil er ja jederzeit Bescheid weiß). Dein ureigenes Wahrnehmungsvermögen, das jetzt an die Oberfläche deines Lebens steigt. Und dem macht man nun so leicht nichts mehr vor.

Nun channelst du morgens vielleicht keinen Geistführer mehr. Und könntest auch nicht sagen, welches Karma aus einem früheren Leben geschäftlich bei dir gerade zugange ist oder wie sich die nächste Mondfinsternis auswirkt. Aber was soll's. Wahrscheinlich weißt du auch so genug, um selbst entscheiden zu können, was an dem betreffenden Tag das Beste für dich ist. Du kannst deine Intuition trainieren (was das angeht, ist sie wie ein Muskel) und erspüren, worin dein nächster Schritt bestehen könnte. Natürlich wirst du die eine oder andere falsche Abzweigung nehmen und viel Mist erleben. Aber ein noch viel größerer Fehler wäre es, wenn du deine natürliche Kraft und Stärke bis ans Lebensende verleugnen würdest.

Respekt
lässt das
Heilige
gedeihen

12
FALSCHE FREIHEITEN

Wenn der heilige Sex auf
Abwege gerät

Ich liebe Hochzeiten. Liebe die Liebe, die Glückstränen und die betrunkenen Onkel. Sogar die schlechten DJs liebe ich. Ganz besonders aber die Ladypower, die entsteht, wenn wir über einem blütenweißen, gestärkten Tischtuch die Köpfe zusammenstecken und Klartext reden.

»Wie läuft's mit Jack so?«, wird Sara gefragt. »Super, echt super«, sagt sie und schaut irgendwie unbeteiligt weg, rüber zur Bar.

Aber Freundinnen lassen sich nicht hinters Licht führen. »Wie läuft's denn *wirklich*?«, frage ich. »Ja, nun sag doch mal …«, schließt sich eine der anderen an. Zu diesem Zeitpunkt sind wir alle barfuß und ordentlich verschwitzt, nachdem wir auf »Blister in the Sun« von den Violent Femmes ordentlich abgetanzt haben. Wir schauen Sara an. Warten.

»Na ja, er will eine offene Beziehung. Und beim Tantra sind wir auch schon sehr weit gekommen. Mädels, er ist so was von heiß. Wir stehen uns wirklich sehr nahe.« Dann kippt Saras Energie. »Und ich kann mir schon vorstellen, dass es der nächste Schritt sein könnte, die Beziehung etwas zu öffnen. Aber scheiße, ich weiß auch nicht.« Sie zuckt mit den Achseln.

Eine von uns ist – natürlich – Life-Coach von Beruf. Life-Coach also zu Sarah: »Und wie fühlt sich das für dich an?« Eine andere von uns ist – natürlich – Channelmedium. Channelmedium so: »Fühlst du dich denn dazu berufen, eine offene Beziehung zu führen?« Eine von uns bin ich, und ich sage: »So wahnsinnig scharf scheinst du da nicht drauf zu sein.«

»Na ja, beim Burning-Man-Festival haben wir 'ne *Menge* Poly-Paare kennengelernt«, berichtet Sara.

Life-Coach: »Aber wer ist beim Burning Man schon *nicht* poly?« Wir lachen so laut, dass die Typen, die an der offenen Bar stehen, denken, wir würden uns über sie lustig machen. Also blinzeln wir ihnen kurz zu und machen weiter.

Sara: »Und von denen sind viele schon ganz lange zusammen. Und haben sogar Kinder.«

Channelmedium: »›Lange‹ ist relativ.«

Ich: »Offen funktioniert nie – sagen alle meine Therapeuten. Eine Weile vielleicht, und vielleicht auch länger, aber dann wird der Druck von außen so groß, dass …«

Life-Coach: »Und dass er mit 'ner anderen bumst, wäre für dich okay?«

Sara: »Na ja … also … ich meine … ich will mich wirklich weiterentwickeln, voll. Wir *müssen* die nächste Ebene erreichen. Aber … NEIN. Eigentlich möchte ich nicht, dass er etwas mit anderen Frauen anfängt. Also echt nicht. Es ist nur …«

Ich: »… total DANEBEN, das ist es! Du willst das doch so was von überhaupt nicht. Wenn du es wolltest, würden wir dir alle zureden:

Los, mach! Obwohl ... das ist auch gelogen. Ich würde so oder so versuchen, dich da rauszuquatschen. Aber du willst es ja eh nicht.«

Life-Coach: »Ich bin mir sicher, dass ihr auch innerhalb deiner Komfortzone Möglichkeiten findet, euch noch näher zu kommen.«

Channelmedium: »Schwester, du darfst den Respekt vor deiner Yoni nicht verlieren.«

Ich: »Aber echt jetzt mal!!!«

Wir alle – Frauen und Männer, Heteros, Homos, Nicht-Binäre, Trans- und Intersexuelle – haben seit Tausenden von Jahren unter dem Patriarchat zu leiden, das auch heute noch den menschlichen Körper als Ware und Eigentum der herrschenden Macht betrachtet.

Wer die Sexualität eines Menschen steuert, übernimmt auch die Kontrolle über dessen Leben. Im Spannungsfeld zwischen unterdrückender Kulturalisierung und den sich wandelnden Ausdrucksformen des Feminismus verstehe ich den Reiz von Yoni-Puja-Ermächtigungs-Workshops oder Orgien beim Burning-Man-Festival durchaus – und ich weiß auch, wie heilsam sie sein können. Für einige von uns ist so ein wilder, ausgelassener *Sexzess* genau das, was sie brauchen, um die psychologischen Ketten zu brechen und auf der nach oben offenen Evolutionsspirale ein Stückchen voranzukommen.

Auch verstehe ich, warum so viele progressive, spirituelle Frauen befürchten, als prüde zu gelten, wenn sie keinen Bock auf freie Liebe haben. Es entsteht schnell ein leichtes Schamgefühl, nicht »freier« zu sein. Ganz so, als wäre es ein Zeichen für Unterdrückung, wenn frau keine Lust hat, das *Internationale Gipfeltreffen für Stolze, Machtvolle Pussy-Power* zu besuchen und sich auf der Suche nach ihrem orgasmischen *Sweetspot* mit einem Typen einzulassen, den sie gerade erst kennengelernt hat.

Und was eigentlich sollte sie denn nun tun – die Göttin von heute?

Es ist nicht immer befreiend, außer sich zu geraten.

Und Zurückhaltung stellt nicht immer eine Einschränkung dar.

> *Wo fängt sie an,*
> *die Liebe zu einem Menschen?*
> *Vielleicht in dem Moment, in dem wir*
> *unsere Körper verlassen*
> *und zu etwas werden, das*
> *größer ist als das, was wir sehen können.*
> ACTIVE CHILD, »THESE ARMS«

Unseren Körper befreien, den Verstand verwirren

Der Prozess des *Gruppendenkens* lässt sich im Kontext der Selbsthilfe nur schwer durchschauen, da er oft sehr progressiv und undogmatisch abläuft. Er hat etwas von einer Gegenkultur. Besonders kompliziert wird es, wenn liberale Idee in Sachen Sexualität herumschwirren, wo Verwundbarkeit und Macht eng miteinander verquickt sind. Zudem wird uns in den Kulturen, in denen wohl die meisten von uns leben, die Übersexualisierung als eine Form der Selbstbestimmung verkauft. *Schau nur, wie ungezwungen sie sich gibt. Die zeigt's allen.* Gut möglich, durchaus. Doch vielleicht lässt sie sich ihren Selbstwert auch nur von einem kaputten System diktieren.

Es ist verwirrend. Da hast du womöglich gerade mal dein feministisches Profil auf die Reihe gebracht und musst dich nun fragen, wie die Spiritualität da noch reinpasst.

Darf ich eigentlich trotzdem noch wild mit meinem Lover rumma-
chen, obwohl ich doch eigentlich meditiere, um meine Wünsche und
Begierden zu überwinden? In welchem Verhältnis stehen Reinheit
und Erotik zueinander? Muss ich als Feministin Pornos mögen?

Das ist alles so persönlich. So *wahnsinnig* persönlich.

> *Wie würde es dir gefallen, wenn Grenzenlosigkeit eine Frage*
> *des Geschmacks wäre?*
> DAVID DEIDA

Wenn ich Damen im Kostüm von Göttinnen sehe und Typen, die
auf Djemben trommeln, denke ich oft, dass sie damit irgendwie
versuchen, ihre unerfüllten Bedürfnisse nach Liebe und Aufmerksamkeit zu kaschieren. In den Kreisen der sexuellen Befreiung ist
der Herdentrieb so ausgeprägt wie in allen Bereichen, in einer solchen Umgebung können persönliche Grenzen schnell als sexfeind-
lich abgestempelt werden. Wer sein Unbehagen zum Ausdruck
bringt, gilt als prüde.

Gegen Unterdrückung aufzubegehren, ist etwas sehr Gesundes,
aber Rebellion um ihrer selbst willen kann sich auch als Falle her-
ausstellen: Wir sind gefangen in unserer Sehnsucht nach Liebe und
Akzeptanz und finden womöglich die bizarrsten Dinge für »akzeptabel«, nur um selbst akzeptiert zu werden. Aber vertrau mir – dein
»Nein« kann genauso lebensbejahend sein wie dein »Ja«.

Im Zuge der Vermischung (und Kommerzialisierung) alter Weisheiten der ganzen Welt sind der »heilige Sex« und die Tantra-Leh-
re wohl am meisten verstümmelt worden. Das westliche Neo-Tan-
tra ist ein verficktes Durcheinander (Achtung: Wortspiel!). Im
ursprünglichen Tantra soll durch tägliche mehrstündige Meditation, Yoga und sexuelles Ritual über Jahre hinweg ein höherer
Bewusstseinszustand erreicht werden – was in den Neo-Tantra-

Workshops, in denen es primär um ekstatischen Sex geht, eher selten Erwähnung findet.

In manchen Tantras ist es streng verboten, sich öffentlich über die Erfahrungen mit einem Tantra-Partner zu äußern. Doch im Internet findet man heutzutage ja alles: verschiedenste Sexstellungen genauso wie Tantra-Rituale. Dass jahrhundertealte Weisheiten heute breiter zugänglich sind, finde ich nicht grundsätzlich schlecht; die reine Anwendung von Ritualen ohne jegliche Kenntnis der Philosophie dahinter führt allerdings kaum zu einem erweiterten Bewusstsein.

Wenn dem »heiligen Sex« das »Heilige« genommen wird, können wir die Energie unserer Herzen nicht mehr gefahrlos freisetzen. Wir verlieren das Mitgefühl, das in einer »erleuchteten Verbindung« das »Licht« darstellt. Im Liebesspiel kann sich dieses Licht so sanft und warm äußern, dass die Grenzen zwischen Körper und Geist dahinschmelzen, aber auch als heiße, ungezügelte Lust, die sich zu einem Einssein in Dankbarkeit erweitert.

Alle spirituellen Bemühungen sind Annäherungen an die Wahrheit. Denn es gibt mehr als einen Weg, um in jenen transzendenten Zustand zu gelangen, in dem du auf die Glückseligkeit stößt, die in der Realität pulsiert. Und wenn du als einen dieser Wege zur Erleuchtung die Sexualität nennst, polarisieren die Meinungen dazu schneller (was niemanden überraschen dürfte), als du »Hosen runter!« sagen kannst.

In fast allen Weltreligionen ist Sex vor und außerhalb der Ehe verboten. Im Buddhismus dagegen kann jeder Mann, jede Frau ihre sexuelle Lust freizügig ausleben. Und für Nonnen und Kleriker der katholischen Kirche gelten Keuschheit und Ehelosigkeit. Auch von Menschen, die sich zu Exerzitien zurückziehen, wird Enthaltsamkeit erwartet.

Im Gegensatz dazu halten einige esoterische Schulen Sex für den direktesten Weg zur spirituellen Befreiung. Was der taoistische Yoga-Meister Mantak Chia so ausdrückt: »Du kannst entweder hunderttausend Stunden lang beten oder deine Sexualenergie bewusst die Wirbelsäule hinaufleiten.« Mit anderen Worten: Warum jahrelang solo im Lotussitz verharren, wenn man den Kosmos genauso gut in einem ordentlichen Orgasmus finden kann?

In einigen tantrischen Schriften wird behauptet, Siddharta Gautama sei gar nicht beim Meditieren unter einem Bodhi-Baum zur Erleuchtung gelangt. Vielmehr habe er das Nirwana bereits in der sexuellen Vereinigung mit seiner Ehefrau erreicht, lange bevor er seine adelige Vergangenheit hinter sich ließ und in die Wälder ging. Somit sei er bereits als erleuchtetes Wesen aufgebrochen, und das kontemplative Leben, das er von da an in der Öffentlichkeit führte, habe teilweise auch der Inspiration gedient, als Anregung für andere Menschen, sich ebenfalls auf ihre spirituelle Reise zu begeben.

Auch im Christentum gibt es Strömungen, die sich von der Lehrmeinung der Kirche unterscheiden. So vertreten manche Theologinnen die Ansicht, Maria Magdalena sei keine Hure gewesen, sondern eine Jüngerin, die Jesus folgte. Andere vermuten, sie habe mit Jesus eine heilige sexuelle Beziehung geführt. Ihre Hingabe soll sogar die entscheidende Kraftquelle für die Wundertätigkeit von Jesus gewesen sein. Hmmhmm.

Sogar an den Wurzeln der Pro-und-Kontra-Sex-Debatte wird es also erst ein bisschen dirty … sexy … dann heilig … rein … und sogar richtig puritanisch.

Die Auffassung, der zufolge Sex der beste Weg ist, um spirituelle Ziele zu erreichen, finde ich problematisch, weil es dabei eines anderen Menschen bedarf. Der lebenslangen Abstinenz dagegen haften alle Gefahren an, die aus der Unterdrückung sexueller Begierden resultieren.

Ich weiß, dass viele, die in meinem Leben eine Rolle spielen, meine Vorstellungen von sexueller Selbstbestimmung für eher prüde halten. (So musste ich mir sogar mal von einem Mönch sagen lassen, dass ich mehr Laster bräuchte. Da er aber ganz gern mal einen Joint rauchte und auch den Damen nicht abgeneigt war, habe ich seinen Rat nicht befolgt.) Andere dagegen empfinden einige der seelenbejahendsten Dinge, die ich je getan habe, als voll verrucht.

Ausharren, ausdrücken ... das ist alles wahnsinnig persönlich. Meine Befreiung beruht auf der Klarheit meiner Anforderungen. Meine Schrankenlosigkeit und Forschheit, meine überraschende Verwundbarkeit und ozeanische Kraft können sich nur entfalten, weil ich mich zu einem heiligen Gefäß gemacht habe. Und da kenne ich keinerlei Vertun: Beim Liebemachen möchte ich für Gott geöffnet werden. Will jenen dunklen Ort finden, der nicht die Abwesenheit von Licht ist, sondern das Universum selbst. Und in diesem unendlichen Raum will ich Liebe und Licht erschaffen. Heilige Gemeinschaft. Sex als Gottesdienst. Diese Form der Sexualität setzt ein hohes Maß an Hingabe voraus – meiner Erfahrung nach lohnt es sich, für sie einzutreten. Das Heilige gedeiht – und zwar wie verrückt –, wenn Respekt und Augenmaß vorhanden sind. Und Augenmaß sorgt ganz von allein für Beschränkungen. Die wiederum den Weg in die Freiheit pflastern können.

Die Liebe holt dich da ab, wo du bist. Ohne Druck. Ohne Beurteilung. Ein liebevolles Herz kann auch Schmutz beseelen. In meinem Leben kommt das nirgends deutlicher zum Ausdruck als in den Sextipps, die ich mit meinen Freundinnen austausche. Solltest du keine Freundinnen mit höchster Ehrfurcht vor der Vagina haben, ist es höchste Zeit, dir welche zu suchen. Diese Einladung erstreckt sich auf alle guten Menschen, die die Genitalien vergöttern und die Sexualität feiern. Frauen, die über die Macht ihrer Vagina Bescheid wissen, beziehungsweise alle, die sich bereits von der Kraft ihrer Weiblichkeit überzeugen konnten, werden dich beim Feiern deiner Kraft unterstützen. Eine Frauen-Power-Party werden sie für dich schmeißen, wenn es das ist, was du brauchst, um erkennen zu können, dass Lust Macht ist – und dass du deine Lust deiner wahren Natur entsprechend ausüben solltest. Auch die Mädels und ich holen einander genau da ab, wo wir gerade sind. Die Sextipps, die wir uns geben, sind immer maßgeschneidert und nie Null-acht-fuffzehn. Denn die Moral muss zur Seele passen. Die Ratschläge reichen von *Süße, was du jetzt brauchst, ist ein versautes Wochenende auf Barbados* oder *Bis Freitag müsst ihr es im Büro getrieben haben, am besten im Materialraum* bis hin zu *Vielleicht gehst du sexuell am besten mal ein paar Monate lang auf Tauchstation* oder *Jetzt hast du so lange gewartet, mach dir das nun nicht gleich kaputt.*

Ob also vollkommen ungezügelt, sehr fokussiert oder irgendwas dazwischen: Heiliger Sex entfremdet uns den wahren Bedürfnissen unserer Herzen nicht, sondern führt uns näher an ihre Erfüllung heran.

Erzwungene Freiheiten stärken uns genauso wenig wie erzwungene Einschränkungen. Dass du freie Liebe praktizierst, heißt noch lange nicht, dass du dir auch deine wahre Kraft erschließt. Und auch umgekehrt gilt: Dass du monogam lebst und die Missionarsstellung bevorzugst, macht dich noch lange nicht zur Puritanerin. New-Age-Bekehrung ist um keinen Deut besser als irgendein anderes Dogma. Und Gruppendruck hat auf spirituellem Gebiet nichts zu suchen. Ebenso wenig wie auf deiner Haut. Es sei denn, du liebst es ...

Dem Spannungsverhältnis von Sexualität und Spiritualität begegnen wir wohl am besten, indem wir ganz genau herausfinden, was für uns wirklich gut ist. Für Körper, Herz, Geist und Seele.

Entdecke
deine
Kraft

13
DER NEW-AGE-WERKZEUGKASTEN

Höheres Bewusstsein, mehr Respekt, weniger Abhängigkeit

Weniger ist mehr

Einst war mein Zuhause voller Kristalle. Mein ganzes Leben: übervoll mit Steinen. Enorme Stücke im Wohnzimmer. In meinem Studio majestätische Citrine. Der Zugangsweg zum Haus wurde von einem Riesenlabradorit bewacht. Alle möglichen Steine habe ich mir in den BH gestopft, und zur Aktivierung meiner Weiblichkeit trug ich einen Karneol in der Hosentasche meiner Jeans. An ausgewählten (also der optimierten Heilwirkung entsprechenden) Fingern trug ich in Gold gefasste energetisierte Klunker. Andere vergrub ich zur Unterstützung des Pflanzenwachstums in der Blumenerde. Nachts schlief ich mit Steinen unter dem Kopfkissen. Zu Hochzeiten, Geburtstagen und zur Feier von Neueinstellungen verschenkte ich Kristalle. Kurz, ich war die durchgeknallte Steinetante.

Heute findet sich bei mir zu Hause kein einziger Stein, und ich trage auch keinen mehr am Körper. Nicht mal den winzigsten Babyquarz. Nada. Nothing. Niente. Keine Steine. Wie es dazu kam, erzähle ich gleich noch. Vorher aber ...

Heil- und Edelsteine. Meditation. Blütenessenzen. Ätherische Öle.
Heilige Geometrie. Mudras. Mantras. Beschwörungen. Vision Boards.

Das sind die Hilfsmittel des Übersinnlichen. Und wie bei technischen Geräten gilt auch hier: Wer sich nicht damit auskennt, riskiert, dass die Sicherung durchbrennt. Diese Hilfsmittel können neutral sein, heilend oder zerstörerisch wirken – je nachdem, wer sie programmiert hat, wer sich ihrer bedient und wie sie verwendet werden.

Im Internet bestellen wir Jadeeier, die wir uns dann in die Mumu schieben. Zur Belebung unseres Organismus erlernen wir die Feueratmung. Und die Leute, die sie uns beibringen, haben ihre Zertifikate selbst verfasst. Während unserer Frauen-Wochenenden spüren wir Drudenfüße in den Wäldern auf und energetisieren unsere Steine im Licht des Vollmonds, weil's so einen Spaß macht.

Einerseits finde ich es ja ermutigend, dass immer mehr Menschen Zugang zu all diesen Techniken und Hilfsmitteln finden. Schließlich wollen wir unbedingt heilen und nehmen die Sache eben selbst in die Hand. Andererseits …

Wenn wir wirklich an das Potenzial dieser esoterischen Instrumente glauben, sollten wir etwas vorsichtiger sein und genauer hinschauen, woher beziehungsweise von wem wir sie haben und wie wir sie verwenden. Meditieren schützt. Pflanzliche Medizin heilt. Heilsteine aktivieren. Alle Macht dem Esoterischen! Aber lasst uns in jedem Fall achtsam und bewusst vorgehen, damit wir keinen Schaden anrichten, wenn wir uns oder andere zu heilen versuchen.

Einige der Zaubertränke und Beschwörungen können unglaublich wirksam sein. Aber nicht unbedingt, weil sie so rein wären oder meisterhaft angewendet werden, sondern weil unser Glaube an ihre Wirkung so intensiv ist. Wenn wir wirklich, wirklich, wirklich davon überzeugt sind, dass sie etwas bewirken, tun sie es vermutlich auch. Zumindest eine Zeit lang.

Überzeugungen aber sind nicht die Wahrheit.

Doch lass uns jetzt mal einen Blick in den New-Age-Werkzeugkasten werfen ...

Mudras

Ganz allgemein ausgedrückt versteht man unter Mudras (Sanskrit: »Siegel«, »Male«, »Gesten«) Hand- oder Körperhaltungen. Vielleicht kennst du sie vom Yoga oder aus einem Meditationskurs. Buddha wird oft im Lotussitz dargestellt, aus Zeigefinger und Daumen einen Kreis bildend – auch das ist eine Mudra.

Die Hände kannst du dir als Steuerpult des gesamten Energiesystems deines Körpers vorstellen. Dem Vernehmen nach gibt es Tausende von Mudras, die eine enorme Kraft erzeugen können und nur an Eingeweihte weitergegeben werden sollten. Das ergibt durchaus Sinn, denn in den Fingerspitzen konzentrieren sich zahlreiche Nervenenden, die als Entladungspunkte für freie Energie dienen. Was übrigens wissenschaftlich bestätigt ist. Rund um die Fingerspitzen existieren demnach Ansammlungen freier Elektronen. Die Mudras bringen den elektromagnetischen Fluss im Körper auf Touren und können sich positiv auf dessen Funktionskreise auswirken. Genutzt werden Mudras zum Manifestieren, für größere Klarheit und mitunter auch zur Linderung physischer Beschwerden.

Winzige Dosen einer Arznei werden in aller Regel keine katastrophalen Folgen haben, auch wenn es die falsche ist. In Bezug auf Mudras hat es der weise Siri Bahadur mir gegenüber einmal so ausgedrückt: »Nur die wenigsten haben genügend Energie, um sich mit einer unpassenden oder falsch angewandten Mudra schaden zu können. Es ist dann eher so, als wolltest du dir mit fünfzig Mäusen einen Audi kaufen: läuft nicht.« Doch über einen längeren Zeitraum hinweg und bei hoher Intensität kann die Arbeit mit Mudras im Körper doch das eine oder andere durcheinanderbringen. Was zum Beispiel? Nun, nicht auszuschließen sind Kopfschmerzen, Nervosität, Verwirrung oder Unausgeglichenheit.

Vielleicht steht Yoga bei dir nicht im Mittelpunkt des Lebens, doch wenn ihr in der nächsten Kursstunde eine bestimmte Mudra einnehmen sollt, interessierst du dich vielleicht trotzdem auch fürs Kleingedruckte: welchen Zweck diese Handgeste verfolgt, aus welcher Tradition sie stammt und warum sie dir empfohlen wird. Alternativ kannst du auch einfach deine Handflächen auf die Knie legen und ... *atmen.*

Mantras

Ähnliche Einwände wie im Abschnitt über die Mudras erhebe ich auch gegen Mantras.

Das ist ein heiliger Laut, ein heiliges Wort oder Sätzchen, von denen man glaubt, dass sie eine spirituelle Wirkung haben. Mantras sind also eine Art energetische Klangformel. Die Ersten wurden vor mehr als dreitausend Jahren von indischen Hindus zusammengestellt, in vedischer Sprache (einer Vorform des Sanskrit). Im Sanskrit steht die Silbe »man« für »denken« und »tra« heißt »Instrument«. Demnach bedeutet das Wort Mantra übersetzt nichts anderes als »Denkinstrument«.

Bestimmte Mantras werden geheim gehalten und nicht einmal Novizen anvertraut. Dafür gibt es gute Gründe. (Was auch für viele

Meditationsmethoden, Zauberformeln und andere esoterische Rituale gilt, die seit Jahrtausenden vor Unbefugten geschützt werden.)

Einer der für mich bedeutendsten Denker der Gegenwart ist Sadhguru. Nach einer Reihe von Erweckungserlebnissen gab er seine geschäftlichen Aktivitäten in Indien auf und wurde zum spirituellen Lehrer. Mantras erklärt er so: »Wann immer du einen Laut von dir gibst, entsteht eine Gestalt. Und indem wir solche Laute in einer bestimmten Abfolge äußern, erschaffen wir sehr starke Gestalten. Das ist Klangyoga. Und wer den Klang beherrscht, beherrscht auch die damit verbundene Gestalt.« Dies ist ebenfalls wissenschaftlich bestätigt. So kann man etwa einen Ton mit einem Oszillografen – ein elektronisches Messinstrument – erfassen, in Spannung umwandeln und grafisch darstellen.

Sieh dich also vor, was du chantest, welche Beschwörungen du aussprichst und was du dir auf Spotify anhörst.

Meditation

> *Der Versuch, die Kundalini mithilfe eines Buchs zu aktivieren,*
> *ist, als wollte man auf der Basis einer Internetrecherche bei*
> *sich zu Hause ein Atomkraftwerk errichten.*
> SADHGURU

Ähnliche Einwände wie gegen Mudras und Mantras kann ich auch gegen das Meditieren erheben.

Ganze sechs Monate lang habe ich einmal auf eine bestimmte Art und Weise meditiert. (Sagen kann ich darüber nur, dass es um *sehr viel Licht* ging.) Ich wollte es echt wissen! Sehnte mich nach dem Rausch des Lichts und war voll auf *Resultate* aus. Bis zur

Halskrause bin ich in die Bilderwelt eingetaucht und steckte da alles rein, was ich hatte. Und erzielte tatsächlich ein Resultat. Auf meiner Stirn bildete sich eine Beule in der Größe eines Golfballs … der Ansatz eines Einhorns, vermutete ich. Und bekam das Gefühl, dass das A) überhaupt nicht gut war und B) irgendwas mit meinen übertriebenen geistigen Bemühungen beim Meditieren zu tun hatte.

Natürlich mailte mir die Kunoichi des Lichts genau an dem Morgen, an dem ich den Höcker bemerkt hatte:»Du, ich hab dich eben von oben bis unten abgescannt und festgestellt, dass bei dir am Kopf irgendwas los ist. Du musst sofort mit dieser Meditation aufhören.« Längst erledigt. Dann erklärte sie mir:»Eine zu schnelle Zufuhr von zu viel Licht kann Tumoren auslösen.« Damit hatte sie mich. Unter Anleitung nahm ich das Meditieren ganz langsam wieder auf, einmal die Woche und auch immer nur ein paar Minuten lang. Das mit dem Licht ließ ich nun bedeutend entspannter angehen.

Die Kundalini ist unsere Primärenergie, der Stoff, aus dem unser *Bewusstsein* ist – nicht umsonst bezeichnet man sie ja auch als unsere Shakti. In verschiedenen spirituellen Traditionen wird sie als Schlange symbolisiert, liegt sie doch »eingerollt« an der Basis der Wirbelsäule. In der Praxis besteht das Ziel darin, diesen energetischen Strom bis zum Scheitel und darüber hinaus zu leiten. Wenn wir diese Kraftquelle erwecken, erleuchten wir unsere Seele.

Die Kundalini ist *hot*. Und zwar *heiß* sowohl buchstäblich als auch im übertragenen Sinne. Seit nicht allzu langer Zeit findet sie in immer mehr Selbsthilfekreise Eingang. Eine meiner weniger esoterisch angehauchten Freundinnen berichtete mir kürzlich von einer intensiven Kundalini-Atemübung in der entsprechenden Körperhaltung, ihre erste Meditation dieser Art und ausgerechnet während einer Geschäftskonferenz! Als sie sagte:»Das ist vielleicht ein mächtiger Scheiß! Ich war danach so aufgedreht, dass ich die ganze Nacht kein Auge zugetan habe«, konnte ich mir ein Verziehen der Augenbrauen nicht ganz verkneifen. Hmmm. Ich habe von einer Frau gehört, die nach einem spontanen Erwachen der Kundalini ganze zwei Jahre keinen Schlaf mehr fand. Und damit meine ich keine Schlafstörungen. Sondern, dass sie zwei – Jahre – lang – nicht – geschlafen – hat. Am Stück. Im Alltag konnte sie trotzdem funktionieren (nachdem sie sich an den damit einhergehenden psychischen Stress gewöhnt hatte) dank des hochwirksamen kosmischen Kraftstoffs, der sie antrieb.

Leute, die einmal von einer Woge der Kundalini-Energie erfasst wurden – was oft auch als Initiation bezeichnet wird, sei es durch erfolgreiches Üben oder als unerwartetes Erwachen –, beschreiben diese Erfahrung mit Worten wie »Mein Kopf hat sich am Scheitel geöffnet, was sich anfühlte, als wären Tausende von Blütenblättern zur Entfaltung gekommen«, »Ich fühlte mich ... gar nicht mehr isoliert«, »Es war ein Reigen von Orgasmen in meiner gesamten Muskulatur, tagelang.« Wer hätte sich das nicht gewünscht? Ich jedenfalls schon. Täglich habe ich ein paar Stunden lang versucht, von diesem einen, einzigartigen Geschmack zu kosten.

Aber weißt du auch, was auf ein extremes Hoch folgen kann, besonders, wenn es unerwartet war? Nach Wogen des Glücks können sich mit einem Mal Versagensgefühle und sogar eine existenzielle Krise einstellen. Psychische Labilität. Ängstlichkeit. Überwältigende Empfindungen von Angespanntheit und Isolation.

Dr. Bonnie Greenwell, die Gründerin des Kundalini Research Network, spricht mit großer Besorgnis über die vielen Meditations-, Yoga- und Tantra-LehrerInnen, die nicht auf die Verwirrung ihrer SchülerInnen vorbereitet sind nach einer derart dramatischen Veränderung ihrer Energie. Obwohl sie ausgebildet sind, haben sie solche Erweckungen meist selbst nicht erlebt. Bonnie sagt: »Viele

Studierende, die das spirituelle Erwachen suchen, verstehen die damit einhergehende Dynamik nicht und sind nicht bereit, ihr Leben so nachhaltig zu verändern, damit dieser Prozess weitergehen kann.«

Sobald du deine Gottheit gefunden hast, krempelt sie dein Leben womöglich so komplett um, dass du alles neu organisieren musst, deine Pläne, deinen Geist, deinen Körper. Und dann verstehst du auch das mit der »Arbeit« im Wort »LichtarbeiterIn«.

Alles Übrige

Also: Ähnliche Einwände wie gegen Mudras und Mantras und Meditationen kann ich auch gegen alle anderen Hilfsmittel erheben.

Zum Beispiel gegen ... Vision Boards. Doch. Funktionieren können sie. Weißt du ja selbst. Also psst. Vielleicht behältst du das alles lieber für dich, statt deine heiligsten Wünsche auf Facebook zu posten, damit alle ihre unbewussten Meinungen darauf projizieren können. Versuch also, deine Träume nur mit der Astralebene zu teilen. So baden sie in rein positiver Aufmerksamkeit.

... und reinigende Rituale. Neulich habe ich mich mit meinem Freund Joshua übers »Reinigen« unterhalten. Über reinigende Saftkuren, reinigende Gedankenformen, die Reinigung des persönlichen Lebensraums ... »Mannomann«, jammerte er, »irgendwann sollte ich doch eigentlich mal sauber genug sein.« »Da sagst du was«, entgegnete ich seufzend und nahm ein Schlückchen von meinem heißen Zitronenwasser, weil ... na, du weißt schon: der reinigenden Wirkung wegen.

In vielen Kulturen der Welt führen die Menschen rituelle Reinigungen durch, um der göttlichen Reinheit näherzukommen. Und ich glaube, dass genau die zwanzig Prozent Mühe, die wir in die Reinigung stecken, die achtzig Prozent unseres sonstigen Lebens radikal verändern. Kleines Beispiel gefällig? Den größten Teil des Tages verbringst du voll bekleidet, zurechtgemacht und mit Konsumieren. Auf Hygiene, Putzen und Wegwerfen dagegen verwendest du nur wenig Zeit – doch ohne das bisschen Saubermachen wäre dein Leben ziemlich unangenehm (und du selbst würdest bald aussehen und riechen wie Lumpi). Der Geist bedarf der Reinigung nicht weniger als Körper und Lebensraum.

Zum Problem wird das erst, wenn wir vor lauter Reinigen gar nicht mehr zum Leben kommen. Wenn wir uns allzu sehr auf alles Schmutzige und Unsaubere konzentrieren, sei es in uns oder im Außen, unterteilen wir die Welt in gute und schlechte Elemente. Dann verpassen wir das Gute im Leben, überraschende Chancen, aber auch Gelegenheiten, an emotionaler Widerstandskraft hinzuzugewinnen.

Und Psychedelika? Drogen sind Portale in andere Dimensionen – und wie bei allen Trips in fremde Länder weiß man auch da nie, was man sich unterwegs alles einfangen kann. Auf dem Highway der Halluzinogene stellst du schnell fest, dass du nicht als Einzige(r) die Überholspur nutzt. Direkt neben dir düsen andere Wesenheiten und körperlose Energien her und sind womöglich genau auf das scharf, was du dein Eigen nennen kannst: eine gesunde Psyche, mehr als genug Licht und ein irdisches Umfeld mit allem, was dazugehört.

Trips habe ich eine Menge hinter mir und frage mich, ob ich wohl heute genauso »erleuchtet« wäre, wenn ich mich stattdessen einer kontemplativen Praxis verschrieben hätte. In San Francisco habe ich mal Pilze eingeworfen, die mich ganze drei Wochen lang in tiefste Niedergeschlagenheit versetzt haben. Da war ich mehr als neben der Mütze. Der reinste Horror! Und ich musste sonst was tun, um mir das Glück, wieder am Leben zu sein, zurückzuerobern. Ob diese Erfahrung nützlich für mich war? Sicher. Aber auch notwendig? Tja, es hätte bestimmt noch andere Möglichkeiten gegeben, für meine psychische Gesundheit dankbar zu sein.

Mithilfe von Drogen solltest du nur in andere Dimensionen reisen, wenn du wirklich in Topverfassung bist – psychisch stark und auch spirituell fit. Außerdem musst du dich gut informieren, woher der Stoff kommt. Und begib dich bitte auf gar keinen Fall ohne Tourguide auf den Trip. Aber selbst mit ... denk lieber noch mal drüber nach.

Und was die von mir einst so hochgeschätzten Steine betrifft ... Jeder Stein hat seine Aufgabe, heilende und manifestierende Eigenschaften. Kristalle können programmiert werden. Und genau, wie sie kreative Energie abgeben können, lassen sie sich auch darauf programmieren, diese aufzunehmen und umzuleiten. Das Programmieren von Steinen mit unlauterer Absicht hat Metaphysikern zufolge schwerwiegende karmische Folgen. Denn dabei handelt es sich nicht nur um Machtmissbrauch, sondern auch um eine Entweihung der Welt der Mineralien.

Eine ebenso erfahrene wie resolute Praktikerin hat mir einmal Folgendes zu bedenken gegeben: »Jeder weiß, dass man bei den Medizinmännern auf Bali für sieben US-Dollar einen Stein kaufen kann, mit dem sich die eigene Schwiegermutter verfluchen lässt. Kommt man dann wieder nach Hause, ist der Zauber schon in vollem Gange und die alte Dame erkrankt.« Ehrlich gesagt: Nicht jeder weiß das. Viele halten Steine einfach nur für schön und irgendwie geheimnisvoll. »Lass sie also da, wo sie sind – es sei denn, du stolperst über einen Kristall, der aus der Erde hervorlugt«, empfahl sie mir. Zu Befehl, Madam! Ähnlich pragmatisch äußert sich auch Sadhguru zum Thema Mineralien: »Im Leben von Leuten, die keine Ahnung haben, wie sie mit ihnen umgehen müssen, können Steine Chaos und Verwirrung anrichten.« Als ob ich das nicht wüsste.

Woher? Nun, ich hatte mal eine Art Zusammenstoß mit einem jener zu Recht viel geschmähten Heiler in Anführungszeichen, vor denen uns die echten immer warnen. Einem unehrlichen Energiearbeiter Zugang zum eigenen Leben und Energiefeld zu gewähren, ist, als würde man einem Betrüger das Passwort für sein Online-Konto geben – er schiebt das Geld so hin und her, dass es gekonnt und sinnvoll wirkt, dabei zweigt er bei jeder Transaktion ein Sümmchen für sich selbst ab. Erst ist alles sehr aufregend, bis du dann schließlich aufwachst, erschöpft und verwirrt.

Die mehrmonatige Zusammenarbeit mit der betreffenden Person hat in meinem Leben tatsächlich für unglaubliches Chaos gesorgt. Ganz so dramatisch wie Harry Potters endlose Geschichte mit Dem, dessen Name nicht genannt werden darf, war es zwar nicht – in meiner Muggle-Realität aber kam es dem schon ziemlich nahe. So irre und bizarr, wie man es sich nur vorstellen kann: monatelange Schlafstörungen, plötzliche Kotzattacken ohne ersichtlichen Grund, pochende Schmerzen im Solarplexus, alarmierende Träume und Visionen, allerlei gruselige Geschehnisse ...

Als die Heiler-Klientin-Beziehung anfing, aus dem Ruder zu laufen, trat eine Reihe anderer kosmischer BeraterInnen in mein Leben, um mir da rauszuhelfen. Die vertraute Seherin einer Freundin von mir hatte einen unheilverkündenden Traum von der Situation und rief sie mit der Botschaft an: *Sag ihr, dass sie sich unbedingt von den Steinen in ihrem Haus trennen muss.* Ich wurde an einen Medizinmann im Südwesten Kanadas verwiesen, der bereits für mich betete, als ich ihn zum ersten Mal anrief. *Entferne die Steine aus deinem Haus,* empfahl er mir. Die Heilerin einer anderen Freundin nahm Kontakt zu mir auf und beschwor mich eindringlich, *die*

Steine wegzutun. »Ich meine das bitter ernst, Danielle«, schärfte sie mir ein, »wenn du die Kristalle nicht selbst entsorgst, steig ich in den nächsten Flieger und erledige das für dich.«

Und weißt du, was ich getan habe? Fortgeschafft habe ich die Steine. Was mir weder emotional noch sonst wie leichtgefallen ist. Nur mit viel, viel Unterstützung und großer metaphysischer Entschiedenheit habe ich es geschafft, mein Verhältnis nicht nur zu Kristallen neu zu ordnen, sondern auch noch zu vielem anderen. All das metaphysische Kung-Fu, das mir der »Heiler« beigebracht hatte, wurde nun Teil meines eigenen Verteidigungsprogramms. Es dauerte zwar ein paar Monate, schließlich aber war der Spuk wieder vorbei, dieses ganze üble Chaos.

Eine fantastische Einführung in die Macht des Lichts war das. Und der Dunkelheit. Denn das eine gibt es nicht ohne das andere.

Aber wenn du darauf bestehst …

Einblicke hatte ich mit und ohne Stoff
Bin erwacht, meistens nur kurz
Und jetzt verglühen wir hier am Rand der Evolution
Die echten Joints erwachsen hier, aus dem Rand
der Evolution
ALANIS MORISSETTE, *EDGE OF EVOLUTION*

Einfach unwiderstehlich sind sie, all die Instrumente und Versprechungen für mehr Wohlbefinden und persönliche Stärke. Die Höhen, das Besonderssein, die Befreiung vom Schmerz, das Vorhersagen der Zukunft, der Backstage-Pass für die Realität. Genau das ist es doch, was wir wollen. Das Sammeln metaphysischer Hilfsmittel vermag uns ein Gefühl von Kontrolle und Macht zu verleihen; aber wir müssen prüfen, ob wir sie nicht als Abkürzung für die

Dinge verwenden, die wir selbst lernen müssen, die wir aber auch selbst *tun* können.

Und während wir unsere Stärke in Relation zu unserem Wachstum betrachten, sollten wir auch die Klassengesellschaft analysieren, die aus der Wellness-Bewegung entstanden ist. In der Wellness-Szene aktiv zu sein, ist ja zu einer Art Statussymbol avanciert. Das Personal der meisten Yoga-Studios und Kursanbieter setzt sich überwiegend aus schlanken, gut aussehenden Weißen zusammen. Nicht etwa, weil die ganzheitlich Orientierten einen so exklusiven Klub bilden würden, sondern hauptsächlich aus wirtschaftlichen Gründen. Denn das müssen wir uns klarmachen: Ein New-Age-Lebensstil setzt nämlich eine ganze Reihe sozialer Privilegien voraus. So kostet eine Yoga-Stunde in meiner Stadt etwa achtzehn Dollar. Und der beste grüne Smoothie zehn Dollar pro Flasche. Viele unserer kostspieligen Heilkräuter werden von Firmen verkauft, die ihre Erntekräfte ausbeuten. Für viele sind die Preise von Bioprodukten unerschwinglich ... mal ganz abgesehen davon, dass man sie in ländlichen Gegenden gar nicht kriegt. Mittlerweile frage ich mich über dem grünen Proteinshake, den ich mir im Anschluss an meine Yoga-Stunden gönne, voll tief empfundener Dankbarkeit: *Wie erreichen wir, dass alle in den Genuss dieser Annehmlichkeiten kommen können?*

Sollten wir esoterischen Kursen und LehrerInnen ganz den Rücken zukehren und den Pfad vollkommener Eigenständigkeit einschlagen? Das können wir nicht. Und wir sollten es auch nicht – denn sie sind Teil unseres Erwachens. Was wir allerdings gar nicht oft und intensiv genug tun können, ist, unsere spirituelle Bildung voranzutreiben. Und wir sollten alle Kurse, jede Predigt, jede einzelne Theorie genauer unter die Lupe nehmen, mit dem Respekt, den unsere Seele verdient – und unsere größten Lehrer.

Für mich ist weniger mehr. Je weniger spirituellen Krimskrams ich um mich habe, desto größere Klarheit habe ich. Keine Krücken, mehr Stärke. Hausaufgaben mache ich heute mehr denn je. Und bin lange nicht mehr so abhängig – von all den Tinkturen, den LehrerInnen, den Steinen.

Ciao, ciao, ihr Hilfsmittel, hallo echte Kraft.

Verehre, was
du liebst,
und liebe
die Art,
wie du
verehrst

14
DER PFAD
INNERHALB
DES PFADES

Die Karussellfahrt zur lebensbejahenden Disziplin

Als »Meditierende« würde ich mich eigentlich nicht bezeichnen, obwohl ich seit Jahren meditiere – in Gotteshäusern, im Bus, auf dem Kissen, in der Wanne, mit und ohne Mala, Rosenkranz, Formalitäten und LehrerIn. Zu einigen meiner besten Meditationen kam es auf dem Rudergerät bei uns im Gemeindezentrum, während ich die Augen zu hatte und meine Sport-Playlist immer mehr Fahrt aufnahm.

Meditation, stille Betrachtung, Visualisierung. Geleitete Fantasiereise. Gebet. Alle begrifflich und in der Praxis untereinander austauschbar, einzigartig und verständlicherweise oft missverstanden. Leute, die Dinge wie »... meditiere seit zwanzig Jahren« in ihren Lebenslauf schreiben, geben mir immer Rätsel auf. Es sei denn natürlich, sie bewerben sich auf eine Stelle als MeditationslehrerIn; in dem Fall handelt es sich um eine ganze entscheidende Information. Ansonsten aber ... ich will es mal so sagen: Der Umstand, dass jemand regelmäßig meditiert, bedeutet noch lange nicht, dass er/sie *kein* Idiot ist.

Meditieren macht dich weder automatisch rücksichtsvoller noch umgänglicher, sondern sorgt nur dafür, dass du dich Meditierende(r) nennen kannst. Und ja ... ich bin eine Meditierende.

In meinen Zwanzigern habe ich es mal mit Vipassana-Meditationen versucht. Im Neunzehn-Uhr-Kurs. In einem buddhistischen Meditationszentrum in Seattle. Nach einigen Wochen fragte die Lehrerin, wie es denn so laufe bei mir. »Weißt du, mein Geist fühlt sich irgendwie leerer an, was wahrscheinlich gut ist, weil du das immer sagst. Aber mein Herz«, gestand ich kleinlaut, weil ich mir meiner inneren Weisheit damals noch nicht bewusst war, »... mein Herz kommt mir so ... ausgetrocknet vor.«

Lange hatte meine kontemplative Praxis aus aktivem Beten bestanden. Und während dieser Plaudereien mit Jesus empfand ich immer so etwas wie eine goldene Wärme in der Brust. Der Kontakt mit ihm weckte mein Honigherz, eine große Zuneigung allem Leben gegenüber.

Lange habe ich mich im Spannungsfeld von gedanklicher Disziplin und emotionaler Wärme aufgerieben, zwischen Intellekt und Geist. Dabei bin ich oft im Kopf hängen geblieben und mit mir ins Gericht gegangen, weil ich mich so nach den Freuden eines erfüllten Herzens sehnte. Spontanen Eingebungen habe ich denkend den Garaus gemacht. Ich betete dafür, dass mir das Meditieren leichter fiele. Mein Verhältnis zum Beten und Meditieren glich einem wild-chaotischen Durcheinander, das schließlich zu einem Kunstwerk geriet, als ich einen Schritt zurücktrat, um klarer sehen zu können.

An einem bestimmten Punkt gab ich das formelle Meditieren auf. Mit voller Absicht. Also nicht so, wie wenn du mal eine Woche lang das Fitness-Studio schwänzt und dann monatelang nicht mehr hingehst. Nein, bei mir war es so, dass ich meine Mala feierlich an den Haken gehängt und auf unbestimmte Zeit mit dem Meditieren aufgehört habe.

Ausgerechnet das, was ich tat, um mich frei zu fühlen, hatte ich allmählich als Einschränkung empfunden. Dabei war meine Routine gar nicht mal besonders strapaziös gewesen, weil ich nie stundenlang gesessen hatte. Und doch wurde sie mit einem Mal zu einer Pflichtübung, einem weiteren Punkt auf meiner To-do-Liste. Ich musste mich dazu zwingen. Das Meditieren war für mich zu einer Aufgabe geworden, und ständig hatte ich das Gefühl, von einem unsichtbaren Mönch benotet zu werden, der vermutlich neben dem Mann im langen Gewand saß, der in meiner Vorstellungswelt als Gott auftrat. Das Ganze geriet zunehmend zu einer Bestätigung meines »Gutseins«: gut darin, mich meiner selbst anzunehmen, als Suchende, Ganzheitliche, gut darin, gut zu sein. Meditieren wurde auch zu einer Art Aufputschmittel für mich. Vor Auftritten, Interviews und Meetings half es mir dabei, alles im Griff zu haben. Es wirkte sich wie Koffein auf meine Leistungsfähigkeit aus, und das war ja nicht zwangsläufig schlecht. Nur machte mich der Gedanke nervös, dass ich »ohne« nicht mehr optimal funktionierte. Ich hatte also das Meditieren mit Angst verknüpft – was nun bestimmt nicht Sinn der Sache sein konnte.

Aus diesem Frust tauchte mit einem Mal die Frage auf: Wie präsent konnte ich eigentlich sein, wenn ich mich nicht darauf *vorbereitete*, präsent zu sein? Dieser Herausforderung stellte ich mich.

Morgens bin ich einfach aufgestanden und in den Tag gestartet. Ohne den Druck, mir Zeit zur stillen Betrachtung freischaufeln zu müssen. Das Ganze hatte etwas Rebellisches. Und ich habe mich auch nicht in meine Einzelteile aufgelöst ohne das Meditieren. Ich hatte immer noch einen Haufen kreativer Ideen, das Elend brach nicht über mich herein, und mein Timing war immer noch verdammt hervorragend.

Michael B., mein lieber Seelenklempner, meditiert seit vielen, vielen Jahren und ist überzeugter Buddhist (was er aber nie in seinen Lebenslauf schreiben würde). Nach etwa sechs Monaten in der Ommm-freien Zone drängte es mich wirklich, ihn zu fragen: »Warum meditierst du eigentlich?« Ich hatte mit einer tiefschürfenden Antwort à la »um mich aus leidvollen Zuständen zu befreien« oder »um in das nicht-dualistische Bewusstsein einzutreten« gerechnet. Aber er zuckte nur mit den Schultern und sagte: »Weil es mir guttut.« Sehr aufschlussreich. *Weil es mir guttut ...*

Und kurz darauf ... waren die Meditation und ich wieder zusammen. Zu neuen Bedingungen, die uns beiden entsprachen. Ich gestattete mir ausdrücklich, so zu meditieren, wie es für mich am einfachsten und angenehmsten war. Wie toll!

Ich meditiere, um Klarheit zu gewinnen. Um das zu manifestieren, was ich mir wünsche. Ich meditiere, um einen Dienst zu tun. (Und wann immer meine Meditation ein Akt der selbstlosen Liebe und Hilfsbereitschaft ist, werde ich viel schneller viel ekstatischer als sonst. Krass, wie das funktioniert!) Ich meditiere, weil ich mich zutiefst nach der Einheit mit der Mutter aller Dinge sehne, nach der Weite, die so viel Halt gibt. Ich meditiere, weil es sich gut anfühlt und ich mich so oft wie möglich so gut fühlen möchte. *Weil es mir guttut.*

Meditation, Yoga, gesunde Ernährung

Eine ähnliche Pro-Kontra-Hass-Liebe-Beziehung wie zur Meditation hatte ich auch zum Yoga und zum gesunden Essen. Neugierig und widerständig. Der Widerstand löste sich in Zuneigung auf, aus der wiederum schließlich Engagement wurde. Ich habe gelernt, eher dem Pro zu folgen als dem Kontra.

Von jedem dieser Pfade musste ich mich erst einmal entfernen, um dann zu meinen Bedingungen zu ihnen zurückzukehren. Mit allen habe ich den »Ich-brauch-dich-nicht-will-dich-aber«-Tango getanzt. Ich habe mir bewiesen, dass es auch gut ohne Mantras geht, dass ich auch ohne die Asanas wunderbar funktioniere und dass mich weder Gluten noch Milchprodukte umbringen. Aber ich will mehr als nur »geht so«, »mittelprächtig« oder »nicht tot«. Ich will strahlen und dieses Strahlen nutzen, um zu dienen.

Können wir uns darauf verständigen, dass sich unsere spirituelle Berufung im Grunde aus einer Form stiller Betrachtung, aus Bewegung und gesunder Ernährung zusammensetzt? Dann sind hier ein paar Gedanken über Schlussstriche und Neuanfänge:

Finde heraus, welchen Platz du der Spiritualität jetzt bereits in deinem Leben einräumst. Viele von uns haben längst Gewohnheiten, die sie dem Licht näherbringen. Diese sollten wir als das erkennen, was sie auch sind, nämlich spirituelle Rituale. Der stille Moment, den du dir gönnst, bevor du zu einer Besprechung düst – und in dem du mit deiner höheren Führung Zwiesprache hältst. Der Abend mit Hummus, Oliven, Gelächter und den Mädels bei dir zu Hause – schon vor Jahrtausenden sind die Frauen so zusammengetroffen, in Zelten oder Tempeln. Gartenarbeit – Dienst an der Erde.

Auf den Namen kommt es an. Eine »Meditierende« magst du nicht sein. Aber jeden Morgen liest du zu deinem Earl Grey in heiligen Schriften oder schreibst Tagebuch. Das sind ebenfalls kontemplative Rituale. Behalte sie bei und nenne sie auch so. Das Etikett »Meditierende« möchtest du dir genauso wenig verpassen wie ich, in Wirklichkeit aber *sitzt* du doch regelmäßig – also gib zu, dass du eine Meditierende bist. Und eine sehr bescheidene noch dazu. (Schreib es nur nie in deinen Lebenslauf.) Oder hast du's mehr mit Beten? Dann sprich von deiner Gebetspraxis. Denn genau darum handelt es sich ja.

Es ist kein Wettbewerb. Mit Unterbrechungen mache ich seit zwanzig Jahren Yoga. Und in dieser ganzen Zeit habe ich nie einen Fortgeschrittenen-Kurs besucht, nicht etwa, weil ich auf eigene Faust so viel weitergekommen wäre, sondern weil ich Dauer-Anfängerin bin. (Eines Abends bin ich übrigens tatsächlich mal bei den Fortgeschrittenen gelandet. Aber nur, weil ich mich im Kursplan vertan hatte. Und was eine beschämende Erfahrung hätte werden können, machte ich zu einer saukomischen … weil sie so beschämend war.) Manchmal beschränke ich mich monatelang auf ein paar morgendliche Asanas im Büro, dann wieder besuche ich meinen normalen Kurs. Und der einzige Anspruch, den ich damit verbinde, ist der, beständig sanften Übungen nachzugehen.

Niemand kann den Nutzen quantifizieren, den all das für dich hat. Dir bringt ein einmaliges Schweige-Retreat vielleicht mehr als anderen lange Monate des Meditierens. Oder ein inniges Gebet mehr als stundenlanges Knien.

Nicht um Dauer geht es, sondern um Dauer*haftigkeit*. Zu Jiddu Krishnamurti sagte einmal einer seiner Schüler: »Ständig achtsam zu sein, finde ich unmöglich.« Worauf er antwortete: »Sei nicht ständig achtsam. Sondern immer nur häppchenweise.«

Selbst mit stetiger Hingabe an dein Wachstum werden deine Übungen sein wie Ebbe und Flut. An manchen Tagen fliegst du ganz oben, du tanzt, um mit Shiva zu verschmelzen, oder du sehnst dich nach dem Pulsschlag der höheren Dimensionen, während du an anderen Tagen gerade mal das Nötigste tust, um dich wenigstens nicht total mies zu fühlen.

Bleib immer ganz *du* – in der Hingabe oder bei der Suche nach dem Licht.

Verehre, was du liebst, und liebe die Art, wie du verehrst.

Bilde dir eine Meinung. Und vertritt sie.

15
EIN GESUNDES URTEILSVERMÖGEN KANN NICHT SCHADEN

Wenn das Negative dem Positiven dient

Mein neues Leben ist golden

Seit ich unter Wasser zu atmen lernte,
weiß ich, dass sie alle Antworten hat: meine Lunge.

Meine Kompetenz in Courage war:
den Schrecken im Ganzen zu verzehren,
dem Abscheu etwas abzugewinnen,
mit meinen Tränen ein Loch in den Küchenboden
zu bohren,
zu lieben, als sei das Objekt meiner Liebe das einzige Kind,
das Sonne und Mond je geboren wurde,
nackt meine Meinung zu ändern,
Schwüre zu brechen,
ein neues Gelübde abzulegen (aber nur eines),
mich zurückzulehnen und den weiten Raum in mich
aufzunehmen,
zuzuschauen, wie mir das Universum uns alle offenbart.

Meine Belohnung:
Jetzt und immer kann ich gelangen, wohin ich auch mag,

zum Beispiel
unter die Wasseroberfläche oder
zu jenem goldenen Fleck, der für mich immer nur ein
Traum war
und jetzt das neue Leben ist, das mich erfüllt.

Wir müssen immer Partei ergreifen.
Denn Indifferenz hilft nur dem Unterdrücker, nie dem
Opfer. Schweigen ermutigt den Peiniger, aber nie den
Gequälten ... Es mag Zeiten geben, da wir zu machtlos sind,
um Ungerechtigkeit zu verhindern; eine Zeit aber,
in der wir nicht wenigstens unseren Protest äußern,
darf es nie geben.
ELIE WIESEL, DANKESREDE ANLÄSSLICH DER
VERLEIHUNG DES FRIEDENSNOBELPREISES

Auf meinen Social-Media-Kanälen äußere ich nur selten offen Kritisches. Wenn ich einen Film sehe, der mir nicht zusagt, oder ein Buch lese, das ich nur so mittel finde, erwähne ich sie einfach nicht. Kunst ist Geschmackssache, und von irgendetwas müssen wir alle leben. Deshalb halte ich mich an die Devise: Wenn du nichts Nettes zu sagen hast, verkneif dir das Twittern. Stoße ich dagegen auf etwas total Tolles, bausche ich das schon gern einmal auf. Und ganz allgemein versuche ich meine Kommunikation möglichst positiv zu halten. Weil jedes Wort seine Energie hat und es auf den – digitalen oder analogen – Plattformen eh schon viel zu viele aggressive Kommentare gibt. Auch der guten Manieren wegen. Um der Liebe willen.

Möglichst »positiv« zu bleiben, schließt das nachdrückliche Vertreten deiner Meinung nicht aus. Wann immer ich glaube, dass meine Auffassungen dazu dienen können, das Bewusstsein zu schärfen und Aktionen zu fördern, hau ich sie raus. Was fast täglich der Fall ist. Weil ich durchaus eine große Klappe habe. Die

Probleme, mit denen ich mich auseinandersetze, versuche ich so besonnen wie möglich zu behandeln, vor allem wenn es dabei nicht um Unternehmen geht, sondern um Individuen. Wer seine Meinung vertritt, erregt fast zwangsläufig Anstoß und polarisiert. Aber bei aller Entschiedenheit kann man dabei im Ton doch auch immer freundlich bleiben.

Manchmal allerdings muss man bis zum Kern des Problems vordringen, muss Ross und Reiter nennen – was nicht gerade sehr »spirituell« wirkt. Aber lass dir sagen: Meinungen, die vertreten werden, um das Niveau zu heben, sind in der Tat etwas Heiliges. Manchmal bedeutet LichtarbeiterIn zu sein, so viel Mitgefühl zu empfinden, dass es das Herz zum Glühen bringt. Bei anderen Gelegenheiten dagegen wirst du deine Wahrheit wie ein Lichtschwert einsetzen und reinen Tisch machen müssen.

Beurteilen und Unterscheiden ist nicht dasselbe wie Voreingenommenheit. Ein ausgeprägtes Urteilsvermögen zeugt von Aufgeschlossenheit und geistiger Präsenz, Voreingenommenheit dagegen ist kleingeistig und entspringt nicht dem Licht. Urteilskraft ist zum Leben erwachende Weisheit.

Wie man es auch dreht und wendet, Voreingenommenheit ist gemein. Sie entzweit, ist rückständig und hartleibig. Ausdruck eines engen Blickfeldes mit verkniffener Miene und notorisch doppelt abgesperrtem Herzen. Weil sie nur die eine Richtung kennt, sorgt sie auch oft für Verwirrungen. Dem Vorurteil ist sehr daran gelegen, sich als armes, bedrohtes Lämmchen zu präsentieren. Ist sehr »ich« gegen die »anderen«. Sagt pausenlos »aber«. *Aber ich ... aber du ... aber ich ... aber du ...*

Das Urteilsvermögen andererseits hat das größere Ganze im Blick, um zu verstehen, was abgeht. Es berücksichtigt so viele Details wie möglich und wägt sie gegen seine – aktuelle – Auffassung von richtig und falsch ab. Es lässt sich nicht so leicht beeinflussen. Ohne Urteilsvermögen würdest du auf alles Mögliche reinfallen, dich aufgeben und die aberwitzigsten Lügen und schädlichsten Hintergedanken in dein Leben lassen.

Wenn Harmonie um jeden Preis das einzige spirituelle Ziel ist, dann ist das Urteilsvermögen oft nicht erwünscht. Aber wenn es um Wahrheit geht, dann ist es ein Held.

Wenn ich mich, was gelegentlich vorkommt, mal deutlich über den nicht gerade erleuchteten Lebensstil oder Habitus bestimmter Leute äußere, fahre ich dafür Reaktionen ein wie *Das war aber sehr krass, findest du nicht? Dabei* müssen *wir einander doch unterstützen. Hier ist schließlich für jeden Platz.* Aber mal ehrlich: In meinem Leben ist nicht für jeden Platz. Ganz und gar nicht. Manche Ideologien sind dermaßen schädlich für den menschlichen Geist, dass ich es als meine Pflicht ansehe, sie zu entlarven – für meine bürgerlichen Freiheiten und die kollektive Gerechtigkeit, für die Zukunft meines Kindes, für das Licht, das ich mit nur einer einzigen Meinungsäußerung entzünden könnte. Ob das gerecht ist? Aber so was von.

Zu wissen, was für dich richtig und falsch ist, bedeutet nicht, dass du andere Auffassungen verdammen würdest – eher könnte man sagen, dass du mehr in Kontakt bist mit deiner höheren Macht. Und die darfst du ruhig nach Kräften stänkern lassen – zum Wohl der Allgemeinheit.

Kämpfen mithilfe des Lichts

Es gibt kein Licht ohne Schatten. Es gehört zweifellos zu den Hauptaufgaben spiritueller LehrerInnen, die Macht des Lichtes herauszustellen. Doch vernachlässigen sie darüber leicht die Auseinandersetzung mit der Dunkelheit. Als sich in einem Engel-Workshop, den ich einmal besucht habe (verurteile mich dafür bitte nicht), eine der Teilnehmerinnen über politische Verschwörungstheorien äußerte, wurde sie von der Leiterin mit den Worten »Über so negative Dinge können wir hier nicht sprechen, damit geben wir ihnen nur zusätzliche Energie« zum Schweigen gebracht. Aber ich bitte dich: Wenn es in einem Engel-Channel-Kurs nicht geht, wo sollte man denn dann sonst über so hirnrissiges Zeug reden dürfen?

Alle LichtträgerInnen werden sich irgendwann mit der Dunkelheit auseinandersetzen müssen. Da brauchst du nur Erzengel Michael zu fragen, den Engel des höchsten Schutzes, eines der meisterwähnten und beliebtesten Engelwesen.

Wenn du dich ein bisschen mit Kunstgeschichte befasst, wirst du feststellen, wie sehr sich die Erzengel-Michael-Darstellungen der Renaissance von den heutigen unterscheiden. In jedem modernen Engelkartenset wird er als muskelbepackter Krieger mit stahlblauem Schwert und gewaltigen Flügeln gezeigt. Voll der himmlische Supermacho. Ich mag diese Darstellungen. Aber etwas fehlt, das die frühen Bildnisse noch zeigten: Früher wurde er beim Aufspießen knorriger Horrorgestalten und monströser Dämonen dargestellt. Wow! Da nimmt endlich mal einer das Dunkle aufs Korn, krass. Der Typ ist auf einer Mission. In einem Gebet zu Erzengel Michael heißt es: »... verteidige uns im Kampfe; gegen die Bosheit und die Nachstellungen des Teufels sei unser Schutz. ›Gott gebiete ihm‹, so bitten wir flehentlich; du aber, Fürst der himmlischen Heerscharen, stoße den Satan und die anderen bösen

Geister, die in der Welt umhergehen, um die Seelen zu verderben, durch die Kraft Gottes in die Hölle. Amen.« Wow! Dagegen klingen die Erzengel-Michael-Affirmationen der Neuzeit wie Kinderlieder. Er wurde richtig weichgespült und zum New-Age-Softie gemacht.

In unserer heutigen Welt sind die Probleme aber komplexer als in Kinderreimen. Dunkelheit und Negativität müssen bewältigt werden, und zwar auf allen gesellschaftlichen Ebenen. Und ich wünsche mir eine Armee kriegerischer »Engel« zu meiner Unterstützung, die bereit sind zuzuschlagen. Ich möchte das Korrupte, Perverse aufspüren, wo auch immer es sich verbergen mag, will es im Auge behalten und dann bewusst mit jedem Gedanken, meinem ganzen Tun und mit jeder Faser meines Körpers für das Licht arbeiten. Tag für Tag.

Der göttliche Nutzen des Abscheus

> *Wir müssen die falsche Situation erkennen und uns sorgfältig von ihr lösen. Das heißt: sie bewerten, ohne zu verurteilen. In solchen Situationen sind wir auf die Hilfe einer höheren Macht angewiesen. Das Wissen um diese Notwendigkeit lässt uns das Gleichgewicht »auf dem Drahtseil« halten, denn das ist es, was wir brauchen.*
> CAROL K. ANTHONY, *A GUIDE TO THE I CHING*

Ein Verbündeter des Urteilsvermögens – und zugleich eine eher derbere, in spirituellen Kreisen äußerst selten geförderte Emotion – ist der Ekel. Wir haben gelernt, ihn aus Höflichkeit nicht zum Ausdruck zu bringen. Ekel oder Abscheu werden als negative Emotionen bezeichnet, weil sie … na ja, negative Emotion *sind*. Fühlen wir uns von anderen abgestoßen, kann das Gefühl des

Ekels erniedrigend sein, staut es sich in uns auf, vergiftet es unsere Psyche. Aber Ekel ist ein unglaublich effektives Instrument für Achtsamkeit. In ihrem Animationsfilm *Alles steht Kopf* definieren die Leute von Pixar die Figur »Ekel« sehr treffend so: »EKEL hat eine Meinung zu allem, ist äußerst ehrlich und sorgt sich darum, dass Riley [die Hauptfigur] nicht vergiftet wird – körperlich oder mental.« Ekel ist so etwas wie das Ausspucken von Körper und Seele – nicht gerade schön, aber lebensnotwendig.

Nach ständigen Streitigkeiten mit einer Person, die in meinem Leben eine gewisse Rolle spielte, kam es schließlich zum Eklat, sodass ich mich distanzierte und überlegen musste, wie es weitergehen sollte. Durchgearbeitet habe ich die Situation mit einer intuitiven Heilerin, einer ruhigen, ausgeglichenen Person, charakterstark, aber von unendlicher Geduld. Ich ging davon aus, dass sie mir eine Übung in Selbstliebe verordnen oder das Lösen von Energiefäden empfehlen würde. Doch stattdessen wies sie mich wie ein Schiffskapitän auf rauer See an: »Deinen Ekel musst du einsetzen. Lass dich von diesem ganzen Mist so richtig voll anekeln.« Also ... *keine Affirmationen der göttlichen Liebe?* Sondern einfach ... *die ganze Abscheu von der Leine lassen?*

Einen Moment lang hatte ich Angst, meine »Ekel-Vibes« würden mir psychisch schaden können. Und die andere Person wollte ich auch nicht mit Negativität überhäufen. Was ich wollte, war lediglich, mich vor deren Mätzchen in Sicherheit zu bringen. Ich schaute mir ihr Benehmen an, verglich es mit meinem Verhalten – und kein Zweifel: Der Kontrast widerte mich an.

Also ließ ich mich darauf ein. Wenn ich Situationen durchdachte, was eine manchmal durchaus gesunde Angewohnheit ist, empfand ich ein gewisses Verständnis für die andere Person und suchte nach Möglichkeiten, mich ihr gegenüber entgegenkommender zu zeigen, was mich schließlich frustrierte und verunsicherte. Also betrachtete ich das Chaos von innen her und sagte mir in aller Sachlichkeit: *Du ekelst mich an.* Zuerst musste ich lachen, weil sich das so wahnsinnig dramatisch anhörte. *Ein bisschen drüber.* Aber nachdem ich es mir noch zweimal vorgesagt hatte, spürte ich, dass es stimmte: Ich *war* angeekelt. *Gründlich* angeekelt. Und deshalb konnte es nicht so weitergehen.

Zu dem Zeitpunkt war das eine gesunde Form der Verteidigung, die mir auch die Stärke gab, neue Regeln für mich aufzustellen. Robert Augustus Masters schreibt über gesunde Abscheu: »Sie schützt uns vor Unreinheiten, realen oder eingebildeten … Gesunder Ekel entwürdigt niemanden, sondern konzentriert sich auf *Verhaltensweisen*, die wir abstoßend finden; er gibt uns den nötigen Antrieb, diese so nachdrücklich abzulehnen, dass wir uns unzweideutig von ihnen abwenden, ohne jedoch unsere Integrität zu verlieren.« *Als Resultat eines gesunden Urteilsvermögens.*

Nenn die Dinge also beim Namen, entlarve jede Lüge, die dir aufgetischt werden soll, wenn nötig auch in aller Deutlichkeit, und beweise dabei Klasse. Denn es gilt (wie ja eigentlich immer) die goldene Regel *Behandle andere so, wie du von ihnen behandelt werden willst* – auch wenn du nichts (mehr) mit ihnen zu tun haben möchtest.

In meinem Leben gab es Zeiten (und ich bin mir sicher, dass es sie auch künftig wieder mal geben wird), in denen ich barsch und nicht gerade einfühlsam aufgetreten bin, wenn ich meine Meinung vertrat. Ich wollte etwas erreichen, war gestresst und tat so, als wüsste ich nicht, dass sich Energie materialisieren, Menschen verletzen und wie ein Bumerang zu mir zurückkehren kann, um auch mir wehzutun.

Möglichkeiten, den Anstand und die Eleganz zu wahren, gibt es immer, egal, auf welcher Seite du stehst – aber zuerst einmal musst du wissen, wo du stehst. Beziehe Position. Und hab dein Lichtschwert immer in Reichweite.

Frag deine
Seele,
was sie
sieht.

16
WAS DAS LEIDEN BETRIFFT

Seele – Schmerz – Standpunkt

Du darfst leiden

Ich werde ermutigt von der rätselhaften und erlösenden Wahrheit ... Wir bestehen aus dem, was uns kaputtmachen würde.
KRISTA TIPPETT, *BECOMING WISE*

Bevor ich in die Einzelheiten gehe, möchte ich eine Grundthese aufstellen, auf die ich gleich zurückkommen werde: Schmerz und Leiden sind zwei unterschiedliche Erfahrungen. Schmerz ist die Folge einer Verletzung. Eine Trennung zum Beispiel schmerzt. Oder ein Beinbruch. Und wenn etwas wehtut, sind Schmerzen die erste Reaktion darauf. Die Reaktion auf den Schmerz wiederum ist das Leiden. Schmerzen sind unvermeidlich. Leiden hingegen eher ... *fakultativ.*

Wie gesagt, diesen Gedanken greife ich gleich wieder auf.

Eine weitverbreitete spirituelle Prämisse lautet: Schmerzen und Leiden sind unsere Lehrer. Stimmt.

In der New-Age-Logik führt dies zu der Schlussfolgerung: Da Schmerzen und Leiden unsere Lehrer sind, sollten wir für unsere Schmerzen und Leiden *dankbar* sein.

Aber halt mal ... nicht so schnell.

Sprechen wir über die Scham, mit der das Leiden oft einhergeht. Eine echte New-Age-Spezialität: Wir Selbst- und LebenshelferInnen sind ja wahre Fachleute darin, uns für alles Mögliche zu kritisieren, das wir manifestieren, anziehen ... und danach auch für das unentspannte, ganz und gar un-zen-nige Reagieren auf schlechte Zeiten.

Betrachten wir Schmerzen als Lernchance, baden gleichzeitig jedoch in Kummer und fragen uns »Warum gerade ich?«, finden wir das womöglich selbst leicht bescheuert. *Nach dem ganzen Meditieren, der Therapie und dem Reiki, ich meine ... da würde man doch meinen, dass ich das längst hinter mir hätte.*

Wenn die Person, auf die du scharf bist, dich nicht will, wenn du den Auftrag nicht bekommst, um den du dich so bemüht hast, wenn du eine schlimme Diagnose erhältst, einen unsäglich schweren Verlust erleidest ... Nun aber, nachdem du sooo lange auf diesen Durchbruch hingearbeitet hast – vergeblich, wie sich herausstellt –, tönt dein »innerer Gewinner« vielleicht so: *Nichts soll ohne Grund geschehen? Ach, vergiss es doch. Vergiss auch den »göttlichen Plan«.* Und wenn wir schon mal dabei sind: *Vergiss all die Heinis mit ihrem Macht-des-positiven-Denkens-Geschwätz!*

Schmerz ist Schmerz. Verlust ist Verlust. Missbrauch ist Missbrauch. Leiden ist Leiden.

So spirituell sie auch wirken mag – als erste Reaktion auf eine heikle Herausforderung ist Dankbarkeit nicht immer das Gelbe vom Ei. Unser Leiden möchte weder verleugnet noch mit spirituell korrekten Phrasen kleingequatscht werden. Unsere Aufmerksamkeit will es – sie schreit danach. Übertünchen wir unseren Schmerz mit unausgegorener Positivität, schließen wir nur den Heilungsprozess kurz. Dieses Vermeidungsverhalten macht uns noch anfälliger für künftige Verletzungen. Deshalb bekommen wir ein und dieselbe Lektion wiederholt vorgesetzt. Vielleicht sollten wir mit dem spirituellen Süßstoff also lieber warten und erst einmal schauen, wie wir auf das verstörende Ereignis tatsächlich reagieren. Dann sehen wir weiter.

Zunächst einmal wird die Wunde gereinigt, was im Allgemeinen brennt wie Sau. Danach wird sie behandelt und verbunden – fühlt sich schon besser an. Wann immer bei dir etwas schiefläuft im Leben: Renn nicht weg, bleib präsent – genau dort, wo die Wunde klafft. Sei verletzt, sei zornig, sei schwach. Stell dich dem Hässlichen und Unangenehmen. Die karmischen Erklärungen, die Zusammenhänge mit der Herkunftsfamilie und die »Alles-wird-gut«-Gleichmacherei kannst du dir einstweilen sparen, für diese Trostpflaster ist später immer noch Zeit.

Die spirituelle Reaktion auf das Leiden besteht darin, sich mit ihm anzufreunden. Hätte deine Freundin Schmerzen, würdest du sie bestimmt nicht auffordern, Dankbarkeit für diese Lernerfahrung an den Tag zu legen. Wäre sie in Tränen aufgelöst, würdest du ganz sicher nicht das Gesicht verziehen und seufzen »Ach, du schon wieder?« oder sie der Tür verweisen. Vielmehr würdest du dich zu ihr setzen, ihr zuhören und mit ihr sprechen. Oder vielleicht wären auch gar keine Worte nötig und allein deine Gegenwart wäre tröstlich für sie. Ins Kino würdest du sie einladen, deine Freundin und ihren Kummer. Du würdest sie dafür lieben, wie sie sich dir öffnet. Und ihre Wunde könnte zu heilen beginnen.

Dankbarkeit – aber wofür genau?

Ich bin nicht dankbar dafür, von einer Firma entsorgt worden zu sein, die ich selbst mitbegründet hatte. Ich bin nicht dankbar dafür, neunzigtausend Dollar an eine gescheiterte Geschäftsidee verloren zu haben. Genauso wenig dankbar bin ich für die verheerenden Folgen einer bestimmten Beziehung. Auf eine zweijährige mysteriöse Krankheit, die ich mal hatte, hätte ich ebenfalls gut verzichten können. Oh ja, ich habe Verluste erlitten. Und bin Prüfungen unterzogen worden, die mich an meine Grenzen gebracht haben.

Richtig dankbar aber bin ich für alles, was ich aus diesen Herausforderungen gelernt habe. Da bin ich ganz bei der verstorbenen Maya Angelou: »Heute würde ich mit niemandem tauschen wollen.« Ich würde die Uhr nicht zurückdrehen, keine Träne ungeweint und keinen Dollar unausgegeben machen wollen. All die Momente, in denen ich mit der ganzen Kraft meines Geistes das Adrenalin zurückdrängen oder immer wieder mein inneres Reservoir an Integrität auffüllen musste – das war hartes Training. All diese Verantwortlichkeiten! Die vielen Illusionen, die verbrannten! Die Flammen, die mich vernarbt haben, sind auch die Flammen, die mich reinigten und emporhoben – weil ich selbst mich dem Feuer hingegeben habe, bereit zu lernen und alles zu durchleben. Auf die Knie bin ich gegangen, habe unter die Wolken aus Rauch und Angst gelugt und gemeint: »Na, dann wollen wir doch mal gucken, was hier *wirklich* abgeht.«

Und wenn ich dem Leben für all das danke, was mir seine Herausforderungen gegeben haben, sage ich: *Danke dafür, dass du mir geholfen hast, endlich klarzusehen.* Zu erkennen, wo ich wachsen kann und wie. Danke dafür, dass du mir geholfen hast, die Liebe zu erkennen, zu entdecken, wo die Angst lauert ... und die Wahrheit zu sehen, die schon immer die Wahrheit war.

Für die Schwierigkeiten, denen du begegnest, brauchst du genauso wenig dankbar zu sein wie den Übeltätern. Denn du weißt ja: Das Universum bietet so vieles, für das du dankbar sein kannst. Sei also lieber für dein Vertrauen

dankbar und den FreundInnen, die dich
hielten, als alles zusammenbrach.

Sei dankbar für deine Fähigkeiten, aus Leiden
zu lernen und Zerstörtes in unverbrüchliche
Stärke zu verwandeln.

Krank?

WhatsApp von meiner Freundin Piper: Sie hat sich den Fuß gebrochen. Ich also mit Lichtgeschwindigkeit in den Analysemodus.

Ich: Was!? Gebrochen? Scheiße. Tut's weh?
Piper: Nicht mehr. Nehme schwere Schmerzmittel.

Nachdem dieser kleine Einschub von Mitgefühl hinter mir liegt,
lege ich richtig los, voll metaphysisch.

Ich: Welcher Fuß?
Piper: Der linke.
Ich: Also die weibliche Seite. Wie ist es passiert?
Piper: Bin über Felix' Hockeytasche gestolpert.
Ich: Also blockiert er dein Vorwärtskommen.
GANZ EINDEUTIG. Wo wolltest'n hin?
Piper: Die Treppe runter.
Ich: Ins Unterbewusste hinabsteigen.
Piper: Ich hab's so satt, ständig über seinen Scheiß zu stolpern.
Ich: Versteh ich total.

Das hieß natürlich ganz eindeutig, dass Piper sich von Felix würde
trennen müssen, weil der sie mit seinem Neandertaler-Verhalten
von der vollen Selbstentfaltung abhielt. *Ganz eindeutig.* Rein metaphysisch lagen Piper und ich mit dieser Einschätzung auf einer Linie.

Vielleicht aber hätte meiner Freundin zu der Zeit vor allem ein Hühnersüppchen gutgetan und dass ich mich um ihre Post kümmerte. Weniger Klugschiss also und dafür mehr liebevolle Zuwendung.

So einer Chat-Analyse war ich selbst auch schon mal ausgesetzt. Ich litt damals seit Jahren unter einer chronischen Bronchitis. (Und schämte mich in Grund und Boden, weil die immer wiederkam. Warum um alles in der Welt gelang es mir denn bloß nicht, mich davon zu befreien?) Jede ganzheitlich Orientierte, der ich das erzählt habe, rückte unweigerlich ein Stückchen näher an mich heran und verriet mir ein Geheimnis, als handele es sich um ein todsicheres Heilmittel gegen die Pest: »Die Lunge steht für Trauer.« *Ach was! Na schönen Dank auch. Als hätte ich darüber nicht bereits mit neunzig NaturheilerInnen gesprochen.*

Wir New-Ager analysieren so was für unser Leben gern. Und ja, die Seele drückt sich tatsächlich durch den Körper aus. Einen möglichen Pferdefuß aber hat dieses chronische Analysieren: Was, wenn sich eine Erkrankung nicht mit einer spirituellen Lektion wegerklären lässt? Was, wenn du einfach nicht damit klarkommst, weder emotional noch spirituell? Was, wenn wir uns eben, so sehr wir es auch versuchen ... nicht selbst heilen *können*?

Für eine Person, die Jahre darauf verwendet hat, die Verbindung zwischen ihrem Geist und dem Körper zu stärken, kann eine Erkrankung ein schwerer seelischer Schlag sein. *Wie konnte ich so was bloß manifestieren? Woran halte ich auf Zellebene da nur so fest?* Der ganzen Arbeit zum Trotz, die wir leisten, um uns darüber zu erheben, bringt uns eine körperliche Erkrankung auf den Boden der Tatsachen zurück, auf den Atem und die Knochen – und macht uns so menschlich wie nie. Caroline Myss sprach dies während einer der SuperSoul-Sessions von Oprah Winfrey an: »Eine Krankheit schlägt zu, und wir halten uns für die Ausnahme von der Regel. Dass wir angeblich über den Naturgesetzen stehen, ist eines der schmerzhaftesten Dinge, die wir uns einreden können.« Wir sind nun einmal ein Teil dieser Natur, die durch sich selbst lebt. Sie spendet Leben, macht krank, stärkt. Das ganze Programm.

Viele machtvolle Gurus, die andere Menschen heilen konnten, sind an Krebs gestorben oder an multiplem Organversagen. Der Mystiker Jiddu Krishnamurti (der übrigens auch mein größter Schwarm auf philosophischem Gebiet ist) litt vor seinem Tod unter schwerer Migräne. Sowohl der buddhistische Mönch Thich Nhat Hanh als auch der spirituelle Lehrer Ram Dass erlitten einen schweren Schlaganfall. Dass schrieb über seine Erkrankung: »Mein ganzes Leben lang war ich ›Helfer‹. Und nun sah ich mich selbst gezwungen, die Hilfe anderer anzunehmen, und musste mir eingestehen, dass mein Körper der Aufmerksamkeit bedurfte. ›Seit deinem Schlaganfall bist du viel menschlicher geworden‹, hat ein Freund von mir kürzlich gesagt. Das hat mich tief berührt. Was für ein Geschenk ich dem Schlaganfall verdanke: Endlich habe ich gelernt, dass ich meine Menschlichkeit nicht verleugnen muss, um spirituell zu sein – dass ich sowohl Zeuge als auch Teilnehmender sein kann, ewiger Geist und alternder Körper.«

Der Körper ist ein Fahrzeug der Seele, und die Seele hat den Fahrersitz inne.

Krankheiten stellen oft einen dramatischen Weckruf dar. Die Seele versucht verzweifelt, die Aufmerksamkeit der Person zu erregen, die so in ihrer materialistischen Welt verstrickt ist, dass sie ihre wahre Natur darüber vergisst. Dann kann eine Krankheit die Botschaft vermitteln, die wir brauchen, um wieder ins Gleichgewicht zu kommen. *Deine Seele hat Schmerzen. Mach mal nicht so schnell. Kümmere dich. Ergib dich. Spür eure höhere Verbundenheit.*

Und manchmal kann Krankheit eine Einweihung in unsere größeren Heilungsfähigkeiten sein, eine Schulung in der Beeinflussung der Materie durch den Geist. Oder womöglich erteilt sie uns eine Lektion in Sachen Timing und Geduld. Kann auch sein, dass wir krank werden, um anderen besser vermitteln zu können, wie schön das Leben ist. Oder wir lösen Karma auf oder machen uns nützlich, indem wir einen kollektiven Schmerz verarbeiten. Vielleicht lernen wir auch, friedlich mit dem Geheimnis des Ganzen zu leben – was eine enorme Lektion ist.

Alles auf Seele!

Ich glaube an ein zutiefst geordnetes Chaos.
FRANCIS BACON

Ich glaube, dass wir uns auf seelischer Ebene unseren Schmerz selbst aussuchen.

Das hängt eng mit meiner anderen fundamentalen Überzeugung zusammen: dass unsere Seelen durch das Multiversum in vielfältigen Formen und Dimensionen reisen; oder einfacher ausgedrückt: dass wir viele Inkarnationen durchleben. Ich glaube also weder an eine spirituelle Lotterie noch an die Macht eines diktatorischen Gottes, der nach Gutdünken Schicksale verteilt und dabei die einen besser wegkommen lässt als die anderen. Vielmehr denke ich, dass wir als menschliche Funken der reinen Lebensquelle losgezogen sind, um so viele Erfahrungen zu machen, wie nötig sind, um wieder zur Ganzheit zu gelangen. Zusammen mit der Schöpfung wählen wir die allgemeinen Lebensumstände jeder Inkarnation, skizzieren einen Lehrplan und schließen den einen oder anderen Vertrag ab, bevor wir die nächste Existenz ansteuern. Wir selbst suchen uns die Rollen, die wir im Theater des Lebens übernehmen: Opfer, SiegerIn, Kreuzritter, Liebende, Eremit, HerrscherIn, Narr, die/der Weise.

Dabei sind manche Menschenleben einfacher oder härter als andere. Einige sind effektiver bei der Entwicklung von Wissen und Fertigkeiten. Alles ist vorherbestimmt. Alles ist nützlich. Alles ist hilfreich, um das Universum zu erweitern.

Daraus folgt, dass wir beziehungsweise unsere unbegrenzten Seelen auch schrecklichen Missbrauch und fürchterliche Verluste wählen – also Dinge, von denen wir uns womöglich während eines einzigen Menschenlebens gar nicht erholen können. Wir wählen auch Gnade und jede Form von unglaublichem Glück und Segen. Wir sind die Dunkelheit und das Licht. Und eines Tages, irgendwann im Kontinuum der Zeit, werden wir alles gekostet und verdaut haben, was auf der kosmischen Speisekarte steht.

Bleibe ich von dem Schmerz, den meine Seele wählt, **verschont?** Natürlich nicht. Wenn mein Herz gebrochen ist, ich mich gedemütigt oder angegriffen fühle, Angst habe, ist das natürlich schmerzhaft. Die Schmerzen meiner Liebsten spüre ich auch. Ebenso den Schmerz der Menschheit. Ich habe oft schwere Schmerzen, umso mehr, als ich unsere Verbundenheit täglich intensiver spüre. Und ich leide an meinem Schmerz. Er macht mich langsamer, vermindert meine geistige Klarheit, und der Frust kann dazu führen, dass ich um mich schlage, innerlich und äußerlich. Ich bete, dass meine Seele es besser weiß, dass meine Geistführer mich von jeder harten Lektion befreien und dass die Mutter und der Vater meiner Seele gnädig sein mögen.

Hilft diese Sichtweise, mein Leiden zu mildern? Lindert es meine negative Reaktion auf den Schmerz? Ja. Manchmal hilft mir das ganz enorm. Bei anderen Gelegenheiten weniger. Jedoch erkenne ich in den meisten Dingen einen Sinn und finde Trost in meiner Überzeugung, dass alles dem Wachstum der Seele dient, was auch geschieht.

Wenn ich glaube, dass meine Seele selbst die schmerzlichsten Erfahrungen meines Lebens abgenickt hat – von der Kindheit an bis heute –, heißt das dann, dass ich die schlimmen Dinge irgendwie »verdient« hätte? Ganz und gar nicht. In keinerlei Hinsicht. Verdient haben wir alle Schutz, Fürsorge und Respekt. Wenn jemand zum Opfer wird oder auf irgendeine Weise belastet wird, besteht die erhabenste Reaktion darauf in tiefem Mitgefühl.

Ob ich das Negative, das mir widerfährt oder in meinem Leben geschieht, wohl selbst herbeigeführt habe? Nie, unter gar keinen Umständen. Ich denke eher, dass ich mit dem Leben zusammenarbeite, um mich selbst herauszufordern; und wo Liebe herrscht, ist kein Platz für Strafen. An ein zorniges Gottesbewusstsein glaube ich nicht. Manche Umstände fühlen sich allerdings an wie die Höchststrafe. Und wie oft habe ich dem Leben nicht schon so etwas entgegengehalten wie »Du verarschst mich doch. Das kannst du jetzt wirklich nicht ernst meinen«.

Soll das alles heißen, dass ich Unglück und schlechte Behandlung passiv hinnehmen oder Täter ungeschoren davonkommen lassen muss, weil ich irgendwie mitschuldig bin? No way. Die Verbundenheit mit der Weisheit meiner Seele stärkt mein Selbstwertgefühl. Sie hilft mir, das Dunkle mit der Liebe zu vertreiben und mich für heilende Gerechtigkeit einzusetzen.

Blockiert die seelische Perspektive, die ich einnehme, das Mitgefühl mit mir selbst? Möglich ist das. Wie du aus den meisten Kapiteln dieses Buches herauslesen kannst, hat genau dieses Fehlen von Mitgefühl mir selbst gegenüber dazu geführt, dass ich es geschrieben habe. Ganz ohne Kampf gelingt es mir immer noch nicht, Spiritualität mit meinen menschlichen Wünschen zu vereinbaren – aber spannend ist es. Obwohl mich diese Reise zahlreichen Prüfungen unterzieht, bin ich fest entschlossen, meine Seele nie zu vernachlässigen.

Der Satiriker Stephen Colbert wurde einmal gefragt, wie er mit dem größten Verlust seines Lebens klargekommen ist: dem Tod seines Vaters und seiner beiden Brüder bei einem Flugzeugabsturz, als er zehn war. Als er seine Mutter, eine gläubige Katholikin, fragte, wie Gott so etwas Schreckliches hatte zulassen können, gab sie ihm den Rat, es »*aus der Perspektive der Ewigkeit*« heraus zu betrachten. Also aus einem seelischen Blickwinkel heraus. »Und das hat mir geholfen, nicht zu verbittern«, erklärte Colbert.

So erkläre ich mir die Welt, in der wir leben: Ich glaube, dass die Seele uns durch alles, was wir erfahren, hindurchführt. Und lerne mich mit der Unergründlichkeit dessen zu arrangieren.

Extreme und Ausnahmen

> *Zwischen Reiz und Reaktion liegt ein Raum. In diesem Raum*
> *liegt unsere Macht zur Wahl unserer Reaktion. In unserer*
> *Wahl liegen unsere Entwicklung und unsere Freiheit.*
> VIKTOR E. FRANKL

Ein kritischer Geist wird fragen: *Okay, da hat nun also jemand beschlossen, in der nächsten Inkarnation in ein Flüchtlingslager zu kommen oder mit dem Zika-Virus geboren zu werden. Wie aber soll dieser Mensch über so ein extremes Leiden hinauswachsen?* Sehr gute Frage.

Ich glaube nicht, dass irgendjemand über so ein extremes Leiden »hinauswachsen« kann, während er noch mittendrin ist. Vielmehr wird er ums Überleben kämpfen, entschieden versuchen, nicht den Verstand zu verlieren. Manche Menschen erkennen allerdings selbst in überwältigender Finsternis noch einen schwachen Lichtschimmer. Wie Viktor Frankl, dessen Wille, drei Jahre in einem Konzentrationslager der Nazis zu überleben, daher rührte, dass er in dieser Erfahrung einen Sinn erkannte. »Wer einen Grund zu leben hat, kann fast alles überstehen«, schrieb er sinngemäß. Nelson Mandela, der siebenundzwanzig Jahre in Haft war, bevor er Südafrika als Staatspräsident diente, wurde von seiner Zukunftsvision für das Land am Leben gehalten. »Ich wusste immer, dass ich eines Tages wieder das Gras unter meinen Füßen spüren und als freier Mann in der Sonne würde spazieren gehen.«

Menschen, die solche Gräuel bei geistiger Gesundheit überleben, verblüffen. Noch erstaunlicher ist allerdings, dass einige von ihnen nach ihrer Befreiung vergeben können. Obwohl sie jedes Recht der Welt hätten, verbittert zu sein und auf Rache zu sinnen, entscheiden sie sich dafür, Liebe zu predigen und zu praktizieren. Sie suchen (und finden) die Lebensfreude. Glauben nach wie vor an einen gerechten Gott. Was für *außergewöhnliche* Menschen. Nobelpreisträger Elie Wiesel sagte einmal: »Dass ich den Holocaust überlebte und weiterhin schöne Frauen lieben, mich unterhalten, schreiben, Toast zum Tee genießen und mein Leben führen konnte – *das* wich vom Normalen ab.« *Außergewöhnlich.*

Wie eine Seele die Voraussetzungen für ihr Wachstum plant – ob durch Schmerz oder Vergnügen, mit Leichtigkeit oder auf die harte Tour – ist individuell verschieden und aus einer rein irdischen Perspektive heraus weder zu erklären noch zu begreifen. Das Spielfeld »Erde« ist nicht für jeden gleich. Und genau deshalb tun uns manche Selbsthilfe-Predigten über Selbstmotivation Unrecht. Denn nicht jede(r) kann »alles erreichen, wenn er oder sie es nur will«. Und diese Theorie ist erniedrigend für diejenigen, die in extremen Situationen von Unterdrückung, Entrechtung und schwerer Benachteiligung leben müssen.

Manche von uns wachsen während eines einzigen Lebens über ihr Leiden hinaus. Andere nicht. »Bequem« wird sich der Kampf des Menschen nie gestalten lassen. Aber um Bequemlichkeit geht es ja auch nicht.

Kein Mitleid mit starken Seelen

Zwei Jahre lang hörte ich jeden Tag direkt unter dem Fenster meines Hauses, an dem ich arbeite, praktisch immer zur selben Zeit ein unverständliches Schreien. Ein lautes Gestöhne, ein Brüllen, ein Jaulen – vielleicht Ausdruck von Schmerzen oder ein Geheimcode, womöglich auch Lebensfreude, die sich ihren Weg bahnte. Es war jedenfalls nicht zu überhören.

Die Geräusche kamen von einem jungen Mann um die zwanzig, der stets weiße Sneakers zu einer roten Regenjacke trug, kurze Haare und große braune Augen hatte. Vermutlich war er an einer schweren Form der Kinderlähmung erkrankt oder litt an einer Gehirnschädigung. Die Hände hielt er, zu Fäusten geballt, dicht vor sein hübsches, jedoch immer verzerrtes Gesicht. Sein Kopf wies seitlich nach oben, sodass es, wenn er brüllte, was eigentlich immer der Fall war, aussah, als würde er mit Geistern kommunizieren, die in den Baumwipfeln hockten.

Jerry, wie er bei mir hieß, ging immer auf meiner Seite die Straße runter, stets ein paar Schritte hinter seiner sehr entspannt wirkenden Pflegerin. Sie ging spazieren, während Jerry ... brüllte. Einmal hatte ich Gäste, als er vorbeihumpelte und schrie. LAUT schrie. Alarmiert rannten die Leute ans Fenster. »Was ist das denn?«

Das ist Jerry. Er brüllt.

Es brach mir jedes Mal das Herz, wenn er vorbeikam. Vor allem musste ich dann immer daran denken, was er alles nie würde tun können. Er würde nie einen Stift halten und Schecks ausschreiben. Nie gedünsteten Reis machen und Freunde dazu einladen. Im Flieger über Politik und Geschäfte plaudern. Oder in der Badewanne ein Buch lesen. Motorrad fahren mit seiner Liebsten auf dem Rücksitz. Jedenfalls nicht in diesem Leben.

In den ersten Wochen ging ich immer in die Küche, wenn Jerry vorbeiging, weil ich seinen Anblick einfach nicht ertragen konnte. Und dann erinnerte ich mich an etwas, was meine Mutter mal zu mir gesagt hatte, als ich noch ein kleines Mädchen war. Wir sahen einen Mann mit schweren Behinderungen im Rollstuhl die Straße überqueren. Ihr fiel die ängstliche Besorgnis in meiner Miene auf.

»Eine starke Seele«, sagte sie, als wir an der Kreuzung warteten. »Die Seelen von Menschen wie ihm verkraften das.«

Dass ich ihren Worten Glauben schenkte, änderte nichts an meinem Schmerz, und ich bin mir auch nicht sicher, ob sie den Mann im Rollstuhl getröstet hätten. Aber sie minderten mein Mitleid – um allergrößtem Respekt Platz zu machen. Und wenn ich heute das Leiden eines Menschen sehe, reagiere ich mit einem Gefühl der Ehrfurcht. *Dass du das auf dich nimmst ... unglaublich!*

Allmählich freute ich mich direkt auf Jerrys Nachmittagsbummel. Je lauter, desto besser. Wann immer er zu den Bäumen hochblickte, durchschaute er das Leben, da bin ich mir ganz sicher, und sah bestimmt alles Mögliche, das mir verborgen blieb.

Leiden, um von göttlichem Nutzen zu sein

Wenn das Leiden kaum mehr zu ertragen ist. Wenn es so dicke kommt, dass es dicker eigentlich nicht mehr geht. Wenn du dir beim besten Willen nicht vorstellen kannst, welches Geschenk sich hinter diesem Schmerz verbergen könnte. Wenn allein schon der Gedanke daran, »Fortschritte« zu machen, eine Qual ist ...

Dann gilt:

Möge mein Leiden zumindest
von Nutzen sein.
Möge es zu etwas Gutem dienen.
Wenn nicht für mich, dann für jemand anders.
Etwas Gutes.
Zumindest das.
Möge mein Leiden von Nutzen sein.

Das ist der erhabene buddhistische Umgang mit dem Schmerz: Wenn du in der Hölle bist, kann dir der Gedanke, deine Qual sei von göttlichem Nutzen, dabei helfen, dass du nicht aufgibst. Es ist ein Lichtstrahl der Vernunft, wirft dir das rettende Seil der Sinnhaftigkeit zu, an das du dich in tiefster Verwirrung klammern kannst.

Deine Schmerzen und dein Leiden sind von Nutzen. Sobald du das Schlimmste hinter dir hast, kannst du anderen mit deinen Erfahrungen weiterhelfen. Und auch wenn du noch mittendrin steckst, kannst du bereits einen Beitrag leisten. Weil du neue energetische Pfade beschreitest, Freiräume schaffst, Dinge zurechtrückst und lernst – weil du deine Seele kennenlernst.

Möge mein Leiden von Nutzen sein.
Es ist wirklich ein Gebet.

Energie
folgt der
Aufmerksamkeit

17
DAS WÜNSCHEN OPTIMIEREN

Das Erschaffen der Wirklichkeit

Liebe Unendlichkeit

schon ziemlich
bald
wird meine Zukunft
zum Jetzt
geworden sein
und aus meinen Wunden
heilige Geometrie
(Kreise der Erhabenheit, Pyramiden des Willens, Wirbel
der Liebe)

Ich verstecke, was ich loslassen musste, in Furchen
hinter einem hohen Tor
und wispere wohlwollende Wünsche
in die Saaten des Sieges
ich pflanze –
und jeder hört das Gebet:

Liebe Unendlichkeit,
hauche allen meinen Wünschen
lebendiges Leben ein.

Verschiedene Auffassungen von Wünschen

> Katholiken: Wenn du dir etwas wünschst, musst du dich an Gott wenden, um es zu bekommen.
> Buddhisten: Dein Problem ist, dass du es willst.
> Zen-Buddhisten: Was gäbe es schon zu wollen?
> Hindus: In deinem letzten Leben wolltest du das auch schon.
> Kapitalisten: Du musst es mehr wollen als alle anderen.
> New-Ager: Bestell es dir beim Universum.

Jeder hat Wünsche. Die New-Ager aber sind ganz besonders heiß aufs *Manifestieren* und das *Schöpfertum* und darauf, von den universellen Geheimnissen der Wunscherfüllung zu profitieren. Wenn es um die Grundlagen des Manifestierens, die Gesetze der Anziehung und die Wissenschaft des Wünschens geht, können wir richtiggehend aus dem Häuschen geraten.

Einige populär gewordene Manifestationslehren leisten uns allerdings einen Bärendienst. Weil sie sich nämlich allzu sehr auf das *Eintreffen* des Gewünschten konzentrieren statt darauf, *die Person zu werden, die man sein möchte*. Das hält uns in der materialistischen Falle fest, und dort werden wir niemals Befriedigung finden.

Kannst du dir vorstellen, dass ein Workshop mit dem Titel »Manifestieren Sie Ihre größten Wünsche: Die Chancen stehen fifty-fifty« gut besucht sein würde? Nöö, wohl eher nicht. Aber ehrlich wäre es. Es gibt keine Manifestationskurse, die sich mit dem beschäftigen, was passiert, wenn man *nicht* manifestiert, was man will, obwohl es doch oft so kommt ... na ja, das Leben ... und das Karma ... und fehlende Klarheit. Und weil die Seele vielleicht einfach andere Pläne für deine Zukunft hat.

Und allzu oft sind erwünschte **Gefühle** nicht einmal Teil der Manifestation – und das geht ja gar nicht. Denn wir jagen nicht hinter dem Ziel her, sondern wir wollen wissen, wie wir uns fühlen, wenn wir es erreicht haben. Solange du dir nicht im Klaren darüber bist, wie du dich fühlen möchtest, rennst du nur ewig weiter in Kurse und Workshops über die Gesetze der Anziehung. *Bin zwar befördert worden, fühle mich aber immer noch unsichtbar. Habe jetzt zwar eine Beziehung, leide aber immer noch unter Verlustängsten. Das Haus gehört mir jetzt zwar, aber angekommen fühle ich mich immer noch nicht.* Beim absichtsvollen Erschaffen geht es letztlich immer um die von tiefstem Herzen ersehnten Gefühle. Sobald dir die einmal klar sind, weißt du auch, was du wirklich willst, und kannst tun, was notwendig ist, um sie dir zu verschaffen. Erreichen ist dabei gar nicht so wichtig; vielmehr kommt es darauf an, dass du mit deinem Herzen und mit deiner Seele in Einklang bist.

Mit der Kunst und Wissenschaft des Manifestierens habe ich mich sehr intensiv beschäftigt. Sogar ein Buch darüber geschrieben – *The Desire Map. Das Arbeitsbuch zur Verwirklichung Ihrer Träume* – und ein Unternehmen darauf aufgebaut. Aus jeder Perspektive heraus habe ich das Wünschen betrachtet und werde dies wahrscheinlich auch noch bis zu meinem Lebensende tun. Denn allem, was je manifestiert, erschaffen oder auf die Beine gestellt wurde, lag ja ursprünglich ein Wunsch zugrunde. Damit fängt alles an. Und wenn wir nur tief genug graben, glaube ich, stößt jede(r) von uns auf das Fundament dieser beiden Wünsche: frei und gleichzeitig mit anderen verbunden zu sein. Unabhängig und unterstützt. Lieben und geliebt zu werden. Flexibel und verwurzelt zu sein.

Tief greifend positiv

> *Gedanken sind reine Energie. Kein Gedanke, den ihr habt,*
> *jemals hattet, stirbt je – niemals. Er verlässt euer Wesen und*
> *macht sich auf ins Universum, dehnt sich immerwährend*
> *aus. Ein Gedanke existiert in alle Ewigkeit.*
> NEALE DONALD WALSCH, *GESPRÄCHE MIT GOTT*

Müsste man die Theorie des Manifestierens in einen Slogan gie-
ßen, könnte er nur so lauten:

**Die Energie folgt der Aufmerksamkeit. Die Energie folgt der
Aufmerksamkeit. Die Energie folgt der Aufmerksamkeit.** Ach ja,
und übrigens … **die Energie folgt der Aufmerksamkeit.**

Das Manifestieren geht vom Geist aus.

Damit es richtig funktionieren kann, musst du dir deiner Wünsche
bewusst werden. Richte deine Aufmerksamkeit auf Positives, ver-
treibe alle Zweifel und vertraue … und fange immer wieder von
vorn an. Praktisch rund um die Uhr.

Lässt du deinen Geist unbeaufsichtigt in Sorgen, Mangelempfinden oder Misstrauen abdriften, wirst du mit größter Sicherheit allerlei Durcheinander heraufbeschwören, inklusive der dazugehöri-
gen Ängste. Denke daran, dass ich von *Abdriften* gesprochen habe.
Denn dass dir eine Menge Negatives durch den Kopf schwirren
wird, lässt sich nicht vermeiden. Machst du dir diesen inneren
Dialog aber bewusst, kannst du seine Richtung bestimmen. Und
wenn du deinen Geist darauf trainierst, sich auf die helleren Gedanken zu fokussieren (Mut, Vertrauen, Güte, Fülle, das Recht auf
Lebensfreude), kannst du mehr von diesen Gefühlen, Gedanken
und Erfahrungen manifestieren.

Da die Energie der Aufmerksamkeit folgt, wollen wir natürlich – insbesondere im Hinblick auf die Gestaltung der Zukunft – möglichst »positiv« denken. Was aber alles andere als einfach ist. Sondern sehr harte Arbeit. Zweifel stellen sich ein, geistiger Müll der Vergangenheit taucht auf, und nicht zuletzt sind da ja noch die ganzen Alltagsdinge, etwa unbezahlte Rechnungen; zudem wollen auch unsere Beziehungen gepflegt werden. So gesehen kann die immerwährende Rückbesinnung auf ein positives Denken das Allerschwerste überhaupt sein. Aber auch das Beste. Und das Schwerste. Trotzdem das Beste.

Aber kann man denn überhaupt durchweg positiv bleiben? Ja. Allerdings wahrscheinlich etwas anders, als du denkst.

Lass uns die Sache mit dem positiven Denken mal genauer aufdröseln, denn genau hier liegt das Problem der meisten Manifestationstechniken. Positives Denken kann suggerieren, dass sich Negatives einfach in Luft auflöst. Im wirklichen Leben allerdings kann man Negatives nicht einfach verleugnen und negative Gefühle verdrängen, sondern man muss sich damit auseinandersetzen. Richtig problematisch am ganzen positiven Denken ist, dass uns eingeredet wird, sie sei die *einzige* Möglichkeit, um ans Ziel zu kommen. Diese Haltung ist aber seicht und oberflächlich. Jetzt versteh mich bitte nicht falsch: Eine positive Einstellung brauchen wir unbedingt, und zwar aus einer ganzen Reihe von Gründen: unter anderem, weil sie unser Leiden lindert, die Gesundheit fördert und eine Form der Güte darstellt.

Doch wenn wir nur *positiv denken*, um die Dinge von unserem Vision Board zu manifestieren, fragt sich, was geschieht, wenn wir das Gewünschte nicht kriegen. Dann schlägt unser Denken mit *Krawumms* ins Negative um. Positives Denken muss also im Herzen verwurzelt sein und hat nichts zu tun mit der Erfüllung von Wünschen. Wir müssen viel, viel tiefer gehen.

Eine tief gehende *Positivität* dagegen richtet die Aufmerksamkeit auf positive Erfahrungen oder Gefühle und zeichnet sich durch das Vertrauen aus, dass es dir gut geht, *egal, was geschieht.* Und zwar *nicht nur*, wenn alles gut läuft, wenn du das, was du dir wünschst, zum gewünschten Zeitpunkt bekommst, sondern immer, *egal, was passiert. Unter allen Umständen.*

Einer tief gehenden Positivität ist bewusst, dass dich das Leben auch dann unterstützt, wenn du nicht manifestierst, was du dir wünschst.

Diesem Gedanken solltest du deine Energie folgen lassen.

Wir können die Definition von Positivität sogar noch weiter fassen. Negative Emotionen lassen unsere kreativen Bemühungen nicht scheitern. Denn Emotionen sind nicht dasselbe wie Gedanken. Zorn zu empfinden ist nicht dasselbe wie zornerfülltes Denken. Womöglich bist du wahnsinnig sauer auf das, was jemand getan hat – sodass man durchaus von einer »negativen« Emotion sprechen könnte. Dein Denken könnte dennoch positiv sein (beziehungsweise kreativ): »Eigentlich bin ich ganz froh, dass das passiert ist. Denn jetzt ist mir die Situation klar, und ich weiß, was ich tun muss.« Soziale Ungerechtigkeit kann dich empören – und die Wut darüber kann zu positivem Denken in Form von Problemlösungen führen.

Die Gründe der Seele

Meiner Erfahrung nach funktioniert das Wünschen immer dann am besten, wenn dahinter verschiedene Motive stehen, die sich überschneiden. Wenn du etwas für dich **und** für andere möchtest. Zu deinem Vergnügen und zu ihrem Nutzen. Du willst etwas, weil es dir Freude bereitet, und du kannst diese Freude (oder Geld, Ressourcen oder Heilung) an andere weitergeben.

Ein Wunsch hat mehr Kraft, sich zu manifestieren, wenn du damit auch andere bedenkst. Es spricht nichts dagegen, etwas nur für sich selbst oder nur für jemand anderen zu tun; allerdings führt das über kurz oder lang entweder zu einem reinen Egotrip oder in den Burn-out. Schließen wir dagegen andere in unsere Wünsche mit ein, öffnet das auf natürliche Weise unser Herz und unseren Geist und noch mehr gute Energien und Gedanken erfüllen uns. Und das Leben, glaube ich, findet es immer mega, wenn Nehmen mit Geben einhergeht. Denn darin liegt eine heilige Wirksamkeit, und so elegante Lösungen unterstützt das Universum liebend gern.

Gewissheit

In vollkommener Akzeptanz der Art und Weise seiner Erfüllung übergebe ich meinen Herzenswunsch heute der göttlichen Intelligenz. In Dankbarkeit und voller Überzeugung nehme ich die Antwort in meinen Erfahrungen entgegen.
ERNEST HOLMES, GRÜNDER DER NEUGEIST-BEWEGUNG

Nehmen wir mal an, du bist in Sachen Manifestieren ein echtes Kraftpaket. Kannst Träume verwirklichen. Bist die Queen von Logo-geht-in-Ordnung-schon-Erledigt. Sollte das der Fall sein: Bitte um nichts, von dem du nicht hundertprozentig sicher weißt, dass du es auch tatsächlich willst, denn dem Universum ist dein Wunsch Befehl.

Das kannst du dir so vorstellen: Du wendest dich an den kosmischen Lieferservice im Himmel. Nachdem du den »Bestell«-Button gedrückt hast, wird deine Bestellung an die Kreativabteilung weitergeleitet, die alles plant und zusammenbaut, und geht von da aus erst in die Packstation und dann in die Auslieferung. In dich wird bereits Energie investiert. Deine Crew ist voll in Action.

Und dann ... überlegst du es dir anders; eigentlich willst du das Bestellte gar nicht mehr – die Beziehung, die du dir gewünscht, die Beförderung, auf die du gehofft hast, das Projekt, in das du aufgenommen werden wolltest –, und du stoppst die Auslieferung. Das ist völlig okay, abbestellen kannst du jederzeit. Doch hätte deine kosmische Crew die ganze Energie genauso gut in etwas stecken können, von dem du dir sicher sein kannst, dass du es willst – etwas Gutes für deine Gesundheit zum Beispiel, etwas für dein Netzwerk oder mehr Kreativität.

Natürlich hält das Universum unterstützende Energie im Überfluss bereit, doch als Mensch verfügst du über zwar ausbaufähige, aber doch nur begrenzte Möglichkeiten, Energieströme zu lenken. Und zum Manifestieren brauchst du Energie aus all deinen Ressourcen – deine Gehirnleistung, die Kraft deiner Träume, Willenskraft und körperliche Kraft. All dessen bedarf es. Und du bekommst, was du verkraften kannst.

Warum also die Manifestationsenergie nicht gleich auf das konzentrieren, was dir am meisten am Herzen liegt? Denn je mehr Verschiedenes du erreichen willst, desto mehr Energie müssen du und das Universum dafür aufbringen. Das heißt, dass du zwar weniger in die Realität umsetzen kannst, wenn du dich auf nur ein paar Dinge fokussierst, das aber viel schneller. Was nicht bedeutet, dass deine Wünsche weniger idealistisch sein sollen. Nein, im Gegenteil, hab große, hochstrebende Wünsche! Nur eben zielgerichtet. Und sobald du den ersten Wunsch manifestiert hast, wendest du dich deinem nächsten Wunsch zu. Und so weiter.

Eine stärkere Fokussierung heißt nicht, dass du deine anderen Träume vernachlässigen müsstest. Eher im Gegenteil: Je mehr du dich nämlich im Energieaufbau übst, desto größer werden die Chancen, sie zu verwirklichen. Das Ganze ist also eine Art Projektmanagement in Sachen Manifestation: Fokussieren heißt das Zauberwort!

Manifestieren, wenn andere dabei eine Rolle spielen (was meistens der Fall ist)

Vorherbestimmung ist Bullshit, ein philosophisches Hirngespinst. Abgesehen von dir selbst kannst du praktisch nichts steuern. Und da ist es auch völlig wurscht, wenn dir drei spirituelle Medien im Brustton der Überzeugung versichern, dass du mit deinem »Herzensmann« zusammenkommst. Gegen den Willen der betreffenden Person läuft gar nichts. Aber wenn es sich doch um deinen »Seelengefährten« handelt? Auch dann nicht: Wie jeder Mensch hat er seinen eigenen Lebensplan, und in dem kommst du nun vielleicht einmal nicht vor. (Okay, Schätzchen, natürlich ginge es ihm MIT DIR über die Maßen besser. Glaub mir, das ist mir vollkommen klar.) Und dieser Auftrag, auf den du so scharf bist? Alle möglichen Leute und Umstände sind da mit im Spiel – und über die hast du nun mal keine Kontrolle.

Das Problem vieler Prophezeiungs- und Manifestationstechniken besteht darin, dass wir dabei leicht die anderen AkteurInnen vergessen. Und die haben wir eben nicht im Griff, so sehr wir uns das auch wünschen würden. Andere Menschen = variable Größen, Komplikationen und haufenweise Willensfreiheit.

Selbstfürsorge

In puncto Selbsthilfe und Selbstliebe läuft ohne Selbstfürsorge gar nichts. Bei meinem ganzen Hin und Her von Wünschen und Zulassen habe ich mich zwar wahnsinnig abgemüht damit, Dinge in die Wege zu leiten und darauf zu vertrauen, dass sie klappen ... war dann aber oft viel zu erledigt, um echte Chancen, die sich mir boten, auch zu erkennen.

Um einen bestimmten Karrieresprung zu erreichen, tat ich alles, was in meiner Macht stand. Ich visualisierte, vertraute und kam dem Universum durch harte Arbeit und strategisches Denken auf halbem Weg entgegen. Dabei hab ich mir den Allerwertesten wundgeschuftet. Sodass ich schon dachte: *Sollte es endlich dazu kommen, werde ich viel zu kaputt sein, um den Job noch rocken zu können.* Dieser Gedanke war es dann, der mich aus dem Modus des hektischen Hetzens und Drängens herausbrachte.

Wie die meisten StreberInnen muss ich auch heute noch manchmal Spielchen mit mir spielen, um mich selbst zu überzeugen. Etwa so: »Wenn du dir jetzt zwei Tage am Stück frei nimmst, bist du nachher viel produktiver.« Was eine Tatsache ist, die immer stimmt: Ein erholter Geist leistet einfach mehr. Auszeiten aber verdiene ich, weil ich sie mir nehmen möchte – und nicht als weiteren Leistungskick. Und je öfter ich das übe, desto besser werde ich darin. Sodass mein Herz jetzt schon allmählich anfängt, mir meinen Tagesplan zu diktieren.

Anfangs wirst du dich aber erst noch eine Weile selbst austricksen müssen, um deiner Selbstfürsorge in die Spur zu helfen. *Wenn ich mir eine Massage gönne, bin ich hinterher vollkommen entspannt und für alles aufnahmebereit, was mir das Universum zukommen lassen möchte.* Kümmere dich gut um dich, weil du es verdient hast UND damit du die Früchte deiner Arbeit besser ernten kannst.

Vergnügliches macht dich empfänglicher für ... mehr Vergnügliches.

Prophezeiungen

Bei allen zeitlichen Aussagen von HellseherInnen musst du dir darüber im Klaren sein, dass die Astralzeit nicht mit unserer irdischen Zeit übereinstimmt. Deshalb sind solche Vorhersagen bestenfalls mit einer Wahrscheinlichkeit von fünfzig Prozent korrekt. Außerdem prägt auch der Kanal die Botschaft. Und jedes Medium drückt ihr seinen eigenen Stempel auf. Was gut, schlecht oder neutral sein kann. Du musst dir dessen nur bewusst sein. Über eine Vorhersage, die ich mal von einer Wahrsagerin bekommen habe, sagte mein Sohn: »Da hatte sie aber einen sehr schlechten Tag ...« Gute und schlechte Tage kennen selbst die besten SeherInnen.

Und alles ändert sich – DU änderst dich, Tag für Tag. Was deine Astrologin heute für dich vorhersagt, kann aufgrund der Infos, die in diesem Moment vorliegen, genau den Punkt treffen. Aber vielleicht tust du morgen irgendetwas, das alles auf den Kopf stellt oder eine »Zeitfalte« erzeugt.

Du hast eine Vielzahl möglicher zukünftiger Zeiten – die allesamt gleich toll sein können. Stell dir zehntausend SeelengefährtInnen vor. Neunhundert einmalige Chancen. Dreihundertvierzig Gewinnlose. Massenhaft Wahnsinnsurlaube. Meditierst du über mehrere erfreuliche Ergebnisse, wirst du dich bald nicht mehr an deine eng gefassten Vorstellungen von der Zukunft klammern.

Fülle

Das könnte unsere Revolution sein:
Das in Fülle Vorhandene
genauso zu lieben wie
das Karge.
ALICE WALKER, *WE ALONE CAN DEVALUE GOLD*

Ist genug für alle da? Eins der coolsten Dinge des New Age ist das Wissen über die Fülle, findest du nicht? Die Überzeugung, dass es von allem immer genug gibt – ja, sogar mehr als genug –, wirkt belebend und stärkend, was das Manifestieren im eigenen Leben angeht. Wir müssen aber aufpassen, dass daraus keine Selbstzufriedenheit wird, wenn es um soziale Ungleichheit und Ungerechtigkeit geht. Denn wenn lautstark proklamiert wird, man müsse sich alles nur »intensiv genug wünschen«, kann ich immer nur denken *Neinneinnein, ganz so ist das ja nun wirklich nicht, weil wir nämlich nicht alle dieselben Chancen im Leben haben.* Ich glaube schon auch, dass es für alle genug gäbe. Wären da nicht diese Verteilungsprobleme. Ja, Kuchen ist eigentlich genug da – nur dass eben manche Schweine viel zu viel davon fressen.

Das wahre Bewusstsein der Fülle schafft Lösungen zur Behebung von Ungleichheiten.

Leidenschaftlich frei

Nicht wählerisch zu sein heißt nicht, sich von allem
abzukoppeln. Sicher, auch das kannst du einmal aus-
probieren. Wirst dann aber herausfinden, wie sehr man
an seinem An-nichts-Hängen hängt. Als ob man stolz
wäre auf seine Demut.
ALAN WATTS

Viele spirituelle Lehren weisen uns an, uns genau von den Ergebnissen zu lösen, die wir anstreben. Allerdings möchte ich auf den Unterschied zwischen Ablösung und Nicht-Anhaftung hinweisen. Hört sich nicht groß nach was an, ist aber von entscheidender Tragweite.

Ablösung verhärtet das Herz – und blockiert die Erfüllung deiner Wünsche. Eine Haltung der unabhängigen Nicht-Anhaftung dagegen ist positiv und im Übrigen auch viel leichter umzusetzen.

Ablösung ist rigide: irgendwie kühl, launisch, wie ein verklemmter Intellektueller, ohne Verbindung mit seinem Herzen. Und das Ding ist: Oft verschleiert eine Ablösung die Angst, etwas nicht zu bekommen, was man sich wünscht. Ist also eine Form der Selbstverteidigung gegen Enttäuschungen. Kein Wunder, dass sie so zickig daherkommt.

Durch die entspannte Unabhängigkeit der Nicht-Anhaftung dagegen wird dein Wünschen rationaler und vertrauensvoller.

Nicht-Anhaftung ist offen und weit. Sie lässt Sehnsüchte zu und bietet Möglichkeiten. Sie weiß, dass manche Dinge Zeit brauchen, dass man dem Universum auf halbem Weg entgegenkommen muss, dass der freie Wille die treibende Kraft und alles möglich ist.

Michael Beckwith hat es mir gegenüber einmal so ausgedrückt: »Ablösung signalisiert: ›Ich spiele nicht mehr mit. Ich schnapp mir meinen Ball und geh heim.‹ Nicht-Anhaftung andererseits sagt aus: ›Ich gebe alles, hänge aber nicht am Ergebnis.‹« Ja, GENAU.

Ich bin Studentin der Wissenschaft vom Wünschen. Habe ein bisschen mit Ablösung experimentiert. Die kühle Seite des Buddhismus ausprobiert. Einen winzigen Moment lang habe ich sogar auf Zynismus gesetzt (lief aber nicht so gut). Meine Wünsche treiben mich an, und die Freiheit der Nicht-Anhaftung stellt den Sauerstoff bereit, der die Flammen meiner Kreativität am Lodern hält.

Ich habe mit Hunderten und Aberhunderten von Menschen über ihre Wünsche und Ziele und die Strategien gesprochen, mit denen sie sie verfolgen. Und obwohl da noch ganz viel zu erkunden bleibt, weiß ich eines doch mit größter Sicherheit:

Du musst dir, was du erreichen willst, von ganzem Herzen wünschen. Nicht mit halber Kraft, nicht wischiwaschi, nicht nur, wenn es Beweise dafür gibt, wenn es leicht ist, die Finanzierung steht und das Timing stimmt. Mhm. Keine halben Sachen; da musst du dich schon voll reinhängen.

Und entschuldige dich nicht für deine Hartnäckigkeit. Sprich deine Wünsche in aller Deutlichkeit aus. Bitte um ihre Erfüllung. Bete dafür. Die Energie deines Wünschens verstärkt seinen Magnetismus und erhöht die Wahrscheinlichkeit, dass es in Erfüllung geht. Deine Erwartungen wirken sich auf die Realität aus. Rechne fest mit dem Besten. Steck alles rein, was du kannst, und dann ... lass los.

Wünschen. Loslassen. Erwarten. Vertrauen.

Leidenschaftlich und zugleich unabhängig. Das ist das Paradox der Manifestation.

Liebe
die
Wahrheit
ins Leben

18
HINGABE

Jetzt, glaube ich, bist du bereit

Sag es deinem Gott

Hör mir zu
Ich bin eine von euch
begehrlich kaputt offen ewig

Tu dies

1. Sag es deinem Gott, bevor die Nacht anbricht.
2. Sing den Namen deines Gottes.

Sing jetzt und sing laut, damit du den Klang
deiner Stimme erkennen
kannst.

Dann

3. Wende deinen heiligen Mund hin zur Liebe und bitte um
das, was du dir wünschst.

Für diese Töne von dir ist sie da.

Hingabe. Also, ich meine: echte Hingabe.

Die hingebungsvolle Suche nach der Wahrheit läuft ungefähr so: Du gehst das Risiko ein, nicht gemocht zu werden. (Ach, seien wir doch ehrlich: Das ist nicht bloß ein Risiko, sondern schlichtweg unvermeidlich.) An irgendeinem Punkt wirst du gründlich missverstanden werden – und wie weh das tun kann, erfährst du erst, wenn es so weit ist.

Du wirst den Kopf für dein Team hinhalten. Weil du nicht nur zu deinem eigenen Besten lernst. Heilung für eine(n) ist Heilung für viele.

Du wirst die Pläne verbrennen, von denen du dachtest, sie seien die Antwort auf deine tiefe Sehnsucht. Beten wirst du, auf Knien, flehentlich, bettelnd. Du wirst um Hilfe bitten müssen – und wenn du Angst hast, dass die Antwort »Nein« lauten könnte, bist du sehr verletzbar.

Demütig wirst du Abbitte leisten. Wirst Leute ziehen lassen. Wirst Mauern errichten (weil jedes Königreich mauerbewehrt ist). Mit großer Wahrscheinlichkeit wirst du zutiefst einsam sein. Und zwangsläufig wirst du zu deiner eigenen Liebhaberin. All das wirst du fühlen, spüren, empfinden – im Laufe eines einzigen Tages.

Nachdem du abends viel zu lange auf warst, wirst du am Morgen richtig früh aufstehen müssen. Du wirst lernen, die Zeit zu krümmen und von deinem Selbstvertrauen zu zehren. Eigenes Geld wirst du reinbuttern. Du wirst die ganze schwere Arbeit tun, wie es von dir erwartet wird. Nach einer Weile staunst du vielleicht sogar über dich, weil nichts von all dem dir etwas ausmacht.

Entblößt, verloren, abgemagert, auf den Kern deiner Kraft reduziert wirst du durch das Nadelöhr gehen. Und die wenigen, die dich je so gesehen haben, werden über die Schönheit dieses Moments nie ein Wort zu anderen sagen.

Aus herzzerreißendem Schmerz wirst du riesige Entwicklungsschritte machen. Wirst Trost finden im Rhythmus der Hingabe und die Disziplin des freien Gebens und Nehmens lobpreisen. Du wirst zu einem Beweis für die Macht der Zärtlichkeit.

Ich danke dir wirst du sagen – für alles. Und dann wirst du mit deiner Hingabe einfach weitermachen.

Karma auf der Bank

Du solltest sehen, was wirklicher Mut ist, und nicht auf die Idee kommen, Mut wäre ein Mann mit einer Knarre in der Hand. Mut ist, wenn du eigentlich schon gescheitert bist, bevor du auch nur anfängst, und es trotzdem anpackst und durchziehst, komme, was da wolle.
ATTICUS FINCH, IN: *WER DIE NACHTIGALL STÖRT*

Frage: Wirst du das auch tun, wenn sich deine Träume womöglich nicht erfüllen? Falls es sich in diesem Leben nicht mehr auszahlt? Würdest du dich auch dann noch um die Erschaffung guten Karmas und positive Gedanken bemühen?

»Zwischen Ursache und Wirkung liegen manchmal Jahrhunderte«, sagt die Historikerin und Aktivistin Rebecca Solnit. Es können auch ganze Leben oder Dimensionen sein. Viele von uns leben ein verantwortungsbewusstes Leben, das auch noch die sieben Generationen nach uns berücksichtigt. Es ist viel schwieriger zu verstehen, dass wir die Früchte unserer spirituellen Hingabe nicht in diesem Leben ernten dürfen, sondern dass sich alle Bemühungen zur Reinigung und Erhöhung unseres Bewusstseins vielleicht nur... *marginal* auswirken. Es ist also gut möglich, dass die ganze Arbeit, die wir leisten, für uns als Individuen keinerlei unmittelbaren Nutzen hat, dafür jedoch zur Weiterentwicklung unserer Seelen und zur Heilung des Kollektivs beiträgt. Ensprechend dem universellen Gesetz, das besagt: Die Einlösung von Karma erfolgt immer genau zum richtigen Zeitpunkt.

Also, bist du dabei? Auch wenn nur du und deine Seele wissen, wie hart du arbeitest? Wirst du weiterhin dein inneres Geplapper in Schach halten, deinen Plastik-Konsum reduzieren und monatlich einen gewissen Prozentsatz deines Gehalts spenden? Wirst du auch künftig noch im Morgengrauen aufstehen, um zu meditieren und deine Mantras zu chanten? Liebende Güte und deinen Segen auch Menschen zukommen lassen, die dir womöglich nie verzeihen oder dich nicht verstehen werden? Wirst du weiterhin Edelmut, ein ethisch einwandfreies Verhalten und einen freundschaftlichen Umgang mit der Umwelt pflegen, auch wenn die Menschheit das alles gar nicht wert zu sein scheint?

Bist du immer noch bereit, alles zu geben, auch wenn du nicht weißt, ob deine Liebe so schnell zu dir zurückfindet, wie du es dir wünschst?

Und was das Wichtigste ist ... wirst du all das um deiner eigenen Erfüllung willen tun? Und nicht, um deine Mängel auszugleichen, mehr Zustimmung einzuheimsen oder um dem Kosmischen Rat zu gefallen?

Wirst du dich ganz deiner Freude hingeben und zulassen, dass dies dein Opfer für die Welt ist?

Jedenfalls ziehst du es ernsthaft in Erwägung, glaube ich.

Weil du hier bist und dieses Buch liest.

Weil Hingabe die Brücke zu deiner Seele ist.

Die Wahrheit über die Freude erfüllt mit Freude

Wenn der Himmel jemals gesprochen hat,
dann ist er das letzte wahre Sprachrohr.
HOZIER, *TAKE ME TO CHURCH*

Ungefähr ein Jahrzehnt lang habe ich spirituell Interessierte, insbesondere Vertreter der Kirchen, mit der Frage konfrontiert: »**Worin besteht Ihrer Meinung nach das wahre Wesen des Menschen?**« Woraufhin ein Weiser, mit dem ich sprach, die Augen schloss und so tief einatmete, als sei gerade eine Erinnerung an den schönsten Sommerregen in den Raum geweht worden. »Unser wahres Wesen? Ahhh«, sagte er. »Freude.« Einige der befragten LehrerInnen griffen auf die Mystik zurück, um eine Antwort zu finden. Ein Rabbi gab zu, es nicht zu wissen. Mit Guru Singh unterhielt ich einen megalangen SMS-Dialog über das Thema »Treibende Kraft ist die Seele, Freude die Emotion ...« In meinem Leben ist diese Frage von beinahe magischer Bedeutung.

Und was glaubst *du*, worin unser wahres Wesen besteht?

Eine ganze Weile hielt auch ich die Freude für unsere wahre Natur, unseren innersten Wesenskern. Doch ganz zutreffend schien mir diese Annahme noch nicht zu sein. Und nach viel weiterem Machen und Tun, Meditieren, nach großen Mühen, einigen Erfolgen, nach Wüten, Chanten, Riskieren, Respektieren, nach Demütigungen, Heilungen und Recherchen glaube ich heute:

Freude entsteht, wenn man in Kontakt mit seiner Seele kommt.

Wann immer ich meiner Seele begegne – in einem Moment der Erkenntnis, in der ekstatischen Leidenschaft des Miteinander-Verschmelzens, bei Begegnungen mit dem Mondschein oder mit Fremden beim Einkaufen – dann erlebe ich Freude.

Wenn ich so sehr ich bin, wie es nur geht, nun, dann ist das pure *Euphorie*, egal, was daraus wird. Wenn ich sehe, wie das Universum jedes einzelne Detail meines Lebens so arrangiert, dass daraus das Gewebe meines großen Lebensplans erwächst, empfinde ich eine *unsagbare* Freude – die so groß ist, dass sie mich ganz erfüllt, und ich mir vorstelle, dass wohl auch ich selbst aus diesem Material bestehe.

Deine Freude ist dort, wo du deine Wahrheit findest – deine reine, brennende Wahrheit, wo deine schöpferische Kraft liegt, um Gedanken in Materie zu verwandeln. Du willst wissen, wer du bist? Folge der Freude, sie ist das Spiegelbild deiner Seele.

Freude ist nicht dasselbe wie Glücksgefühle. Glücksgefühle sind wie gutes Wetter. Wie die Wolken, die am Himmel vorbeiziehen. Freude dagegen ist die von der Wahrheit erschaffene Atmosphäre, der ganze weite Himmel mit all seinen Phänomenen, vom Sonnenschein bis hin zu Wirbelstürmen. Glücksgefühle kommen und gehen. Freude ist immer präsent.

Deshalb können wir auch in tiefstem Schmerz die Freude spüren, mit unserer inneren Wahrheit verbunden zu sein. Freude ist die Basis; auf ihr lässt sich alles aufbauen. Es ist möglich, intensiv zu trauern und trotzdem Freude zu empfinden – auch wenn du verbittert bist. Die Freude wartet geduldig auf deine Rückkehr. Und wenn du dich von einem Verlust wie ausgesaugt fühlst, findest du dennoch Halt in der Freude an deiner Existenz.

Manche rudern emotional in der Scheiße und erklären trotzdem: Ich werde zu meiner höheren Wahrheit gelangen – koste es, was es wolle, und egal wie lange es dauert. Sollte es FreundInnen von dir so ergehen, dann pack mit an, weine mit ihnen, klettere mit ihnen und warte mit ihnen so lange, wie es eben dauert. Weil du von ihnen lernen wirst, echte, wahre Freude zu empfinden.

Willst du mehr Freude empfinden, dann intensiviere die Hingabe, mit der du nach der Wahrheit suchst.

Der Wahrheit deines wahren Wesens.

Alles mit Absicht

Übe, solange du es kannst.
Wenn es nicht mehr geht, wirst du es brauchen.
KRISHNA DAS

Als ich mit FreundInnen ins indische Dharamsala aufbrach, um den Dalai Lama zu treffen, rechneten wir mit einer Atmosphäre der Ruhe und Harmonie in seiner Gemeinschaft. Doch in der Woche vor unserer Ankunft wurden drei Mönche brutal ermordet – von anderen Mönchen. Wir konnten an kaum etwas anderes denken und sprachen Seiner Heiligkeit bei unserem Zusammentreffen als Erstes unser Beileid aus. Seine Antwort faszinierte mich:

»Ah ja, sehr freundlich, vielen Dank«, sagte er und fügte hinzu: »Genau aus diesem Grund üben wir für Zeiten wie diese, in denen es so auf Mitgefühl ankommt.« In unsere Beunruhigung über die

Todesfälle stimmte er nicht mit ein, war nur sanft und ... pragmatisch.

Genau aus diesem Grund üben wir.

Für Zeiten wie diese.

Versöhnlich brauchst du erst zu werden, wenn du vergeben musst. Nerven wie Drahtseile brauchst du erst, wenn auch dein letzter Nerv bereits überstrapaziert wurde. Erst wenn sich dein gesamter Optimismus erschöpft hat, musst du dich auf dein Vertrauen verlassen.

Genau aus diesem Grund üben wir.

Genau aus diesem Grund schleppen wir uns auch dann zum Yoga, zur Supervision oder in den Sonntagsgottesdienst, wenn im Leben eigentlich alles schön glatt läuft und unser spirituelles Bankkonto gefüllt ist.

Auch wenn wir uns sicher fühlen und uns unserer Privilegien bewusst sind, fragen wir immer wieder, ob da nicht doch noch mehr ist zwischen Himmel und Erde. Sogar wenn wir voller Hoffnung sind, bitten wir um Heilung. Und obwohl wir durch unsere Freundlichkeit gesellschaftlich gut angesehen sind, tun wir uns immer wieder mit neuen Definitionen von Fortschritt und Liebe hervor.

Denn ob du nun von ganzem Herzen LichtarbeiterIn bist oder überhaupt keine Moral hast – auch für dich wird mit allergrößter Sicherheit der Tag kommen, an dem dich das Leben umhaut mit dem, was es dir zeigen muss. Vielleicht in Form kleiner schmerzender Stiche bei einem Spaziergang durch dein Viertel. Oder auch als Tragödie, wie sie nur einmal im Leben geschieht.

Ist dieser Zeitpunkt gekommen, wirst du die bereits gewonnenen Erkenntnisse, die du auf das Konto deines Herzens überwiesen hast, abheben müssen. Und du wirst auf deine Leute, dein gesamtes Netzwerk, angewiesen sein, damit sie dich bei der Bewältigung dieser Herausforderung unterstützen.

Auf deinem Weg zur Erfüllung wirst du Störungen begegnen. Du wirst gefragt werden, wer du bist und welchen Sinn du deinem Leben gegeben hast. Wirst weiter wachsen müssen.

Genau aus diesem Grund üben wir.

Geh voran, aber von innen heraus

Mitgefühl für sich selbst ist die beste Selbsthilfe überhaupt. Wenn du von dir sagen kannst, dass du es weit gebracht hast im Leben – und immer noch eine sanfte Seele bist –, hast du die Wahrheit der Liebe erkannt. Und wenn du dich in einem stillen Moment sagen hörst »Im Moment habe ich alles, was ich brauche«, hast du die Wahrheit des Vertrauens erkannt.

Und dieses Strahlen bringst du in deine Arbeit ein. Überträgst es auf die Dinge, die dir am Herzen liegen, auf alles, was du liebst, und auf dein Zusammenwirken mit dem Universum.

Du wirst nie ganz ohne Angst sein, aber ganz genau wissen, was wirklich zählt. Du wirst deine Vorlieben auf den Altar deines Lebens stellen und sagen: das hier! *DAS macht mir Freude.* Und mit diesem himmlischen Wahnsinnsding von Glauben und Vertrauen wirst du deine Wahrheit mit der Hingabe leben, die sie verdient.

Mögest du dir deiner Schönheit bewusst werden.

Möge das reine Vertrauen deinen Weg erhellen.

Und mögen auch alle anderen so gesegnet sein.

Und hey ... wenn du meinst, kannst du ruhig langsamer machen. Aber hör nie auf, bitte.

DANKE!

Dass Leute lesen, was ich schreibe, über meine Worte nachdenken, jedem einzelnen Abschnitt Aufmerksamkeit schenken … diese unglaubliche Form der Kommunikation zwischen uns werde ich nie für selbstverständlich halten. Deshalb danke ich dir für alles, was du tun musstest und getan hast, um diese Seiten vor dir zu haben.

Chela Davidson, Christina Platt und Lianne Raymond waren die Testleser der ersten Texte, und das trieb mir beinahe schon die Tränen der Dankbarkeit in die Augen. Jeder ihrer Kommentare fühlte sich für mich an wie ein hübsch eingepacktes Geschenk – inklusive Schleife. Jennifer Gandin Le hat das Manuskript sehr elegant redigiert, meine philosophischen Ergüsse auf ihre Verständlichkeit hin geprüft und mich über die neuesten Erkenntnisse auf dem Gebiet der politischen Korrektheit informiert. Siri Moyhans weise Fragen haben mich stets neu zum Nachdenken angeregt, auch wenn ich schon dachte, alles aufs Gründlichste durchdacht zu haben.

Steph Corker hat mich viele Monate lang jeden Dienstag gefragt: »Und was müssen wir jetzt noch tun, damit du mehr Zeit zum Schreiben hast?« Und half mir dann, es umzusetzen. Candis Hoey tat, was sie seit Jahren tut: Sie brachte mich zum Lachen und sorgte dafür, dass ich mir treu blieb.

Viele der komischen Lektionen in Sachen Selbst- und Lebenshilfe, die ich in diesem Buch anspreche, habe ich nach meinem New-Age-Buddy-Prinzip mit Dr. Deb Kern zusammen erlebt – sowohl unsere Lachanfälle als auch unsere Tränen finden sich auf den Seiten wieder. Hiro Boga erwies sich als die Klarheit in Person. Michael Barden, Terri Cole, Gabby Bernstein, Lisa Braun Dubbels, Anne Davin, Marie Forleo, Kate Northrup, Carrie-Anne Moss, Joshua Pettinato, Rochelle Schieck, Sam Reynolds & Piet McCormack, Linda Sivertsen, Danielle Vieth, Meggan Watterson, Mike Watts und meine Mutter Annabelle waren mir die schönsten Lichtpunkte, Cheerleader, Realitätstester und -testerinnen. Ihr habt mir Tee gekocht – danke auch dafür – und seid wahrhafte Freunde und Freundinnen. Nadia Prescher erinnerte mich immer wieder daran, nicht von meinem Weg abzuweichen. Guru Singh sagte, was er sah. Und die Kunoichi des Lichts zeigte mir, was *wirkliche* Hingabe ist.

Seit sieben Jahren treffe ich mich fast jeden Monat mit Karis Hiebert, Dolly Hopkins, Michelle Pante und Lee-Anne Ragan – unsere Gang trägt den passenden Namen »Göttinnen-Gruppe«. Was wir in der ganzen Zeit alles miteinander durchgemacht haben, würde ein ganzes Buch über Dankbarkeit füllen.

Während ich an diesem Buch geschrieben habe, lebte ich sehr zurückgezogen und war kaum zu erreichen. Ermöglicht haben mir das Angie Wheeler und Victoriya Bobbitt, und dafür danke ich euch sehr – wie auch für die mindestens fünfzig Prozent aller anderen guten Dinge in meinem Leben. Ihr seid die kreativen und strategischen Genies mit den Riesenherzen, die jede Idee, die ich habe, aufgreifen und sie besser und schöner machen. Unser »Dreier« ist eine der größten Segnungen überhaupt.

Team D ist eine Gruppe freundlicher Seelen, die es lieben, Dinge zur richtigen Zeit, in jeder Zeitzone, ohne Fehl und Tadel zu verwirklichen, und ich möchte sie noch viele Jahre lang gut behandeln dürfen.

Das Layout dieses Buches stammt von Laurie Millotte, die damit ein ganz besonderes Leseerlebnis ermöglicht hat.

Heidi Krupp und ihr K2-Team stürmten herein, wie Engel es tun, um uns noch höher zu tragen. Das war ein echter Segen.

Vor jeder der erwähnten Personen verneige ich mich mit meiner Hand auf dem Herz und bedanke mich lächelnd *108*-mal.

Meinem Sohn HLJ sage ich: Du bist der ganz wunderbare, großartige, wild-kreative Grund dafür, dass ich die Wahrheit sage. Und ich werde dir jeden Tag dieses Lebens und aller künftigen zeigen, wie dankbar ich für dich bin, so, wie du bist. Danke dafür, dass du die Burritos machst, während ich mich um die Bücher kümmere. L – O – V – E.

BLEIB BEI DIR, DANN FINDEST DU DICH SELBST

Fragen zur Selbstreflexion

Das Einzige, was dem Leben potenziell noch zuträglicher ist als das Nachdenken über den Sinn des Lebens, sind Gespräche über den Sinn des Lebens.

Nenn es **Buchklub**. Kirchgang. Oder Partytime. Genauso gut kannst du aber auch solo arbeiten in Form **fortlaufender Aufzeichnungen**. Einige Wochen am Stück oder wann immer du dich dazu inspiriert fühlst. Geschafft hast du es doch schon, du schaust direkt in dein Herz – warum also nicht noch einen Schritt weiter- beziehungsweise tiefer gehen?

Im Folgenden werfe ich eine Reihe von Fragen auf, die sich auf die einzelnen Kapitel dieses Buches beziehen. Nimm dir die Fragen vor, die dich ansprechen, und lass die anderen weg. Oder willst du es ganz einfach halten? Dann kannst du diese drei Fragen zur Reflexion jedes einzelnen Kapitels verwenden:

Was war für dich besonders wichtig?
Was siehst du jetzt klarer?
Inwiefern wird dein Fühlen oder künftiges Handeln davon beeinflusst?

Auf **DanielleLaPorte.com** kannst du kostenlos das Ergänzungsprogramm **World's Hottest Book Club Guide for Conversation & Contemplation** herunterladen (in englischer Sprache). Es beinhaltet Vorschläge für die Gruppenarbeit, viele weitere Fragen und Übungen.

Wenn du deine Buchklub-Erfahrungen mit uns teilen möchtest, schick uns doch bitte eine E-Mail an bookclub@daniellelaporte.com oder nutze den Hashtag #whitehottruth in den sozialen Medien, damit wir dich finden können.

Für Klarheit und Wahrhaftigkeit auf deinem spirituellen Weg.

Kapitel 1 *DIE KIRCHE DER SELBSTVERBESSERUNG*

Wenn spirituelles Engagement Schwerstarbeit ist

- **Was sagt dir** Danielles persönliche Geschichte von dem Konflikt zwischen **ernsthaften spirituellen Bestrebungen** und dem **Zwang, sich immer noch steigern und immer besser werden zu wollen**?
- **Mach Inventur deiner Selbsthilfe- und Wellness-Routine.** Was von dem, was du tust, tut dir wirklich gut? Und woran merkst du es? Welche Übungen empfindest du als befreiend und welche sind anstrengend? Welche solltest du vielleicht besser aufgeben?
- Die »Motive« für spirituelles Wachstum: **Strebst du irgendwas besonders an**? Wen versuchst du spirituell zu beeindrucken, und vom wem willst du Respekt oder Anerkennung? Und wie fühlt sich das an: negativ oder positiv?
- Wann und in welcher Hinsicht fühlst du dich **spirituell »hintendran«** oder »unterentwickelt«?

Kapitel 2 *DIE MEGA-LÜGEN*

Irrtümer auf dem Weg zur Wahrheit

- **Die Idee von der Erbsünde.** Überleg mal: Welche Rolle spielt diese Vorstellung in deinem Leben? Inwiefern beeinflusst sie dein Verständnis von Spiritualität?
- Die Lüge von der Zusammengehörigkeit. **Was hat dich zum Gruppendenken gebracht?** Und wann und wie bist du wieder davon abgekommen?
- Wann hat sich die Zugehörigkeit zu einer Gruppe für dich **wirklich gut angefühlt** und dich auch persönlich weitergebracht?
- **Beschreib deinen gegenwärtigen »Stamm«.** Unterscheidet er sich von dem, den du hattest, als du aufgewachsen bist? Und ist er auch so, wie du ihn dir wünschst?

Kapitel 3 *WAHRHAFTIGES SUCHEN*

Wie Weisheit entsteht (kleiner Tipp: sehr merkwürdig)

- An welches metaphysische oder spirituelle Konzept **hast du früher einmal geglaubt?** Was hat dich dazu gebracht, deine Meinung darüber zu ändern? Und was hältst du heute davon?
- Benenne zwei oder drei deiner eigenen **Widersprüche.**
- Gib Beispiele für spirituelle Heuchelei. Welche davon gehen für dich gar nicht, und mit welchen könntest du dich gerade noch arrangieren?

Kapitel 4 *HEILMETHODEN*

Mischen wir unsere eigene Medizin (alles rein experimentell, versteht sich)

- Wer und was bildet **dein persönliches »Heilerteam«**?
- Was **versuchst du zu heilen**, und wie gehst du dabei vor?

Kapitel 5 *NIMM DICH RICHTIG WICHTIG*

Die Kuriositäten des Selbsthasses und die einzige Garantie für Selbstliebe

Sprich oder schreib über die folgenden Aspekte der Selbstliebe:

- **Selbstliebe vortäuschen,** um von anderen mehr Zuneigung zu erhalten
- Auf der spirituellen Reise **Freundschaft mit deiner Einsamkeit schließen**
- **Toleranz deinen sogenannten Defiziten gegenüber** (statt wahrhafter Akzeptanz)
- **Ausharren, bis sich das Richtige einstellt,** ist nicht dasselbe wie passiv darauf zu warten.

Kapitel 6 *DU BIST ETWAS BESONDERES –*
ABER NICHT ZU BESONDERS

Auf der Suche nach dem Selbstwert

- **Hast du je mit deinem spirituellen Fortschritt angegeben,** um besser dazustehen? Hast du schon einmal erlebt, dass sich die spirituelle Überlegenheit einer anderen Person trennend zwischen euch gestellt hat, und wenn ja: wann?
- Gibt es bestimmte spirituelle Menschen, die du beneidest?

Kapitel 7 *ÜBER-MENSCHLICH*

Entscheide dich für wahre Präsenz

- Wann fühlst du dich **Gott,** dem Leben, einer höheren Macht **am nächsten?**
- Wann fühlst du dich **am menschlichsten** und »irdischsten«?

Kapitel 8 *EIN OFFENES HERZ UND EIN HOHER ZAUN*

Spirituelle Menschen und ihre Grenzen

- Erinnere dich an eine Gelegenheit, bei der du **irrsinnige Loyalität, dämliches Mitgefühl und/oder übertriebene Toleranz** an den Tag gelegt hast.
- Wann hast du jemanden, mit dem du eine Beziehung hattest, **emotional als deinen Spiegel** betrachtet?
- Beschreib dein Verständnis von oder auch deine Erfahrungen mit dem **Unterschied von Grenzen und Barrieren.**
- Welche Eigenschaften braucht jemand, um den »**hohen Zaun**« **überwinden zu können, der dein offenes Herz schützt?**

Kapitel 9 *BEREIT ZU VERZEIHEN*

Der steinige Weg zur Vergebung

- Hast du dir je **ein Vergeben verkniffen** – und dich dabei wohlgefühlt? Was war das für eine Erfahrung?
- Hat sich dein Leben verändert, weil du **jemandem vergeben** hast?
- Welche Erfahrungen hast du damit gemacht, **dir selbst zu vergeben**, und was hat sich dadurch für dich verändert?

Kapitel 10 *DIENST DER SEELE*

Bewusster Optimismus und ein Leben in Fülle

- Findest du auch, dass unsere **Erleuchtung unausweichlich** ist? Glaubst du, alle Zeichen stehen auf Fortschritt?
- Wie gehst du mit dem **Gefühl um, anderen nicht helfen zu können** – lokal und global?
- Gibt es Menschen, denen du übermäßig viel gibst?
- Unter welchen Umständen hast du das Bedürfnis, **mehr zu geben**?

Kapitel 11 *DU BIST DER GURU*

Die heißeste Wahrheit überhaupt

- Warst oder bist du **AnhängerIn eines spirituellen Lehrers**? Und wenn ja, was findest du gerade an dieser Person?
- Welche Lehren und Philosophien faszinieren **dich** am meisten?
- Hat je eine Idee oder eine Lehre bei dir eine **Veränderung deines Lebens oder deiner inneren Haltung** ausgelöst?

- Bist du schon einmal **von einem anderen Menschen in eine Art spirituellen Rausch versetzt** worden?
- Bist du je Opfer eines **spirituellen Machtmissbrauchs** geworden? Und wie ist dieser schließlich ans Licht gekommen?
- Bist du **nach der Abkehr** von deiner ursprünglichen spirituellen oder religiösen Erziehung wieder zu ihr zurückgekehrt?

Kapitel 12 *FALSCHE FREIHEITEN*

Wenn der heilige Sex auf Abwege gerät

- Was an der »sexuellen Befreiung« der New-Age-Szene **hat dir Angst eingejagt?**
- Was hat dir dabei geholfen, **Zugang zu deiner sinnlichen, heiligen erotischen Kraft zu finden und sie freizusetzen?**

Kapitel 13 *DER NEW-AGE-WERKZEUGKASTEN*

Höheres Bewusstsein, mehr Respekt, weniger Abhängigkeit

- Hast du mit irgendwelchen **spirituellen Hilfsmitteln** negative Erfahrungen gemacht? Von welchen hast du dich getrennt?
- Welche spirituellen Übungen und/oder Instrumente würdest du gern mal ausprobieren oder in dein Leben integrieren?

Kapitel 14 *DER PFAD INNERHALB DES PFADES*

Die Karussellfahrt zur lebensbejahenden Disziplin

- Was bedeutet dir Meditation? Yoga? Gesunde Ernährung?
- Kennst du traditionelle Rituale? Auf welchen Gebieten hat sich deine Disziplin erhöht beziehungsweise vermindert?

Kapitel 15 *EIN GESUNDES URTEILSVERMÖGEN KANN NICHT SCHADEN*

Wenn das Negative dem Positiven dient

- Hat dich **die spirituelle Harmonie** je davon abgehalten, auf den Tisch zu hauen und die Wahrheit zu sagen?
- Über welche New-Age-Themen hast du **Vorurteile?** Und woran merkst du, dass du zwar kritisch, aber nicht voreingenommen bist?

Kapitel 16 *WAS DAS LEID BETRIFFT*

Seele – Schmerz – Standpunkt

- Hast du für dein Leiden oder Störungen deiner persönlichen Entwicklung je so etwas wie **»spirituelle Scham«** empfunden?
- Wofür genau empfindest du **Dankbarkeit** in Bezug auf deine Prüfungen und Belastungen?
- Warum, glaubst du, ziehen wir Leid an beziehungsweise erschaffen es sogar? Liegt dem eine seelische Entscheidung zugrunde? Oder weist der Schöpfer es uns zu? Womöglich, um unser Wachstum zu fördern, oder aus anderen Gründen?

- Wie gehst du damit um und reagierst darauf, **wenn Menschen extrem leiden** müssen? Würdest du an deinen typischen Reaktionsweisen etwas ändern wollen?

Kapitel 17 *DAS WÜNSCHEN OPTIMIEREN*

Das Erschaffen der Wirklichkeit

- Hast du schon einmal **erfolgreich versucht, etwas zu manifestieren**? Und wurden deine bisherigen Manifestationsversuche von dieser Erfahrung beeinflusst?
- Denk an deine gegenwärtigen Wünsche. Was wünschst du dir wirklich, aber mit einer gewissen Flexibilität? Was gehst du eher distanziert an – willst es, baust aber nicht darauf? Und an was hängst du definitiv zu stark und wirst schier verrückt, solange du es nicht hast?

Kapitel 18 *HINGABE*

Jetzt, glaube ich, bist du bereit

- Würdest du dich auch dann noch um die Erschaffung guten Karmas und positiver Gedankenformen bemühen, wenn **es sich in diesem Leben nicht mehr auszahlt**? Wie fühlt sich diese Frage für dich an? Verändert sie etwas bei dir?
- Wem oder was gilt deine **Hingabe**?
- Wenn es denn stimmt, dass die beste Selbsthilfe das Mitgefühl mit sich selbst ist: **Wie könntest du jetzt mitfühlender mit dir werden**?
- Was legst du auf den Altar deines Lebens, um zum Ausdruck zu bringen: »**Das! DAS bringt mir Freude!**«?

ÜBER DIE AUTORIN

Danielle LaPorte ist Mitglied von Super-Soul 100, einer Gruppe, die, wie ihre Gründerin Oprah Winfrey sagt, »die Welt auf einzigartige Weise mit einer spirituellen Energie verbindet, die zählt«.

Zu ihren Veröffentlichungen gehören:

The Desire Map – Das Arbeitsbuch zur Verwirklichung Ihrer Träume, das in neun Sprachen übersetzt wurde. Es wurde ergänzt um einen jährlich erscheinenden Tagesplaner, eine Top-10-iTunes-App und ein internationales Kursprogramm für lizenzierte ProzessbegleiterInnen in mehr als fünfzehn Ländern.

Ihr Ratgeber *The Fire Starter Sessions: A guide to creating success on your own terms* beinhaltet ebenfalls ein ergänzendes Kurs- und Coaching-Programm.

Ihre Homepage **DanielleLaPorte.com**, von *Forbes* zu einer der »Top 100 Webseiten für Frauen« gekürt, wird pro Monat Millionen Mal angeklickt, weil sie als »beste Online-Adresse für krasse Spiritualität« gilt und wegen ihrer täglichen #Truthbombs.

Die ehemalige Leiterin eines Thinktanks, die heute überwiegend als Rednerin und Autorin tätig ist, fördert zwei Charity-Organisationen besonders:

VDay: eine globale Bewegung zur Beendigung der Gewalt gegen Frauen und Mädchen, und *Charity: Wasser*, die sich zum Ziel gesetzt hat, allen Menschen auf der Welt sauberes Trinkwasser zur Verfügung zu stellen.

Mit ihrem Lieblingsphilosophen – ihrem Sohn – lebt sie im kanadischen Vancouver. Du findest sie unter **@daniellelaporte** praktisch überall in den sozialen Medien.